D1671490

Wladislaw Hedeler / Nadja Rosenblum
1940 - STALINS GLÜCKLICHES JAHR

1 *Krokodil* Nr. 35/36, Dezember 1939.　　　*Zeichnung: K. Rotow.*
„Das Jahr 1940 begibt sich in die UdSSR."
Auf der Hinweistafel r. o.: „Ausgabe der Dienstreiseaufträge für die neuen Jahre im Zimmer 1939".
Die greinenden Neujahrsboten müssen in kapitalistische Länder fahren. Deutschland ist allerdings nicht erkennbar.

Wladislaw Hedeler / Nadja Rosenblum

1940 – STALINS GLÜCKLICHES JAHR

Mit 41 Abbildungen

BASISDRUCK

Gedruckt mit freundlicher Unterstützung
der Hans-Böckler-Stiftung.

ISBN 3-86163-108-3

© BasisDruck Verlag
Schliemannstr. 23, 10437 Berlin

Berlin 2001 – Erste Auflage
Gestaltung und Satz: Eckhardt Natorp, Berlin
Druck: Druckhaus Köthen
Einband: Großbuchbinderei Leipzig
Printed in Germany

INHALT

Einleitung

> Was ging im Gehirn von Nummer Eins vor?
> *Arthur Koestler: Sonnenfinsternis.*

Das Jahr 1940 war ein Schaltjahr. Für Viele eine sichere Zeit für Unglück. Doch bei Stalin war sowieso alles anders. Er hätte gerade für dieses Jahr, wenn überhaupt, die späten Verse eines von ihm rätselhaft verehrten georgischen Landsmannes auf sich beziehen können:

„Mein Himmel
        scheint
               voller Geigen zu hängen;
und ob auch der Herbstwind
               schon blase,
umschmeicheln mich
          Rosen
             in rauhen Mengen.
Mitbürger,
      euch interessiert
           mein Rezept?"[1]

Die Pointe bei Majakowski: ich habe mir das Rauchen abgewöhnt. Die Differenz zu Stalin - der war und blieb Kettenraucher.

Am 21. Januar 1940 sagte Stalin in einem Trinkspruch, Wladimir Majakowski sei „der beste proletarische Dichter"[2] der Epoche. Die kulturpolitische Folge war, so kommentiert es Boris Pasternak:[3] „Man

---

1 W. Majakowski: Ich bin glücklich (1928), in: ders., Gedichte, hg. v. L. Kossuth, Berlin 1975, Bd. 1, S. 353 ff.

2 G. Dimitroff: Tagebuch, Eintrag v. 21. Jan. 1940, Sofia 1997, S. 189. – Stalin räumte dabei noch ein, er habe „einige Briefe von Demjan [Bedny] und anderen gegen diese Behauptung erhalten" (ebenda).

3 B. Pasternak: Menschen und Standorte. In: ders., Luftwege, hg. v. K. Kasper, Leipzig 1986, S. 357.

begann Majakowski als Pflicht einzuführen wie die Kartoffel unter Katharina. Das war sein zweiter Tod. An dem war er unschuldig." Stalin verheißt Glück – für die anderen, für die Menschheit, für die Zukunft. Dafür hat man ihn allerorten im Übermaß gepriesen. Aber war er, konnte er jemals auch hier und heute selber glücklich sein?

Für jene Kaste von 'Berufsrevolutionären' allerdings, der sich Josef Dshugaschwili ursprünglich angehörig fühlte, galt persönliches Glück ohnehin nichts. Sie wollten erst glücklich sein, wenn alle glücklich wären. Ihr 'Glück', wenn man das so nennen könnte, war es bestimmt zu sein, gewissermaßen als 'Sekretäre' des Weltgeistes „der Zeit das Kommandowort zu avancieren zu geben. Solchem Kommando wird pariert" und alle „schreiten wie eine gepanzerte, festgeschlossene Phalanx unwiderstehlich... und... so... als die Sonne schreitet, vorwärts durch dick und dünne."[4]

Hierbei wirken jene Revolutionäre in einem gewissen Sinne 'katalytisch', d.h., ohne sie bewegte sich in der Revolution nichts und sie selber bleiben dabei unbewegt:

„Wir, die unser Herz wir legten in den Stein,
ins Eisen, in harte Disziplin..."[5],

so ließen sie sich gern besingen. Dementsprechend waren sie puristisch, asketisch, spartanisch, unversöhnlich, opferbereit. Einer von ihnen, der verantwortliche Führer der Münchner Räte-Republik, Eugen Leviné, bekundete im Sommer 1919 in seinem *Letzten Wort* vor dem bayerischen standrechtlichen Gericht die savoir vivre dieser Weltverbesserer: „Wir Kommunisten sind alle Tote auf Urlaub"[6].

In dieser exzentrischen Lage nun entwickelt sich – gewissermaßen als Pendant – bei den so Betroffenen eine einzige dominante Leidenschaft: die der Macht.

Dabei geht es nicht etwa bloß um Verwaltung übertragener Macht 'auf Zeit', um instrumentelle Macht, um von einem Souverän 'gelie-

---

4 G.W.F. Hegel an I.F. Niethammer, 5.Juli 1816, in: Briefe von und an Hegel, hg. v. J. Hoffmeister, Berlin 1970, Bd. 2, S.86.
5 P. Neruda, Die Kommunisten[1964], in: ders., Gedichte 1923 -1973, hg. v. C. Rincón, Leipzig 1973, S.144.
6 Freisprüche. Revolutionäre vor Gericht. Hg. v. H. M. Enzensberger, Frankfurt/M. 1970, S.277.

2 *Ogonjok* Nr. 9, 30. März 1940. 4. Umschlagseite.
„Die Pionierin Lelja Golytschewa trägt Gedichte von Majakowski vor."
Die Majakowski-Zeilen lauten: So lest nur – / und neidisch / sollt ihr erbosen:
Ich bin / ein Bürger / der Sowjetunion.
Verse vom Sowjetpaß (Übers.: Franz Leschnitzer).

hene' politische Macht. Es geht vielmehr um den sinnlichen Nukleus von Macht selber. „Denn die eigentliche Absicht des wahren Machthabers ist so grotesk wie unglaublich: er will der Einzige sein. Er will alle überleben, damit keiner ihn überlebt. Um jeden Preis will er dem Tod entgehen, und so soll niemand, überhaupt niemand da sein, der ihm den Tod bringen könnte. Solange Menschen da sind, wer immer sie seien, wird er sich nie sicher fühlen."[7] Es ist dies die komprimierte psychische Disposition jenes kaukasischen Irrläufers im Kreml.

Hier können wir dann auch die innere Form von Stalins 'Glück' bestimmen: „Denn das Glücksgefühl konkreten Überlebens ist eine intensive Lust. Einmal eingestanden und gebilligt, wird sie nach ihrer Wiederholung verlangen und sich rapid zu einer Passion steigern, die unersättlich ist. Wer von ihr besessen ist, wird sich die Formen gesellschaftlichen Lebens um ihn in einer Weise zu eigen machen, daß sie der Fröhnung dieser Passion dienen."[8]

Diese mentale Konstellation soll hier nun exemplarisch am politischen Wirken Stalins gezeigt werden; sie scheint uns in seiner lebensgeschichtlich ruhigsten Zeit – paradoxerweise – gerade in jenem dunklen Jahr 1940 besonders deutlich.

Allerdings: Historische Zeugnisse über ihn, gerade auch zu jenem Jahr, etwa autobiographische Auskünfte, Briefwechsel, Memoiren von engeren Mitarbeitern u.ä., die über seine Erfahrungen des Glücks in dieser Zeit Nachricht geben könnten, sind nach dem gegenwärtigen Kenntnisstand kaum erhalten. Es gibt darüber hinaus derzeit generell für eine Stalin-Biographie keine dokumentarische Basis. Nach langen Jahren exzessiven, je auf die Gegenwart bezogenen Umschreibens oder auch Vernichtens von maßgeblichen historischen Quellen zu Stalins politischer Tätigkeit sind die „übriggebliebenen Dokumente alles andere als zuverlässig. Glaubwürdige Erinnerungen von Personen, die Stalin ... in seinem Privatleben näher kannten, haben sich ebenfalls nicht erhalten, oder sie wurden zumindest nie veröffent-

---

7   E. Canetti: Macht und Überleben, in: ders., Zwiesprache. 1931-1976, Berlin 1980, S. 416 f.
8   E. Canetti, a.a.O., S. 413.

3 *Ogonjok* Nr. 13, 1939. 2. Umschlagseite. Foto: *N. Granowskij.*
„Roter Platz, vom Neuen Manegeplatz aus gesehen."

licht."[9] An dieser Quellenlage hat sich bis heute kaum etwas geändert. Aus Stalins familiären Umfeld beispielsweise hat nur Maria Semjonowna Swanidse, die Schwester von Stalins erster Frau Jekaterina Semjonowna Swanidse, ein Tagebuch zur häuslichen, gewissermaßen privaten Atmosphäre hinterlassen. Doch Maria wurde 1939 verhaftet und am 3. März 1942 erschossen. Ihre Tagebuchaufzeichnungen brechen kurz vor der Verhaftung ihres Ehemannes, Alexander Semjonowitsch Swanidse, ab, als der im Dezember 1937 verhaftet wurde. Im Dezember 1940 wurde über ihn das Todesurteil verhängt, das kurz darauf zunächst in 15 Jahre Lager umgewandelt worden ist. Im August 1941 kam es erneut zu einem Verfahren und Alexander Swanidse wurde auf Berijas Weisung erschossen.

Stalin zerstörte auch das Leben eines anderen ehemaligen Verwandten. 1940 ließ er Stanislaw Franzewitsch Redens, den Ehemann der Schwester von Nadja Allilujewa, Stalins Frau in zweiter Ehe, Anna Sergeijewna Allilujewa, erschiessen. Redens gehörte zur Führung des Moskauer NKWD.

Unter solchen Umständen und Umgangsformen bis ins Private hinein haben sich natürlich kaum schriftliche unzensierte Zeugnisse zu Stalins Lebenszusammenhängen erhalten, die biographisch verläßlich wären. Biographische Skizzen aus familiärer Sicht sind uns lediglich von seiner und Nadja's Tochter Svetlana und von seinem Neffen Budu Svanidze überliefert, beidemale allerdings schon aus der Erfahrung des Exils.[10]

1940 erschien in Moskau eine sehr umfangreiche illustrierte Bibliographie unter dem Titel *Stalin und über Stalin*. Unter der Rubrik „Bibliographische Quellen über Stalin" sind 95 Veröffentlichungen aufgeführt. Seltsamerweise fehlen zwei Titel: Lawrenti Berijas *Zur Geschichte der bolschewistischen Organisationen in Transkaukasien (1937)* und die von Henri Barbusse verfaßte *Stalinbiographie (1935)*. Sowohl Freund Berija als auch der französische Schriftsteller hatten in ihren

---

9 A. Blank: Nachdenken über Stalin (1970/1984). In: Forum für osteuropäische Ideen- und Geistesgeschichte, 3. Jg. (1999), H. 2, S. 78.

10 Vgl. B. Svanidze: Mon Oncle Staline. Paris 1953 (dt. u.d.T.: Im engsten Kreis. Stuttgart 1953) und S. Allilueva: Dvad'catí pisem k drugu. Vaduz 1967 (dt. u.d.T.: 20 Briefe an einen Freund. Wien 1967).

Büchern eine lange zurückliegende Episode aus Stalins Leben beschrieben, an die der Führer nicht mehr erinnert werden wollte. Am 15. April 1906 nahm die Polizei den aus der sibirischer Verbannung geflohenen Revolutionär in Tiflis fest. Der Polizei, so lautete für kurze Zeit die parteioffizielle Überlieferung, war es gelungen, die illegale Druckerei in Awlabar auszuheben. Stalin sei unter den Festgenommen in dieser bedeutendsten Druckerei der georgischen Revolutionäre gewesen. In der Regel erfolgte damals bei entwichenen Verbannten, die sich sonst nichts haben zuschulden kommen lassen, die Rückführung an den Verbannungsort; aber in diesem Falle sollte es anders sein. Stalin verließ das Polizeirevier als freier Mann. Ein Jahr später, am 12. Juni 1907 war er in den Überfall auf die Tifliser Reichsbank verwickelt.

Diese Geschichten wurden im 1940 erschienenen Band der *Sowjetenzyklopädie* ausgeschmückt. Aber noch fünfzehn Jahre vorher – 1925 – hatte der jetzt 1940 schon lange verurteilte und hingerichtete Awel Jenukidse die Geschichte von 1906 mit der Druckerei noch anders erzählt. Dieser Laden sei einer von vielen gewesen und Stalin wurde in diesem Zusammenhang auch noch mit keinem Wort erwähnt.

Der sowjetische Hofhistoriker Jemeljan Jaroslawski legte 1940 ein Buch über die *Wegmarken im Leben Stalins* vor, in dem er dann Stalin als einen der Organisatoren der Druckerei schilderte.

Zur Erinnerung an diese frühe revolutionäre Episode Stalins – und Gerüchte halten sich hartnäckig – soll in der georgischen Zeitung *Kommunisti* am 20. April 1940 ein Artikel von Agniaschwili erschienen sein. Der Verfasser erinnerte sich an eine Begegnung Stalins mit georgischen Komsomolzen. Stalin hatte den Jugendlichen damals aus seinem Leben erzählt und dabei auch jene Geschichte mit der Verhaftung hervorgehoben. Er legte angeblich ausführlich dar, wie er, um die Ochrana zu täuschen, sich als Spitzel anwerben ließ. Mit dieser „Tarnung" könne er ungestörter arbeiten.

Die Ausgabe der Zeitung wurde 1940 allerdings sofort konfisziert und eine neue Ausgabe gedruckt. Bisher ist weder ein überliefertes Exemplar noch sind die Teilnehmer jener Gesprächsrunde zum Thema „Was ist ein echter Revolutionär?" bekannt geworden.

Es gibt in Revolutionen immer wieder ein im jeweiligen Einzelfall faszinierendes Zusammenspiel von kluger Tarnung, witziger Imitation, selbstverleugnender Verstellung, dabei aber zugleich auch Verbrechen, Angst und gemeinen Verrat im Widerstand (bis hin zur Ununterscheidbarkeit wie bei dem russischen Sozialrevolutionär Ewno Asew)[11] und post festum eine heroisierende Verklärung all dessen nach der Machtergreifung. „Mit der einen Hand schickte Malinowski viele Dutzende der besten Vertreter des Bolschewismus in Verbannung und Tod, während er mit der anderen Hand helfen mußte, vermittels der legalen Presse viele Zehntausende neuer Bolschewiki zu erziehen", schrieb Lenin rückblickend über die im Dienste der Geheimpolizei agierenden Provokateure.[12] Das aber erzeugt generell eine Verschleierungskultur in Revolutionen, die auch im Fall Stalins alles Persönliche letztlich tief im Dunklen ruhen lässt.[13] Das mussten auch engere Mitarbeiter Stalins konstatieren. „Stalin kennt nur ein Mittel: die Rache. Zur gleichen Zeit stößt er einem den Dolch in den Rücken. Erinnern wir uns an die Theorie der 'süßen Rache'."[14] Bucharin erinnerte an eine Episode aus dem Jahre 1923, als Stalin einmal Dzierzynski und Kamenew Einblick in seine Seele gewährte. Damals hatte er gesagt: „Sich sein Opfer wählen, den Plan bis ins kleinste vorzubereiten, unerbittlich seinen Rachedurst zu stillen und dann zu Bett zu gehen – etwas Süßeres gibt es auf der ganzen Welt nicht."[15]

Das erklärt auch, daß unsere Annäherung an vermutbare Glückszeiten Stalins natürlich keine Dokumentar-Erzählung sein kann. Aber wir versuchen diesem Mangel nun nicht kompensatorisch, etwa durch eine 'charakterologische' Gesamtsicht auf Stalin abzuhelfen.

---

11 Vgl. B. Nikolajewsky: Asew. Die Geschichte eines Verrats, Berlin 1932, 250 S., sowie Selbstzeugnisse in: Pis'ma Azefa 1893-1917. [Asews Briefe 1893-1917] Moskva 1994.

12 W. I. Lenin: Der „linke" Radikalismus, die Kinderkrankheit im Kommunismus. In: Werke, Bd. 31, Berlin 1972, S. 30. – Die Berichte der Außerordentlichen Untersuchungskommission der provisorischen Regierung im Fall Malinowskis sind veröffentlicht in: Delo provokatora Malinovskogo. [Der Fall des Provokateurs Malinovskij], Moskva 1992.

13 Vgl. Bernd Florath / Armin Mitter / Stefan Wolle (Hg.): Die Ohnmacht der Allmächtigen. Geheimdienste und politische Polizei in der modernen Gesellschaft, Berlin 1992.

14 Bucharin über die Kampfmethoden Stalins. In: Gegen den Strom (Berlin) Nr. 17, 27. April 1929, S. 8.

15 Vgl. N. Bucharin: 1929 – Das Jahr des großen Umschwungs, Berlin 1991, S. 144 u. 217.

Wir wollen im folgenden in einer historischen Miniatur zum Sowjet-jahr 1940 einige neue, alltagskundliche Akzente zum besseren Ver-stehen einer bestimmten, nämlich radikalen bzw. fundamentalisti-schen politischen Mentalität – die längst nicht vergangen ist – herausstellen, nicht einer womöglich pathologischen Individualität nachspüren.

Wie stellen uns die Frage, ob und wann Stalin im politischen Han-deln, das bei ihm alltäglich Entscheidungen immer auch über Leben oder Tod bedeutete, doch Glückserfahrungen haben könnte. Und: was dessen 'Glück' für die anderen bedeutete!

Umstände des Glücks wird man allerdings nicht in seinem einfachen Alltag identifizieren können. Viel Zeit für Glück blieb ihm nicht. Wenn überhaupt, dann eben in jenem Jahr 1940. Es war das erste Jahr der Sowjetunion nach dem Ende der europäischen Revolutionsperi-ode – im Vorjahr ging auch Spanien für die Revolution verloren und jetzt schien ganz Europa an Hitler verloren. Und es war das letzte Jahr der Sowjetunion in der Abendröte der Friedens.

Wir können durch all das, was wir dennoch von Stalin wissen, wohl eine, die alteuropäische Bestimmung von Glück für ihn ausschließen, in der es heißt, „daß alle Tugendhaften immer glückselig sein werden", Glück also für jene reserviert bleibt, die „in Gütern sind und kein Übel an sich haben." [16]

Wäre also vielleicht unsere Fragestellung doch blasphemisch? Das wollen wir im Ansatz nicht in Abrede stellen, doch scheint es im Hin-blick auf den in der Selbstwahrnehmung der Sowjetgesellschaft gera-de für diesen Zeitraum fast schon inflationären Gebrauch der Formel vom immer 'glücklicher werdenden' Leben nicht abwegig, den Blick einmal auf das zu richten, was da als Glück gemeint sein könnte. Lange Zeit, bis über die Stalin-Zeit hinaus galt ja als ausgemacht: „Die Jahre 1938 bis 1941 waren eine der schönsten und glücklichsten Perioden im Leben des Sowjetstaates und der Sowjetmenschen. Das Land erleb-te eine Zeit der blühenden Jugend, eines neuen mächtigen Auf-

---

16 M.T. Cicero: Gespräche in Tusculum [V/28], hg. v. O. Gigon, München–Zürich 1992, S. 339.

schwungs der gesamten Wirtschaft und eine Blüte der sozialistischen Kultur. Gleichzeitig erhöhte sich der Wohlstand der Werktätigen." [17]

In einem Artikel zum Zwanzigsten Jahrestags der Oktoberrevolution hatte der landesweit bekannte Pädagoge Anton Makarenko am 7. November 1937 in der *Izvestija* die Form des Glücks in der Neuen Welt bekannt gemacht.

Es sei der Mensch – in den alten Klassengesellschaften – zwar immer schon „ein Spezialist auf dem Gebiet des Unglücks", [18] doch durch die Oktober-Revolution sei es zu einer Revision der alten Vorstellungen vom Glück gekommen. Es bestehe erstens in der klaren personellen Scheidung innerhalb der Sowjetgesellschaft, nämlich „daß wir auf unseren Straßen keine feisten Blutsauger mehr sehen, wir sehen nicht ihren Hochmut ... nicht ihre Luxuspaläste, die Equipagen der Ausbeuter, den Prunk ihrer Kleidung, die Scharen von Speichelleckern ... von Parasiten zweiter Sorte; ... und das Glück besteht auch darin, daß wir sie auch morgen nicht mehr sehen werden." [19] Zum zweiten betont Makarenko auch, daß dieses Glück mit Gewalt verbunden ist: „Es wurde in einem grausamen und blutigen Kampf erobert und gehört nur uns ... der klassenlosen Gesellschaft." [20] Und schließlich drittens ist „im Gegensatz zu der ganzen übrigen Welt unser allgemeines Gesetz, das Staatsgesetz, eigentlich ein Gesetz über das Glück." [21] Glück also, so haben es die Betroffenen zu erleben, ist der je historisch erreichte Zustand der Sowjetgesellschaft selber.

Stalins Eudämonie als Gesetzgeber war seinerseits allerdings nicht etwa an jenes Wohlergehen oder die Annehmlichkeiten gebunden, die den Sowjetmenschen qua Sowjetordnung allein zugänglich war. Sein persönliches Verständnis von Glück wäre am ehesten noch zu

---

17 Geschichte der sowjetischen Presse. Lehrbrief 8. Thema XII. Die sowjetische Presse im Kampf um die Vollendung des sozialistischen Aufbaus und um die Durchführung der neuen Verfassung (1935 bis 1937); Thema XIII Die sowjetische Presse im Kampf um die Vollendung des sozialistischen Aufbaus und den allmählichen Übergang zum Kommunismus in den Vorkriegsjahren (1937 bis 1941). Nach Vorlesungen von Prof. W. A. Ruban. Karl-Marx-Universität Leipzig. Fernstudium der Journalistik. Leipzig 1957, S. 28.
18 A. Makarenko: Das Glück [1937]. Gesammelte Werke. Marburger Ausgabe, hg. v. L. Froese, G. Hillig, S. Weitz u.a., Ravensburg 1978, I. Abt., Bd.9, S. 59.
19 Ebd., S. 59f.
20 Ebd. S. 60.
21 Ebd., S. 60.

4 *Ogonjok* Nr. 24, 30. August 1940. 1. Umschlagseite.
„Moldauische Bäuerin.“
Der Buchtitel: „Lenin und Stalin. Sammelband zum Studium der Geschichte der
KPdSU(B).“

bestimmen als das, was auch einmal Karl Marx als Glück begriff: nämlich daß es nichts als Kampf sei – und dementsprechend Nachgeben,
Kompromiß, Rückzug und gar Kapitulation Unglück.

Die kulturelle Differenz dazu ist innerhalb jenes gesellschafts- und
kapitalismuskritischen Diskurses, dem sich der Bolschewismus
zugehörig fühlte, allerdings auch schon in jenem Jahr 1940 artikuliert
worden: „Das Glück war möglich", notierte im Februar 1940 ein französischer Freund der Sowjetunion in sein *Tagebuch*, „zwischen 25 und
33 bin ich oft glücklich gewesen, ich habe um mich herum eine Menge
glückliche Leute kennengelernt, und es war kein frenetisches, unge-
sundes Glück. Sie waren wirklich und gelassen glücklich. ...Wir wollten weder zerstören, noch uns in erregende und wahnwitzige Eksta-
sen stürzen. Wir wollten brav und geduldig die Welt verstehen, sie
entdecken und uns in ihr unseren Platz schaffen. ...Diejenigen von
uns, die die Welt verändern wollten und zum Beispiel Kommunisten
wurden, wurden es auf vernünftige Weise, nachdem sie das Für und
Wider abgewogen hatten."[22]

Müßten wir also, wenn wir das Glück des vielleicht Glücklichsten
jenes Jahres 1940 kognitiv nachvollziehen wollten, unsere Begriffe
vom Glück grundsätzlich revidieren?

Hätte *Er* sich nicht vielleicht in einer Bestimmung wiedergefunden,
die am Ende des 19. Jahrhunderts im bevorzugten Exilland russischer
Revolutionäre, in der Schweiz, verbreitet war und in der es heißt: „Die
erste und unumgängliche Bedingung des Glücks ist der feste Glaube
an eine sittliche Weltordnung. Ohne dieselbe, wenn die Welt vom
Zufall oder von einem unerbittlichen Naturgesetz ... regiert wird, kann
von Glück für den einzelnen nicht mehr die Rede sein."[23]

Beim Glück ging es also zunächst immer um einen vollkommenen
Zustand. Das betraf sowohl Ereignisse als auch Erlebnisse. „Es ist also
klar", so wurde das Glück noch am Ausgang der Antike bestimmt,
„daß die Glückseligkeit ein Zustand ist, der durch die Vereinigung

---

22 J. P. Sartre: Tagebücher. September 1939 bis März 1940, hg. v. V. v. Wroblewsky, Reinbek
b. Hamburg 1996, S. 383.
23 C. Hilty: Glück [1889]. Mit einem Nachwort v. P. Schneider, Zürich 1987, S. 22.

aller Güter vollkommen ist. Diesen suchen alle Sterblichen zu erreichen, aber auf verschiedenen Pfaden." [24]

Das Maß des Glückes war also von altersher „weder die Gunst der
Ereignisse noch die Intensität der Freude, sondern die Größe der ver-
fügbaren Güter. Welche Güter dies sein sollen, das entschied die antike Definition des Glücks nicht." [25]

Es kann nun keinem Zweifel unterliegen, wie es um die Verfügbar-
keit materieller und symbolischer Güter in jenem 'Paradies der Werktätigen' bestellt war, zumal in diesem Jahr 1940.

Kein anderer zeitgenössischer Machthaber hatte damals derart abso-
lute Macht wie sie Stalin hatte. Keiner gebot so unbeschränkt – und
ohne Skrupel – über Güter und Seelen wie er. Darin unterscheidet
sich sein Herrschaftsentwurf prinzipiell von beispielsweise der Machtergreifung Hitlers und seiner Idee eines nationalsozialistischen Deutschen Reichs. Hitlers Zerstörung der Weimarer parlamentarischen
Demokratie und seine Formierung einer fremdenfeindlichen, anti-
kommunistischen und rassistischen (vor allem eben antisemitischen)
'Volksgemeinschaft' war ja gerade nicht verbunden mit der Zerstörung
der Basisstrukturen der Eigentums-, Finanz- und Wirtschaftsformen
der industriellen und agrarischen Produktion in Deutschland, und
natürlich blieben auch die Jurisprudenz, die Diplomatie, das Militär,
sowie der Wissenschafts„ und Universitätsbetrieb, Glauben, Erziehung etc., als dann euphemistisch 'deutsch' genanntes Kulturgut in
ihren überkommenen Grundstrukturen erhalten. Auch gab es eine
anerkannte Kultur des Privaten.

Hitlers 'Wyschinski' etwa, der furchtbare Jurist Roland Freisler,.
hätte niemals, zudem noch in Friedenszeiten, die grundloyale Par-
tei-, Militär- und Diplomatenelite des 'Dritten Reiches' mittels erfol-
terten 'Geständnissen' anklagen und wie tollwütige Hunde erschiessen [26] lassen können.

---

24 A.M.S. Boethius: Trost der Philosophie [III/2], üb. v. E. Gothein, Berlin 1932, S. 71.
25 W. Tatarkiewicz: Über das Glück [geschrieben 1939-1946], Stuttgart 1984, S. 16.
26 So die Quintessenz des Plädoyers von Wyschinski gegen Lenins Mitstreiter Sinowjew, Kamenew u. Gen. im ersten Moskauer Schauprozess von 1936. Vgl. A. J. Wyschinski: Gerichtsreden,
   Berlin 1951, S. 543.

Stalin dagegen bestimmte – im Unterschied etwa zu Hitler – nicht nur den Umfang der diese Gesellschaft geistig konstituierenden symbolischen Güter, sondern er war selber das symbolische summum bonum der Neuen Welt, und zwar offensichtlich weit über Sowjetrußland hinaus, bei den wirklich oder vermeintlich Bedürftigen weltweit. Der Bolschewismus war – und das macht ihn gegenüber allen anderen gesellschaftlichen Umstürzen singulär – programmatisch angetreten, alle strukturellen, geistigen, gesellschaftlichen und historischen Ursachen der sozialen Ungerechtigkeiten an der Wurzel zu packen, d.h. radikal zu sein, um ein für alle mal „alle Verhältnisse umzuwerfen, in denen der Mensch ein erniedrigtes, ein geknechtetes, ein verlassenes, ein verächtliches Wesen ist".[27]

Alle Verhältnisse meint eben genau alle – vom Eigentum, Geld & Kapital bis hin zur Kultur des privaten Umgangs miteinander. Denn, und auf diese revolutionäre Konfession – auch noch hundert Jahre nach Marx – machte einmal der polnische Schriftsteller Alexander Wat aufmerksam: „Worauf fußt der Glaube des Revolutionärs? Um etwas Neues zu errichten, muß man das Alte bis auf die Grundfesten zerstören. Die Wurzeln ausreißen. Die Grundfesten sprengen."[28] Dieser Umsturz aller Verhältnisse ist erfolgreich zu vollziehen nur, wenn entweder (a) dies wirklich alle wollen (also alle dieselben Interessen hätten) oder eben (b) wenn dies einige Wenige, aber zu allem Entschlossene wollen. Da die Option (a) den nötigen Umsturz auf den Sankt-Nimmerleins-Tag verschieben würde, liegt es also nahe, organisatorische Vorkehrungen für Fall (b) zu treffen. Das ist die Geburtsstunde der Idee und Praxis der Avantgarde-Partei als einer Partei 'neuen Typus'. In Rußland taten genau dies Lenin und seine Bolschewiki.

Die so legitimierte Verfügbarkeitsallmacht bei Stalin war zu keinem historischen Zeitpunkt größer als Neunzehnhundertvierzig. In der Zeit vorher, im ersten Jahrzehnt der Revolution 1917–1927, hatte

---

27 K. Marx: Zur Kritik der Hegelschen Rechtsphilosophie. Einleitung. In: K.Marx/F.Engels: Gesamtausgabe (MEGA), Berlin 1982, I. Abt., Bd. 2, S. 177.
28 A. Wat: Jenseits von Wahrheit und Lüge. Gesprochene Erinnerungen. In: Sinn und Form 52 (2000), H. 4, S. 549f.

Stalin anfangs nur eine subalterne und von seinen 'Gleichgesinnten' mißtrauisch betrachtete Rolle in dem damals noch unterschätzten parteiverwaltenden Apparat gespielt. Er war in einen dauernden innerparteilichen Kleinkrieg gegen andere Personen und Gruppen verwickelt, dessen Ausgang immer ungewiß war, so daß Glück bei ihm kaum aufgekommen sein dürfte. Auch als sein Stern dann stieg, die verschiedenen Parteioppositionen politbürokratisch niedergeworfen wurden, konnte er, wie im Frühjahr 1934 auf dem „Parteitag der Sieger" vor bösen Überraschungen nicht sicher sein. Erst danach, im Chaos der 'Großen Tschistka' begann bei ihm, was der polnische Dichter Stefan Zeromski so beschrieb: „Das Glück strömte wie warmes Blut als langsame Welle in sein Herz ... "[29]. Richard Lourie läßt Stalin in seinem gleichnamigen Roman in dieser Situation bündig sagen: „Ich bin glücklich darüber, mir alle Feinde Rußlands vom Hals geschafft zu haben."[30]

Und nach 1940? Müßte nicht vielmehr der Sieg über Hitler mit Stalins Glück verbunden werden? Natürlich war der militärische Sieg verbunden mit Genugtuung und versprach weitere Sicherheit der Sowjetgesellschaft. Aber man sollte sehen, daß gerade jetzt Stalin seine unbestrittene materielle und geistige Verfügungshoheit von vor fünf Jahren endgültig wieder verlor. Und das nicht nur wegen des weltweit erstarkenden Kapitalismus (mit seinem Atomwaffenmonopol) und des 'Kalten Krieges'. Vielmehr entwickelten sich gerade durch die Ausbreitung des Sozialismus nach Mittelosteuropa und Asien in anderen Kulturen neue kommunistische Persönlichkeiten mit einer eigenen Aura wie Ho Chi Minh, Josip Broz Tito, Mao Tse Tung. Es entstanden antiimperialistische Staatenbünde (Dritte Welt, Blockfreie), über die *Er* keine unbeschränkte Verfügungsmacht mehr hatte. Jetzt mußten neue weltpolitische Konstellationen beachtet werden, die der Herrschaftskultur des „zweiten Bolschewismus", wie François Furet[31] den

---

29 Zit. nach W. Tatarkiewicz: Über das Glück, a.a.O., S. 14.
30 R. Lourie: Stalin. Die geheimen Aufzeichnungen des Jossif Wissarionowitsch Dschugaschwili, München 1999, S. 143.
31 François Furet: Das Ende der Illusion, München – Zürich 1996, S. 180.

Stalinismus nannte, ganz fremd waren. Und also wiederum Glücksgefühle bei Stalin wohl kaum aufkommen ließen.

Es blieben der Aufbau des Sozialismus „in einem Land" Anfang und Ende von Stalins Traum und Glück. Auch deshalb postulieren wir 1940 als Stalins glückliches Jahr.

Am Neujahrstag 1940 schreibt Jelena Bulgakowa hoffnungsvoll wie alle Hoffnungslosen in ihr *Tagebuch:* „Das schwerste Jahr meines Lebens, das Jahr 1939, ist vorüber, gebe Gott, daß das Jahr 1940 nicht genauso wird!"[32] Ihr 1940 begann dann wie es im sowjetischen Leben jener Jahre alltäglich war – mit Leid und Tod: Am 10. März 1940 stirbt ihr Mann, Michail Bulgakow, einer der großen literarischen Ironiker der Sowjetgesellschaft. Überraschenderweise an einer wirklichen Krankheit, nicht in Lefortowo oder an der Kolyma.

---

32 J. Bulgakowa: Margarita und der Meister. Tagebücher, Erinnerungen, Berlin 1993, S.399.

Januar – Der Jubilar ist glücklich

> Meine Aufgabe ist es, die feindlichen Kräfte zu
> beseitigen. Wenn ich sie alle beseitigt habe,
> kommt es von selber so, wie es muß.
> *Andrej Platonow: Tschewengur.*

Stalin begann sein Jahr 1940 als gerade Sechzigjähriger. Dieses
Lebensalter allein sollte ihm schon als ein Glück vorgekommen sein,
denn dort, wo er herkommt, ist ein alter persischer Aberglaube leben-
dig, wonach „männliche Kinder, die am 21. Dezember geboren werden, dem Tag mit der längsten Nacht, am besten gleich nach der
Geburt umgebracht werden sollten" [1].

Aus Anlaß seines Jubiläums wurde er viel geehrt. So wurde er, was
nicht verwundert, 'Held der Arbeit', aber auch – durchaus überraschend – Ehrenmitglied der am wenigsten machtkorrumpierten Institution der Sowjetunion, der Akademie der Wissenschaften der UdSSR.

„Heute ist der 60. Geburtstag des Gen. Stalin. Unser gesamtes Land
und unser Volk begehen dieses hervorragende Datum... Am Morgen
traf ich mich mit Gen. Molotow und er lud mich und meine Frau zu
einem Abendessen aus Anlaß des 60. Geburtstages von Gen. Stalin
ein. Ich kam", notierte der Volkskommissar W. Malyschew, [2] „mit meiner Frau. Es waren nicht viele Gäste da – 70 bis 80 Personen. Gen. Stalin kam herein und begrüßte alle freundlich mit Handschlag... Molotow nahm das Wort und sagte sinngemäß: Viele von uns haben lange
Jahre zusammen mit Gen. Lenin gearbeitet und arbeiten mit Gen.
Stalin zusammen. Einen größeren Giganten des Denkens, einen
größeren Führer als Lenin kenne ich nicht. Das ist ein Gigant, ein her-
vorragender Führer. Aber ich muß sagen, daß Gen. Stalin gewisse
Vorzüge gegenüber Lenin hat. Lenin war lange Jahre von seinem Volk
getrennt, von seinem Land und lebte in der Emigration, aber Genos-

---

1   R. Lourie: Stalin, a.a.O., S. 20.
2   Zu den Personen vgl. das Personenregister S. 213-236. – Zit. nach Istočnik 1997, 5, S. 141.

se Stalin lebte und lebt immer mit dem Volk, in unserem Lande. Das gestattete es selbstverständlich Gen. Stalin das Volk besser zu kennen, ihm näher zu sein. Deshalb kann man Gen. Stalin zurecht einen Volksführer nennen."[3]

Für diesen Vergleich hatte sich Wjatscheslaw Michailowitsch Molotow nicht von ungefähr entschieden. In seiner Rede auf dem Februar-März-Plenum des ZK der KPdSU(B) 1937 hatte Stalin die Bolschewiki mit einem Heros der griechischen Mythologie – Antäus – verglichen.[4] Diese Analogie gefiel Josef Wissarionowitsch Stalin so gut, daß er sie in das Schlußkapitel des *Kurzen Lehrgangs der Geschichte der KPdSU(B)* aufnehmen ließ: „'Man kann es als Regel betrachten', sagt Genosse Stalin, ,daß die Bolschewiki unbesiegbar bleiben, solange sie die Verbindung mit den breiten Massen des Volkes bewahren'. ... Ebenso wie Antäus sind sie [die Bolschewiki] dadurch stark, daß sie die Verbindung mit ihrer Mutter, mit den Massen, aufrechterhalten, die sie erzeugt, genährt und erzogen haben. Und solange sie die Verbindung mit ihrer Mutter, mit dem Volke, aufrechterhalten, haben sie alle Aussicht, unbesiegbar zu bleiben."[5] Eine wohl eher ungeschickte mythologische Genealogie – denn wo Antäus ist, ist ein Herakles nicht weit.

Am 2. Februar 1940 bedankte sich der Jubilar in der *Prawda* für die vielen Glückwünsche, die er erhalten hatte, vom Ausland u.a. aus Peking von Tschiang Kai Tschek, aus Pressburg von Jozef Tiso und aus Berlin von Adolf Hitler. „Zu Ihrem sechzigsten Geburtstag bitte ich Sie, meine aufrichtigen Glückwünsche entgegenzunehmen. Ich verbinde hiermit meine besten Wünsche für ihr persönliches Wohlergehen sowie für eine glückliche Zukunft der Völker der befreundeten Sowjetunion. Adolf Hitler."[6]

Während der Ministerkonferenzen im deutschen Reichspropagandaministerium hatte man dann doch Abstand davon genommen,

---

3 „Proidjet desjatok let, i eti vstreči ne vosstanovis' uže v pamjati." Dnevnik narkoma. [Übers. d. Sacht.: Es werden Jahrzehnte vergehen und diese Begegnungen nicht mehr im Gedächtnis rekonstruierbar sein] In: Istočnik, 1997, 5, S. 109/110.
4 J. Stalin: Über die Mängel der Parteiarbeit. Moskau 1937, S.45.
5 Geschichte der Kommunistischen Partei der Sowjetunion (Bolschewiki). Kurzer Lehrgang. Berlin 1950, S.451.
6 Sowjetstern und Hakenkreuz 1938-1941. Berlin 1990, S.282.

„besondere Sprachregelungen" zu dem am 21. Dezember 1939 statt-
findenden 60. Geburtstag Stalins herauszugeben. Joseph Goebbels
lehnte Veröffentlichungen zu Stalins 60. Geburtstag als nicht zweckmäßig ab.[7] Schließlich galten die Namen beider Diktatoren weltweit
als Synonyme für politische Programme. Stalin kannte Hitlers *Mein
Kampf*, während dem deutschen Diktator das Programm der Komintern vertraut war.

Für das deutsche Volk war 1939 natürlich nicht das Jahr des Stalin-,
sondern des Hitlerjubiläums. In seiner „Rundfunkrede zum 50. Geburtstag des Führers" am 19. April 1939 hatte Goebbels den starken
Eindruck des festlichen Ereignisses betont, dem sich selbst die, „die
uns noch reserviert oder gar ablehnend gegenüberstehen", nicht entziehen können.

Stalin hatte sein Land, die Sowjetunion, in den letzten fünf Jahren
(seit 1935) nach innen terroristisch pazifiziert, nach außen militärisch
isoliert. Sein Land, „ein Sechstel der Erde", schien mächtig und sicher
wie nie zuvor. Staatliche Ämter hatte er 1940 nicht inne. Erst im kom-
menden Jahr, das das erste Kriegsjahr werden sollte, wird er – wie einst
Lenin – Vorsitzender des Rats der Volkskommissare. In keinem Jahr
hat er weniger geschrieben als 1940. In der *Werkausgabe* umfaßt das
Gedruckte kaum eine Seite.[8] Selbst in seinem Todesjahr sind mehr
Reden, Briefe und amtliche Verlautbarungen veröffentlicht worden.

Stalins Einfall, der Aufbau des Sozialismus könne „in einem Land"
vollzogen werden, hatte sich wohl gegen all die kosmopolitischen Dis-
kurs-Marxisten aus dem ersten Kabinett Lenin von 1917 als einziger
zunächst praktikabel erwiesen.

Die Revolution, wie Stalin sie verstand, als gewissermaßen perma-
nente Revolution im Inneren, war jetzt, erst jetzt, beendet. Er hatte
zuletzt auch noch den „Parteitag der Sieger"[9] – wie er euphemistisch

---

7 Vgl.: Kriegspropaganda 1939-1941. Geheime Ministerkonferenzen im Reichspropagandaministerium. Stuttgart 1966, S. 247.
8 I. Stalin: Sočinenija. T. 14, Moskva 1977. In den von Richard Kosolapov in der Reihe „Arbeiter-
   universität" herausgegebenen Band sind das Dankschreiben für die eingegangenen Glückwünsche zum 60. Geburtstag [S. 346] und die Rede am 17. April 1940 [S. 347-360] aufgenommen worden.
9 Vgl. Pokolenie Pobeditelej [Die Generation der Sieger], Moskva 1936.

genannt wurde – besiegt. Er hatte die Gründergeneration der Sowjetunion, also Seinesgleichen, liquidiert, er allein war jetzt der „Chosjain", der unumschränkte Herr im Hause, wie er von seinen Gefolgsleuten im Führungszirkel genannt wurde.

Das allerdings mußte ihm selber schon als eine glückliche Fügung erscheinen, die ihm nicht an seiner politischen Wiege gesungen worden war. Weder im Smolny noch dann im Kreml hat in der Gründerzeit Sowjetrußlands – zwischen 1917 und 1922 – je einer vermutet, daß Stalin zu Höherem berufen gewesen wäre. Im Gegenteil, in den Korridoren der Macht jener Zeit wußte jedermann, daß Lenin sogar testamentarisch gewarnt hatte, dem groben 'Osseten' relevante Macht anzuvertrauen.[10] Ossip Mandelstamm zeichnete 1934 in einem berühmten Gedicht das Bild dieses Führers und dieser Gesellschaft, wie sie inzwischen aus der Revolution hervorgegangen waren.[11]

Wir leben, unter uns das Land nicht kennend,
unhörbar unsere Worte auf zehn Schritt,
und wo es reicht für ein kleines Gespräch –
wird der Kremlbergbewohner erwähnt.

Seine dicken Finger, fettig wie Würmer,
und seine Worte – wie Zentnergewichte.
Wie eine Kakerlake lacht sein Schnurrbart,
und es glänzt sein Stiefelschaft.

Und um ihn herum das Pack der dickhäutigen Führer,
er spielt mit den Diensten von Halbmenschen.
Wie Hufeisen schmiedet Befehl um Befehl er –
dem in die Stirn, dem in die Braue, dem in die Leiste, dem ins Auge.
Welche Todesstrafe immer – es ist eine Himbeere,
und breit ist die Brust des Osseten.

10 Stalin war im ersten Rat der Volkskommissare zuständig für Nationalitätenfragen, also – Ironie der Geschichte – gerade für jene Konstellationen, an denen dann dereinst die Sowjetunion überhaupt auseinanderbrechen sollte.
11 N. Mandelstam: Das Jahrhundert der Wölfe, Frankfurt/M. 1973. Anhang, S. 396.

5 *Ogonjok* Nr. 1, 10. Januar 1940. 3. Umschlagseite.
„Volkskommissariat für Lebensmittelindustrie der UdSSR – Hauptverwaltung
Konserven:
Kauft frisch gefrostetes Gemüse und Obst.
Dann kann man auch im Winter frisches Obst genießen!"

Doch mit dem Glück des Tüchtigen konnte er über die Jahre dann alles zu seinem Besten wenden. Und er hatte dann wie alle großen Sieger natürlich jene exemplarische „Abneigung von Machthabern gegen Überlebende"[12].

Vielfältig sind die Beschreibungen seines eher unangenehmen Äußeren. Wer Stalin als Diktator beschrieb, sah die finstere Falte auf seiner niedrigen, zurückfliehenden Stirn zwischen den buschigen Augenbrauen. „Die krausen, dichten Haare quollen unter der Mütze hervor und umrahmten das pockennarbige Gesicht. Seine halbzugekniffenen, fast gelben Augen blickten lauernd nach allen Seiten. Überall mutmaßte er Attentäter, überall Verrat. Sein dunkler, ungepflegter Schnurrbart verdeckte halb den Mund, aus dem schräg links hinunter eine Zigarette hing. Er trug ein sandfarbenes Jackett, dazu Brecheshosen und Reitstiefel und darüber eine Art Lodenmantel."[13]

Stalin hatte niemals wirkliche Freunde, nur Kumpane; viele seiner 'gleichgesinnten' Genossen mieden in ahnungsvoller Abneigung seine Nähe, so wie er sie mied. Viele verspürten ein unbestimmtes Grauen vor einem, der kein Privatleben kennt, bei dem alles – jeder Satz, jeder Schluck – politisch war.

In einer Erinnerung an die Revolutionszeit hatte man ihn einmal charakterisiert „als 'einen grauen Nebel, der sich ab und zu düster und drohend erhebt, ohne irgendeine Spur zu hinterlassen' (N.N. Suchanow)"[14].

Stalins Herrschaft war an das Gelingen einer gewissermaßen anthropologischen 'Volte' gebunden, an Menschen, denen die Individualität ausgetrieben wurde – an die Geburt des Mankurt.[15] Das neue Menschenmaterial, das jetzt je nach Bedarf, mit Elias Canetti gesprochen,

12 E. Canetti: Masse und Macht, Frankfurt/M. 1980, S. 268.
13 G. Döhrn: Das war Moskau. Berlin, Wien 1941, S. 94/95.
14 W. Laqueur: Stalin, München 1990, S. 19 f. – Suchanows Schilderung findet sich in der deutschen Ausgabe seiner Aufzeichnungen: 1917. Tagebuch der Russischen Revolution. Hg. v. E. Ehlert, München 1967, S. 239.
15 Zwei sowjetische Schriftsteller haben diese „Menschen-Volte" als Bedingung und Konsequenz stalinistischer Herrschaft sehr genau beschrieben. In den zwanziger Jahren Andrej Platonow, in: Tschewengur (Deutsche Ausgabe: Berlin 1990) und zu Beginn der Achtziger Tschingis Aitmatow, in: Der Tag zieht den Jahrhundertweg, Berlin 1982. Hier wird auch die Mankurt-Legende erzählt.

6 *Krokodil* Nr. 4, Februar 1940. Titelblatt. *Zeichnung von B. Prorokow.*
Auf dem Geschoß steht: „Den Weißfinnen von den Kämpfern, Kommandeuren
und Politarbeitern der RKKA" (Roten Arbeiter- und Bauernarmee).

als 'Hetzmasse' (die auf's Jagen der Anderen aus ist), als 'Festmasse' (zur Feier der Macht) oder als 'Doppelmasse' (im Krieg) eingesetzt werden konnte,[16] nannte Stalin in seiner Rede *Die Technik und die Menschen*[17] dann „die Kader, die alles entscheiden". Uns hat Stalin erzogen, berichteten glücklich und voller Stolz die „schlichten Helden der friedlichen Arbeit"[18].

Von den dabei zur Anwendung gelangenden Rationalitätskriterien berichtet anschaulich der berühmte Flugzeugkonstrukteur A. S. Jakowlew: „Am 9. Januar ereignete sich etwas, das meine ganze künftige Arbeit, besonders während des Krieges, stark beeinflußte... Das Kreml-Telefon klingelte, und man teilte mir mit, Stalin werde sprechen. ‚Sind Sie sehr beschäftigt? Können Sie gleich kommen? Wir müssen mit Ihrer Hilfe eine organisatorische Frage lösen.' Ich nahm das Auto und war in 15 Minuten im Kreml. ... Nach den üblichen Begrüßungen bat Stalin mich, Platz zu nehmen, und sagte, das ZK habe beschlossen, M. Kaganowitsch seines Amtes als Volkskommissar für Flugzeugindustrie zu entheben, weil er der Aufgabe nicht gewachsen sei. Stalin urteilte über Kaganowitschs Fachkenntnisse recht abschätzig. ‚Was ist er für ein Volkskommissar? Was versteht er denn vom Flugwesen? Und dann: So viele Jahre lebt er in Rußland und kann nicht einmal richtig Russisch!' Dann erinnere ich mich noch an folgende Begebenheit. Einmal sagte M. Kaganowitsch, als ein Flugzeug Iljuschins besprochen wurde: ‚Diesem Flugzeug muß man das Maul umbauen.' Stalin fiel ihm ins Wort: ‚Ein Flugzeug hat kein Maul, vielmehr einen Bug, noch genauer: den Rumpfbug. ‚Lieber soll Genosse Iljuschin uns Bericht erstatten.' Zum neuen Volkskommissar wurde dann Alexej Schachurin ernannt."[19]

Der italienische Schriftsteller Curzio Malaparte glaubte bei seinen Besuchen in Rußland – 1920, 1929, 1941 – Entwicklungsmomente

16 „Doch das Jahr 1940 war noch in anderer Hinsicht bemerkenswert: die Zahl der Gulag-Häftlinge, der Deportierten ... und der strafrechtlichen Verurteilungen erreichte ihren Höchstwert." (Das Schwarzbuch des Kommunismus, Hg. v. St. Courtois, N. Werth u. a., München–Zürich 1998, S. 237).

17 J. W. Stalin, Rede auf der ersten Unionsberatung der Stachowleute am 14. 11. 1935, in: Werke, Band 14, Dortmund 1976, S. 31–47; hier S. 40–43.

18 Uns hat Stalin erzogen. Berlin 1953, S. 6.

19 Alexander Jakowlew: Ziel des Lebens. Moskau 1982, S. 198.

eines solchen neuen Menschentyps beobachtet zu haben. "Was mich in Rußland am meisten erstaunt hat", so berichtete er einmal in einem Zeitungsbericht von der Leningrader Front, sei „die 'Maschine Mensch', geschaffen in zwanzig Jahren marxistischer Disziplin, Stachanowismus, leninistischer Intransigenz. Mich erstaunte die moralische Gewalt der Kommunisten, ihre Abstraktheit, ihre Gleichgültigkeit gegenüber Schmerz und Tod."[20]

1940 standen allerdings das 'Theoretische' und 'Philosophische' des Marxismus bei Stalin nicht mehr hoch im Kurs. Parallel zu der Arbeit am Philosophie-Kapitel, das 1938 in den *Kurzen Lehrgang* aufgenommen wurde, rechnete Stalin mit einer Reihe Philosophen ab. Jan Sten, der Stalin 1925 zweimal wöchentlich in Philosophie unterrichtete, wurde bereits 1937 auf Stalins Befehl im Lefortowo-Gefängnis erschossen. David Borissowitsch Rjasanow, der Stalin in die Schranken zu weisen pflegte, wenn dieser zu weit auf das ihm unbekannte Terrain der marxistischen Theorie vordrang,[21] wurde als Direktor des Marx-Engels-Instituts abgesetzt, verhaftet und 1938 in Saratow, im sog. 'Politisolator' erschossen.

„Offenbar unmittelbar nach Abschluß des ‚Freundschaftspakts' mit Hitler wandte sich der IMEL-Mitarbeiter Aleksander Feliksowitsch Kon an den Direktor des IMEL Mark Borisowitsch Mitin und meinte, daß es an der Zeit sei, nochmals die Frage nach dem Schicksal des Marx-Archivs zu stellen. Er ging davon aus, daß es in Prag aufbewahrt würde. Wenn es dort sei, ‚sollten wir die ausgesprochen günstige politische Situation nutzen, um es dort zu erhalten, zumal unentgeltlich'." Daraufhin schrieben der Leiter des Zentral-Archivs und der Direktor des Marx-Engels-Lenin-Instituts, am 20. Mai 1940 an Stalin und baten um Unterstützung bei der „Beschaffung" der Dokumente.

Aber es kam keine zustimmende Antwort „von oben".[22] Die beiden Archivare hätten einen ungünstigeren Tag nicht wählen können, denn Stalin wartete jetzt auf ganz andere Informationen. Im Morgengrau-

20 C. Malaparte: Die Wolga entspringt in Europa. Übs. v. H. Ludwig. Karlsruhe 1967, S. 185 f.
21 W. Hedeler: „Auf Kampfposten" – Rjasanow und Bucharin. In: David Borisovič Rjazanov und die erste MEGA. Berlin – Hamburg 1997, S. 219-232.
22 R. Hecker: „Wie gelangen wir in den Besitz der Manuskripte von Marx und Engels?" In: Beiträge zur Geschichte der Arbeiterbewegung, 1996, 1, S. 70-75.

en dieses Tages war ein von dem mexikanischen Maler David Siqueiros geführter Stoßtrupp mit der Absicht, Trotzki zu töten, in dessen Haus nahe der mexikanischen Hauptstadt eingedrungen. Doch diesmal scheiterte der Anschlag noch.

In Europa war Krieg in diesem Jahr 1940. Anfangs im Westen ein drôle de guerre, dann aber wird bis zum Sommer der Kontinent durch die neuartige Blitzkrieg-Stategie gegen Frankreich Skandinavien, Jugoslawien und Griechenland, sowie durch Hitler-freundliche Regierungen in Ungarn, Rumänien und Bulgarien wesentlich ein nationalsozialistisches Dominion.

Europa war ein unglücklicher Ort geworden „in diesem Unglücksjahr 1940, welches die Leichtfertigkeit und Gedankenlosigkeit des geruhigen Lebens in Europa aufgedeckt hatte. Völker wurden in Knechtschaft geworfen und Familien zerstreut. Europa büßte für seine Sünden und Unterlassungen."[23]

Goebbels dagegen bezeichnete jene Zeit in seiner Silvesteransprache 1939 an die Deutschen als das größte und stolzeste Jahr des nationalsozialistischen Regimes: „Das Jahr 1939 endet für das Deutsche Reich und für das deutsche Volk mit der unerschütterlichen Gewißheit des Sieges."[24]

Doch Stalin mußte deswegen nicht beunruhigt sein. Er befand sich – aus seiner Sicht – zum Deutschen Reich in hinreichender und vor allem vertraglich gesicherter Distanz. Der mit dem Nichtangriffsvertrag vom August 1939 anhebende Vertragsreigen mit Hitlerdeutschland setzte sich fort. Schon am 11. Febr. 1940 konnte ein Wirtschaftsabkommen zwischen Berlin und Moskau unterzeichnet werden, auf dessen Basis u. a. auch wieder die Präsenz der Sowjetunion in der Reichsmessestadt Leipzig gesichert wurde. Aus reichsdeutscher Sicht konnte jetzt unverblümt konstatiert werden, daß die „deutsch-sowjetischen Wirtschaftsbeziehungen niemals ganz abgerissen sind, wenn sie auch starken Beschränkungen unterworfen waren. Und es ist letztlich kein Zufall, daß sie im August 1939 mit voller Zustimmung bei-

---

23 A. Döblin: Schicksalsreise. Bericht und Bekenntnis, Leipzig 1983, S. 249 f.
24 J Goebbels: Die Zeit ohne Beispiel. Reden und Aufsätze aus den Jahren 1939/40/41. München 1941, S. 237

der Seiten auf eine neue breitere Basis gestellt wurden, die eigentlich nur die alte ist."[25]

Auch sicherheitspolitisch sah sich Stalin in einer glücklichen Lage: „Zweifellos fühlte Stalin sich in seiner Haltung dadurch bestätigt, daß es ihm 1940, nach zehnjährigen Grenzscharmützeln im Fernen Osten, endlich gelungen war, zu einer Übereinkunft mit Japan zu kommen."[26] Am 9. Juni 1940 unterschrieb Japan den Vertrag über den Grenzverlauf im Gebiet des Flusses Chalchin Gol. Hier unterlag die 6. Japanische Armee der von Georgi Konstantinowitsch Shukow kommandierten 1. Armeegruppe der Roten Armee.

Japan signalisierte daraufhin sein Interesse an weiteren Verhandlungen mit der Sowjetregierung. Im November 1940 machte die UdSSR weitere Gespräche von der Zusage Südsachalin und die Kurilen zurückzugeben, abhängig. Der vom deutschen Reichsminister des Auswärtigen, Joachim von Ribbentrop, unternommene Vermittlungsversuch, die sowjetische Seite für die Unterzeichnung eines sowjetisch-japanischen Nichtangriffspaktes zu gewinnen und nicht mehr auf einem Neutralitätsvertrag zu beharren, wurde in diesem Jahr auf den Weg gebracht.[27] Dieser Pakt wurde dann am 13. April 1941 in Moskau unterzeichnet. „Eine sonderbare Szene hat sich bei der Abfahrt Matsuokas in Moskau abgespielt. Stalin, der dabei nichts zu suchen hatte, ist total betrunken erschienen und hat Schulenburg lallend gesagt: „Fahren Sie nach Berlin und sagen Sie ‚Wir wollen Freunde bleiben'. Den stellvertretenden deutschen Militärattaché Krebs hat er schwer auf die Schulter geschlagen mit den hervorgestoßenen Worten: ‚Sieh da, ein deutscher General!'."[28]

Insbesondere der Nichtangriffspakt[29] mit Hitler gewährleistete – in seinen bis 1988 geheim gehaltenen Zusatzprotokollen – sogar eine geopolitische Dynamik, durch die Stalin in diesem Jahre 1940 der Sowjetunion die größte geographische Ausdehnung ihrer Geschich-

25 A. W. Just: Die Sowjetunion. Staat. Wirtschaft. Heer, Berlin 1940, S. 59.
26 A. Bullock: Hitler und Stalin. Parallele Leben, Gütersloh 1995, S. 921.
27 A. A. Koskin: Predistorija zaključenija pakta Molotova – Mačuoka (1941 g.) [Übers. d. Sacht.: Die Vorgeschichte des Paktes] In: Voprosy istorii. 1993, 6, S. 133–142.
28 Die Hassell-Tagebücher 1938–1944. Berlin 1988, S. 247/248.
29 Vgl. W. Leonhard: Der Schock des Hitler-Stalin-Paktes. München 1989.

te überhaupt bescherte. Nachdem bis Ende 1939 schon die West-ukraine und Westbelorußland, die 1920 im sowjetrussisch-polnischen Krieg an Polen verlorengingen, wieder in die Union eingegliedert werden konnten, gab es auch ganz neue Gebietsgewinne. Die Anti-Komintern begründete den Überfall auf die Sowjetunion in ihrem 1942 veröffentlichten *Rotbuch – Warum Krieg mit Stalin?* mit dem Hinweis auf diesen Sowjetvormarsch nach Westen. Die „historische Proklamation des Führers", die der Reichsminister für Volksaufklärung und Propaganda, Dr. Goebbels, über alle deutschen Sender am 22. Juni 1941 früh um fünf Uhr dreißig nach den aufpeitschenden Fanfa-renklängen verlas, stellte den Angriff als Befreiungsschlag dar. Bevor der „von schweren Sorgen bedrückte" und „zu monatelangem Schwei-gen verurteilte" Hitler seine Stunde gekommen sah, in der er „end-lich wieder offen sprechen" konnte, gelang es der Sowjetunion noch, ihr Territorium zu vergrößern.

Februar – Wassili Ulrich klagt an

> Mein glücklich Volk, hör meine Saiten klingen,
> Draus bebend nun des Zornes Töne dringen.
> Der Flamme gleich, loht ohne Unterlaß
> Mein Grimm, und dies Gedicht gebiert mein Haß,
> *Dshambul: Vernichtet sie!*

Stalin glückten 1940 so nicht nur beachtliche Landnahmen. 1940 war auch – und das machte immer einen Großteil seines persönlichen Glückes aus – das Jahr seiner nachtragenden kalten Rache. Die „Jeshowschtschina" war zwar vorbei, doch waren damit längst nicht alle alten Rechnungen 'Kobas'[1] beglichen. Lawrenti Pawlowitsch Berija, „ein attraktiver Mann mit funkelnden, runden Gläsern im Zwicker, einer leicht gewölbten Stirn und schräg gescheiteltem Blondhaar, das eine frühe, noch relativ kleine Glatze kaschierte"[2], erledigte die noch offen gebliebenen.

„Der Tod der Besiegten ist unerläßlich für die Ruhe der Sieger" – dieser Ausspruch Tschingis-Khans war ein Leitmotiv von Stalin, der dieses Zitat im *Kurs der russischen Geschichte*, einem Buch aus seiner Privatbibliothek, unterstrichen hatte. „Ist unsere Lage nicht verzweifelt?", fragte Bucharin schon 1929: „Erstens, wenn das Land zugrunde geht, gehen wir auch zugrunde. Zweitens, wenn das Land aus der Krise herauskommt, wird Stalin rechtzeitig einschwenken, und wir werden auch zugrunde gehen. Was tun? Was tun, wenn man es mit einem Gegner dieser Art zu tun hat: mit einem Tschingis-Khan, mit einem niedrigen Produkt des Zentralkomitees?"[3]

Am 12. Januar 1940 wird der ehemaligen Volkskommissar für Volksbildung, Andrej Bubnow, erschossen. Er war das letzte (neben Stalin) noch lebende Mitglied jener fünfköpfigen etwas lahmen Militärkom-

---

1 Koba – türkisch: der Unerschrockene; Stalins Parteiname in der Illegalität von 1901/1902 bis 1913, der in Parteikreisen natürlich bekannt war.
2 A. Bek: Die Ernennung. Berlin 1988, S. 33.
3 Bucharin über die Kampfmethoden Stalins. In: Gegen den Strom (Berlin) Nr. 17, 27. April 1929, S. 8.

mission[4] der bolschewistischen Partei, die 1917 die gewissermaßen 'geschichtsphilosophischen' Bedingungen und die möglichen Formen der Revolution prüfen sollte. Deren Tätigkeit führte aber zu nichts. Erst die entschlossen zupackende Staatsstreich-Taktik des Petrograder „Militär-Revolutionären Komitees", d.h. vor allem von Trotzki, Dybenko, Uritzky, Joffe, Raskolnikow, Krylenko, Antonow-Owsejenko – sie alle erleben oder überleben das Jahr 1940 nicht – , führte zur erfolgreichen Durchführung des Oktoberumsturzes und blamierte damit praktisch jene Kommission, der Stalin angehörte.

Zehn Tage später, am 22. Januar 1940, stirbt im Keller der Lubjanka Semjon Shukowski, ein Wirtschaftsfunktionär wie der schon 1938 (zusammen mit Nikolai Bucharin) erschossene sowjetische Regierungschef Aleksej Rykow. In ihren letzten Stunden wurden sie alle als „zum Glück des Volkes im Käfig, hinter Schloß und Riegel, von erprobten Posten scharf bewachte Bestien"[5] vorgeführt.

Am 26. Januar und noch einmal am 1. Februar 1940 stehen in einem unscheinbaren Gebäude in Moskau, Straße des 25. Oktober, Ecke Teatralny projesd weitere vier namhafte Gründer bzw. Repräsentanten des Neuen Rußland, alle jüdischer Herkunft, vor ihrem Richter: der langjährige Chef der sowjetischen Auslandsspionage Mark Trilisser (er war bis 1937 unter dem nom de guerre 'Moskwin' in der Komintern tätig), der u.a. durch seine Reportagen vom spanischen Bürgerkrieg europaweit bekannte Journalist Michail Kolzow, der bedeutende Schauspieler und Theaterreformer Wsewolod Meyerhold und der Schriftsteller Isaak Babel.

Am 2. Februar 1940 wird Lew Poljatschek, Abteilungsleiter der 3. Abteilung der Hauptverwaltung für Staatssicherheit des NKWD, bis zu seiner Verhaftung im Oktober 1938 Verbindungsmann zur Kaderabteilung der Komintern, als „Teilnehmer einer antisowjetischen Verschwörung in den Organen des NKWD" und als „polnischer Spion"

---

4   Mitglieder der Militärkommission waren: Swerdlow, Dsershinskij, Bubnow, Uritzki und Stalin. Ein „Militärisch revolutionäres Zentrum" wurde im Oktober 1917 vom „Politischen Büro" geschaffen, dem Stalin, Lenin, Sinowjew, Kamenew, Trotzki, Sokolnikow und Bubnow angehörten. Vgl.: Protokoly Central'nogo Komiteta RSDRP(b). Avgust 1917 – Fevral' 1918, S. 86, 104.

5   N. Krushkow, Aus dem Gerichtssaal, in: Deutsche Zentralzeitung (Moskau), Jg. 14 (1938), Nr. 53, S. 4.

7 W. W. Ulrich: Militärrichter der Roten Armee seit dem Bürgerkrieg.

(sein Name bedeutet russisch soviel wie: kleiner Pole) durch das Militärkollegium des Obersten Gerichts der UdSSR zum Tode verurteilt.

Ihrer aller Richter war ein untersetzter Mann mit kahlgeschorenem Kopf, entzündeten Augen und einem quadratischen Schnurrbart unter einer gewaltigen, fleischigen Nase: Generaloberst Wassili Ulrich, seit 1926 Vorsitzender des Militärkollegiums des Obersten Gerichts der UdSSR.

Die Gründe des, wenn man es so nennen könnte, „terroristischen Paternalismus"[6] Stalins und der Abrechnung mit diesen schon einflußlosen, aber noch loyal gesinnten Solitären, jetzt, lange nach den Großen Säuberungen, liegen – fast klingt es zynisch – tief im Menschlich-Allzumenschlichen. Stalin wurde durch ihre bloße Anwesenheit peinlich an eigene Irrtümer in der Vergangenheit erinnert, auch an politische Dummheiten, auf die ihn jene irgendwann einmal aufmerksam gemacht hatten.

So vergaß er Trilisser nicht, daß der ihn schon lange vor 1930 auf die fachliche und mentale Inkompetenz Genrich Jagodas im Geheimdienstgeschäft hingewiesen und damit ungewollt einen generell wun-

---

6   A. Wat: Jenseits von Wahrheit und Lüge. Erinnerungen, Frankfurt /M. 2000, S. 382.

den Punkt bei Stalins Personalentscheidungen gerade in diesem Metier berührt hatte.

Mit Isaak Babel, einem Kämpfer aus Feliks Dzierzynskis Eiserner Garde, wollte Stalin vermutlich einen intimen Kenner seiner Nähe zum bürokratischen Aufsteiger Nikolai Jeshow beseitigen und nicht zuletzt einen, der manchen Gründungsmythos um 'das Väterchen' literarisch durchschlagend entzaubern könnte. Ein Manuskript über die Tschekisten, an dem Babel arbeitete, und das bei der Verhaftung beschlagnahmt wurde, ist auf Stalins Weisung in 50 Exemplaren *Nur für den Dienstgebrauch* gedruckt und den Mitgliedern des Politbüros zur Begutachtung vorgelegt worden. Es basierte auf Gesprächsprotokollen mit einigen zu diesem Zeitpunkt verhafteten oder bereits hingerichteten alten Bekannten des Dichters, darunter Mitarbeitern der von Jakow Agranow – er hatte 1922 das Todesurteil für den Dichter Nikolai Gumiljow unterschrieben – geleiteten Geheimen politischen Abteilung und war ein Geständnis besonderer Art. [7]

Der Starjournalist Michail Kolzow ist Stalin einfach zu vorlaut und zu überschlau gewesen. Kolzow verschwand wie viele Prominente vor ihm verschwunden waren – nach einer Audienz beim Chosjain oder nach einem spektakulären Auftritt in der Öffentlichkeit. Nach seiner Rede vor großem Schriftstellerauditorium über den *Kurzen Lehrgang der Geschichte der KPdSU(B)* fuhr Kolzow am Abend des 12. Dezember 1938 in die Redaktion der *Prawda* und wurde dort im Vorzimmer des Chefredakteurs verhaftet.

„Wir alle hatten Kolzows *Spanisches Tagebuch* gelesen. Mit größerem Interesse als alles andere über Spanien, einschließlich der Berichte Ehrenburgs. Das *Spanische Tagebuch* hatten Fadejew und Alexej Tolstoi rezensiert. Das zweite Buch sollte demnächst erscheinen, der Umbruch war fast fertig, er wurde jeden Moment erwartet." [8]

Die große Aufmerksamkeit für die spanischen Ereignisse hatte einen tiefen Grund: „Es gab auf dem Kusnetzki Most einen Laden, in dem überhaupt nichts verkauft wurde. Das wäre noch keine Seltenheit

---

7   Vgl. S. Povarshov: Pričina smerti – rasstrel. [Übers. d. Sacht.: Todesursache – Erschießen.] Moskva 1996.

8   K. Simonow: Aus der Sicht meiner Generation. Gedanken über Stalin. Berlin 1990, S. 70.

gewesen, da die Warenbelieferung im allgemeinen ruckweise, mit großen Pausen vor sich ging. Aber in diesem Laden, gelegen an einem der verkehrsreichsten Punkte der Hauptstadt, hat noch niemand irgendeine Ware gesehen. Eines Tages lud ein Lastauto der Roten Armee etwas ab und zwei Frauen begannen mit dem Verkauf. Es gab nur eine einzige Ware: eine Landkarte von Spanien. Daraus verstand jeder Einwohner Moskaus, daß der Bürgerkrieg in Spanien unser Krieg war. Wird er uns vielleicht etwas von der nichtstattgefundenen Weltrevolution ersetzen?"[9]

Das Gerücht über die Verhaftung Kolzows sprach sich in Windeseile herum. Mit Kolzow verschwand dessen *Spanisches Tagebuch* – ein Bestseller, der in jenen Tagen mehr Zuspruch fand, als die *Geschichte der KPdSU(B). Kurzer Lehrgang.*

Was Kolzow unter Folter 'gestand', leitete Stalin an den Vorstand des Schriftstellerverbandes weiter. Fadejew äußerte Zweifel hinsichtlich der Verhaftung von Kolzow. „Kurz darauf empfing Stalin Fadejew. ,Sie halten Kolzow also für unschuldig?' fragte Stalin. Er könne und wolle an keine Schuld glauben, sagte Fadejew. ,Meinen Sie, ich habe daran geglaubt, meinen Sie, ich wollte daran glauben? Ich wollte nicht, ich mußte'. Darauf rief Stalin Poskrebyschew herein und wies ihn an, Fadejew zu geben, was für ihn bereit lag.

,Gehen Sie, lesen Sie, dann kommen Sie und sagen mir Ihre Meinung', sagte Stalin, soweit ich mich an Fadejews Geschichte erinnere. Fadejew ging mit Poskrebyschew in ein anderes Zimmer, setzte sich an den Tisch und bekam zwei Akten mit den Aussagen Kolzows vorgelegt. [...] ,Was da nicht alles drin stand.' Fadejew winkte bitter ab, da er wohl, wie ich merkte, auf Einzelheiten nicht eingehen wollte [...] Dann wurde ich noch mal zu Stalin gerufen, er fragte: ,Muß man es nun glauben?'. ,Ja', sagte Fadejew. ,Wenn Sie gefragt werden, können Sie nun sagen, was Sie wissen', endete Stalin und entließ Fadejew."[10] Dessen Chef, Konstantin Fedin, wußte allerdings schon Wochen vor der Verhaftung, wer der nächste sein würde: Wsewolod Meyerhold.

---

9 Julius Hay: Geboren 1900. Aufzeichnungen eines Revolutionärs. München–Wien 1977, S. 233.
10 K. Simonow: Aus der Sicht meiner Generation, a. a. O., S. 72.

Der populäre Theatermann Meyerhold – „Das dunkle Genie"[11] – war wohl ein spätes Opfer des Kampfes gegen den Formalismus in der darstellenden Kunst. Sein Theater war das einzige von den 700 Bühnen in der Sowjetunion, das 1937 kein Stück aus Anlaß des zwanzigsten Jahrestages der Oktoberrevolution auf dem Spielplan hatte.

Meyerhold war bekannt als freier Geist mit Zivilcourage, der mit seiner Kunst immer gegen „die akademische Schmiere"[12] standzuhalten vermochte. Er wurde nach einer Protestrede gegen die Schließung seines Theaters vor dem Allunionskongreß der Theaterregisseure im Juni 1939 gewissermaßen vom Podium weg verhaftet. Ein Zuschauer des öffentlichen Abschieds erinnert sich: „als ob Meyerhold plötzlich aufgewacht war; ihn hielt nichts mehr, er hatte nichts mehr zu verlieren, er schrie voller Wut und Schmerz und donnerte: 'Bei Ihrer Jagd auf den Formalismus haben Sie die Kunst vernichtet!'"[13]

Nun stand auch er vor dem Militärrichter Wassili Ulrich, der – es war wohl nicht sein bester Tag – ihn beschuldigte, 'Trotzkist' und 'japanischer Spion' zu sein. Für beides gab es natürlich schwerwiegende Indizien: „der leidenschaftliche Sucher Meyerhold, der unbändige Wissarion der Bühne"[14] hatte schließlich einmal eine seiner Inszenierungen – 1923 *Die Erde bäumt sich* – dem Kriegskommissar Leo Trotzki gewidmet. Und er hatte 1926 Tretjakows *Brülle, China!* auf die Bühne gebracht! Sergej Michajlowitsch Tretjakow, „der große, freundliche", wie Brecht diesen seiner Lehrer nannte, war bereits verhaftet und wurde am 9. August 1938 erschossen.[15]

Die amtlichen Texte des Richters Ulrich gehören – nebenbei bemerkt – wohl alle zu einem bis heute nicht gehobenen Fundus des Schwarzen Humors wider Willen. Seine Gerichtssitzungen verliefen, anders als die sonst schleppenden Verläufe bei Sowjetbehörden, in

---

11 So der Titel eines Buches über Meyerhold von Juri Jelagin.
12 S. Tretjakow: Wsewolod Meyerhold, in: ders., Lyrik–Dramatik–Prosa, hg. v. F. Mierau, Leipzig 1972, S. 13.
13 A. Waksberg: Die Verfolgten Stalins, Reinbek b. Hamburg 1993, S. 39.
14 L. Trotzki: Literatur und Revolution. Essen 1994, S. 139. Trotzkis Einschätzung wurde in der Anklageschrift als Beweis der „trotzkistischen Tätigkeit Meyerholds" seit 1923 zitiert. Siehe: Vernite mne svobodu. [Gebt mir die Freiheit zurück] Hg. W. Koljasin, Moskva 1997, S. 235.
15 F. Mierau: Gesicht und Name. In: Sergej Tretjakow: Gesichter der Avantgarde. Porträts, Essays, Briefe. Berlin–Weimar 1986, S. 447-458.

8 „Allunionsberatung der Mitarbeiter der Strafvollzugsorgane in Moskau am 23. April 1934". Aufnahme auf dem Hof der Lubjanka (Ausschnitt).
Erste Reihe, 2. v. links: W. W. Ulrich; 7. v. links: A. J. Wyschinski.

einem flotten Zwanzig-Minuten-Takt. Den Angeklagten ließ man nicht mehr zu Wort kommen: hinter der Tür wartete schon das nächste Opfer auf seinen Aufruf. Die Höchststrafe war die Regel, die Exekutionen erfolgten Tags darauf im Keller der Lubjanka – neun Gramm in 'die Kruppe'.

Die 'willigen Helfer' in der Lubjanka reagierten augenblicklich auf die Winke des Kremlbergbewohners[16], wie ihn Ossip Mandelstam in dem ihm zum Verhängnis werdenden Gedicht von 1934 genannt hat, denn er allein hatte zu befehlen. Manche – wie Jeshow – bewahrten zur Erinnerung die plattgedrückten Kugeln aus den Nacken ihrer Opfer in der Schreibtischschublade auf.

„Am 2. Februar 1940 wurden Meyerhold und Kolzow erschossen. Während sie hingerichtet wurden, verkündete Ulrich das Urteil gegen Robert Eiche, gestern noch Kandidat des Politbüros, Erster Sekretär des Westsibirischen Parteikomitees und Volkskommissar für die Landwirtschaft der UdSSR: das Fließband arbeitete pausenlos weiter. Am Abend, erschöpft von der rechtschaffenen Arbeit des Tages, gönnte der Militärjurist sich ein wenig Erholung: im Kreml fand ein Empfang zu Ehren der , Sedow-Besatzung statt, und unter den Ehrengästen, deren tabula gratulatoria von Wyschinski angeführt wurde, befand sich auch Ulrich. Nach dem Abendessen gab es ein Konzert – es sangen die Barsowa, Lemeschow, Rejsen, Kislowskij, es tanzte die Lepeschinskaja, die Ensembles von Aleksandrow und Moissejew und der Chor Pjatnitzkijs demonstrierten ihre Meisterschaft... Wer außer Ulrich und noch ein paar Menschen wußte, daß an diesem Tag die Kugel des Henkers das Leben eines Genies beendet hatte? Das Moskau des Theaters lebte nach seinem gewohnten Spielplan. Im ‚Künstlertheater' liefen die *Toten Seelen*, im ‚Kleinen Theater' der *Wald;* im Zirkus brachte Kio mit seinen Wundern das Publikum zum Staunen."[17]

---

16 N. Mandelstam: Das Jahrhundert der Wölfe. a.a.O. – Vgl. oben S. 26.
17 A. Waksberg: Processy [dt.: Prozesse], in Literaturnaja Gazeta v. 4.5.1988, S. 12, dt. u.d.T.: Babel, Kolzow, Meyerhold - der Tod dreier Künstler als Beispiel für die Stalinsche Terrorjustiz. In: Osteuropa-Archiv, 1988, Dezember, S. 563.

März – Katyn

> „Ich habe alle Befehle erlassen, die erforderlich sind,
> sie in Freiheit zu setzen. Man sagt sogar, daß sie auf
> Franz-Joseph-Land seien, aber dort ist niemand.
> Ich weiß nicht, wo sie sein sollen."
> *Stalin (Sommer 1940).*

Es wird Stalin immer als Schuld in seinem Innersten berührt haben, daß man ihn mit dem Desaster des sowjetrussisch-polnischen Krieges von vor zwanzig Jahren in Verbindung bringen konnte. Auch seine Paladine wußten das natürlich, und alle hüteten sich, es womöglich gesprächsweise auch nur anzudeuten.

Im polnisch-russischen Krieg im Sommer 1920 gelang es der Roten Armee, die erst kürzlich weit ins Land – bis nach Kiew – eingedrungenen polnischen Truppen überraschend schnell wieder zurückzuschlagen. Einheiten der Westfront der Roten Armee (der 'RKKA') unter dem 27-jährigen Michail Tuchatschewski kämpften sich dann in einer Gegenoffensive bis vor die Tore Warschaus durch.

Das gelang, wie selbst der polnische militärische Gegenspieler, Marschall Jósef Pilsudski, dem jungen russischen Revolutionsgeneral bescheinigte, zunächst erfolgreich als Lösung des „Problems der Anwendung von Stoßmassen"[1]. Diese neue Strategie der Beweglichkeit allerdings erforderte eine effektive Kommunikation und ein striktes Parieren der vielen dislozierten Einheiten, zumal der Kavallerie. Daß die polnische Hauptstadt dann doch nicht fiel, lag russischerseits u.a. daran, daß hier ein Zusammenspiel verschiedenster Kräfte in einer Hand letztlich nicht gelang.

Tuchatschewski hatte dann auch in seinen Vorträgen über diesen Krieg, die er vom 7.–10. Februar 1923 vor der Kriegsakademie in Moskau hielt, dieses Problem deutlich benannt: „Die Lage wurde für uns sehr bedrohlich, um so mehr, als die Reiterarmee statt in der

---

1 J. Pilsudski: Erinnerungen und Dokumente, Bd. 2: Das Jahr 1920. Vorwort v. Generaloberst v. Blomberg, Essen 1935, S. 68.

Richtung auf Lublin vorzugehen hartnäckig weiter vor Lemberg operierte."[2]

Vom 18. Mai 1920 bis zum 1. September 1920, dem Tag seiner Ablösung, aber hieß der hauptverantwortliche Kriegskommissar jener Südwestfront, die jetzt vor Warschau dringend gebraucht wurde, Josef Dshugaschwili – es war der Genosse Stalin. Der wollte wohl in einer Parallel-Aktion in Lemberg einmarschieren, wenn Tuchatschewski durch die Warschauer Magistrale Nowy Swiat paradieren würde. So aber wurde aus beiden Siegen nichts. Weil „im entscheidenden Augenblick die Hauptkräfte der West- und der Südwestfront in einem beinahe rechten Winkel auseinander gingen, führte das das Mißlingen der Operationen herbei."[3]

Isaak Babel hatte als Korrespondent und Kämpfer die Reiterarmee[4] der Südwestfront begleitet. Seine Eindrücke von der mentalen (archaischen) Verfasstheit jener Truppe in Ostgalizien hat er dann aus eigenem Augenschein sehr bitter beschrieben. Und in sein persönliches *Tagebuch* notierte er vom Alltag des revolutionären Kampfes ernüchtert am 18. Aug. 1920: „Wie wir die Freiheit bringen, schrecklich."[5]

Seit dem das Buch über Budjonnys *Reiterarmee* 1923 in Fortsetzungen in der Zeitschrift *Krasnaja now* zu erscheinen begann, hatte sich Isaak Babel den dauerhaften Haß Semjon Budjonnys zugezogen, der ihn dann nur noch den „erotomanischen Verfasser"[6] nannte.

Zwar hatte jene legendäre Reiterarmee anfänglich einen Anteil am Durchbrechen der polnischen Front vor Kiew. „Dann aber versagte operativ sie und die ganze Südwestfront, bei der Stalin als politischer

2   M. Tuchatschewski: Der Vormarsch über die Weichsel. Vorträge am Ergänzungskursus der Kriegsakademie der R.K.K.A., Moskau, 7.–10. Febr. 1923; in dt. Sprache abgedr. als Anhang in: J. Pilsudski, a.a.O., Bd. 2, S. 312.

3   M. Tuchatschewski, a.a.O., S. 316 f. – Die sowjetamtliche Lesart dieser Mißerfolgs-Geschichte noch in den Fünfzigern war diese: „Nur die verräterischen Handlungen Trotzkis – der durch seine Schuld mißglückte Angriff der Truppen der Südwestfront auf Warschau und die unbegründete Zurücknahme der 1.Reiterarmee von Lwow – verhinderten im Sommer 1920 einen völligen Sieg der Roten Armee über die polnischen Imperialisten." (Für die Jugend über die Sowjetarmee, Berlin 1954, S. 96.)

4   Vgl. I. Babel: Die Reiterarmee, hg. v. F. Mierau, Leipzig 1975.

5   I. Babel: Tagebuch 1920, hg. v. P. Urban, Berlin 1990, S. 122.

6   S. M. Budjonny: Offener Brief an Maxim Gorki (1928). In: I. Babel, Die Reiterarmee, a. a. O., S. 233. Zu den Ursprüngen und der Verfaßtheit von Budjonnys Reiterei vgl. auch A. Tolstoi: Trüber Morgen [1940/41], Berlin 1955, S. 249 f.

9 *Ogonjok* Nr. 20/21, 30. Juli 1939. Titelseite. *Foto: G. Selm.*
„J. W. Stalin und K. E. Woroschilow."

Kommissar tätig war. Das Ende war die schwere Niederlage im August in der Schlacht bei Warschau."[7]

Der sich abzeichnende Mißerfolg im Westen brachte natürlich auch Lenin in Rage, der über Stalins militärisch unsinnige Eigenstrategie empört war: 'Wer marschiert über Lemberg nach Warschau!' soll er gerufen haben, als er erfuhr, daß Stalin sich weigerte, Budjonny dem bedrängten Tuchatschewski zu Hilfe kommen zu lassen. Die prompte Abberufung Stalins allerdings war etwas, was der „niemals vergaß und für die er sich einmal, wenn die Zeit gekommen sein würde, rächen wollte"[8].

So geschah dann das „Wunder an der Weichsel", der Vormarsch der Roten Armee nach Westen wurde gestoppt, damit aber auch die Oktoberrevolution (als exportunfähig) endgültig auf Rußland zurückgeworfen. Vorbei der Traum, daß „der militärische Stoß … als Ergänzungskraft im Kampf der europäischen Kräfte die Lawine der Revolution von ihrem momentanen toten Punkte verrücken würde. Dies geschah nicht. Wir wurden zurückgeschlagen."[9]

Der sowjetische Schriftsteller Anatoli Rybakow wies auf ein mental-politisches Motiv Stalins hin, Tuchatschewski vor Warschau nicht siegen zu lassen: „Aus Warschau wäre ein neuer Julius Caesar, ein neuer Bonaparte gekommen. Eine solche Chance hätte man Tuchatschewski nicht geben dürfen, und *Er* hatte sie ihm nicht gegeben."[10]

Manche Erinnerungen an diese nachhaltige strategische Niederlage fanden sich noch im Anmerkungsteil der dritten, 30 Bände umfassenden, Ausgabe der *Werke Lenins*, die von 1925 bis 1932 erschien, anfangs von Lew Kamenew herausgegeben. Solche Dokumente und Kommentare – sie wurden u. a. in die vom Verlag für Literatur und Politik (mit Sitz in Wien und Berlin) besorgte deutsche Übersetzung übernommen – paßten bald nicht mehr ins immer mehr auf die Gegen-

---

7 G. Frantz: Woroschilow. In: Schöpfer und Gestalter der Wehrkraft, hg. v. D. v. Cochenhausen, Berlin 1935, S. 184.

8 R. Ströbinger: Stalin enthauptet die Rote Armee. Der Fall Tuchatschewskij, Stuttgart 1990, S. 88. Siehe auch: V. Alexandrow: Der Marschall war im Wege. Tuchatschewskij zwischen Stalin und Hitler. Bonn 1962, S. 61-69.

9 L. Trotzki: Die neue Etappe, Hamburg 1921, S. 59. Vgl. auch: L. Trotzki: Stalin. Eine Biographie, Bd. 2, Reinbek b. Hamburg 1971, S. 177-183.

10 A. Rybakow: Jahre des Terrors, Köln 1990, S. 203.

wart aktualistisch reduzierte Geschichtsbild der Sowjetwelt. Nachdem auch die letzten prominenten Chronisten der Revolution und des Bürgerkriegs, die schildern konnten, was sie aus eigenem Augenschein kannten – zu den bekanntesten unter ihnen gehörte der am 21. Juni 1940 erschossene Nikolai Suchanow, Verfasser der weitverbreiteten *Notizen über die Revolution* –, liquidiert worden waren, konnten sich die stalinistischen Verkehrungen und Vergegenwärtigungen des Vergangenen Bahn brechen.

Zunächst mußte eine neue, „gesäuberte" und den Vorgaben des *Kurzen Lehrgangs* folgende *Lenin-Werkausgabe* her. Die Editionsrichtlinien der von der Verlagsgenossenschaft Ausländischer Arbeiter in der UdSSR aus Moskau übernommenen deutschsprachigen Ausgabe entsprachen dem, was 1940 vom ZK der KPdSU beschlossen wurde. Von 1940 bis 1950) wurde dann eine neue, vierte Ausgabe der Lenin-Werke publiziert. Nach Stalins Tod, die Ausgabe war inzwischen um 10 Bände aufgestockt worden, faßte das ZK der KPdSU einen Beschluß über eine abermals erweiterte, fünfte Ausgabe der *Sämtlichen Werke Lenins*. Aber wie die beiden vorhergehenden Ausgaben enthielt auch sie nur einen Bruchteil des geheimgehaltenen revolutionsgeschichtlichen (und auch philosophischen und ökonomiekritischen) Nachlasses Lenins.

Nach dem Sieg über Hitlerdeutschland verklärte sich jene strategische Niederlage des Weltkommunismus von 1920 vor Warschau in sowjetamtlichen Verlautbarungen bis zur Unkenntlichkeit. In einer für das westliche Ausland verfertigten Festschrift zum 30. Jahrestag der Oktoberrevolution heißt es dazu: „In the spring of 1920, the decisive front of the Civil War was the Western Front. The situation was exceedingly tense. During this period Felix Dzerzhinsky was given an important command on the Southwestern Front. His work there did much to ensure the success of the Red Army." [11]

An die östlich der Curzon-Linie gelegenen und 1920 durch eigenes Mitverschulden an Polen verlorenen großen West-Gebiete kam Stalin erst jetzt, durch seinen Pakt mit Hitler, wieder heran.

---

11 Soviet Calendar. Thirty Years of the Soviet State, Moscow 1947, unpag; Zitat unter dem Datum vom 11. September.

Wer an seiner Deutschland-Politik zweifelte oder verzweifelte, hatte verspielt. Von 1936 bis 1940 wurden in Moskau kurz nacheinander fünf Chefs der Militärabwehr exekutiert. Sie hatten die Meldungen ihrer Informanten über drohende Kriegsvorbereitungen Deutschlands gegen die UdSSR, darunter Nachrichten von Sándor Radó und Richard Sorge, an Stalin weitergegeben.

Selbst noch am 21. Juni 1941, also einen Tag vor Beginn des großen Krieges mit Deutschland, wurde Stalin von Lawrenti Berija, dem im Politbüro für Sicherheitsfragen zuständigen Sekretär, informiert: „Ich bestehe erneut auf Absetzung und Bestrafung unseres Botschafters in Berlin, Dekanossow, der mich wie früher über den angeblich von Hitler vorbereiteten Angriff auf die UdSSR bombardiert. Er teilte mit, daß der ‚Angriff‘ morgen beginnt. Gleichlautendes funkte auch Generalmajor Tupikow, Militärattaché in Berlin. Dieser dumme General behauptet, unter Hinweis auf seine Berliner Gewährsleute, daß drei Armeegruppen der Wehrmacht nach Moskau, Leningrad und Kiew vorstoßen werden. Er fordert unverfroren, daß wir diese Lügner mit Funkgeräten versorgen sollten. Aber ich und meine Mitarbeiter, Iosif Wissarionowitsch, erinnern uns unerschütterlich an Ihre weise Vorausschau: Im Jahre 1941 wird Hitler uns nicht überfallen."[12]

Unter diesem Vorhalt bewertete Berija am 21. Juni 1941 die sich jetzt bedrohlich häufenden Geheimdienst-Informationen. Die letzte und in diesem Fall die erste Seite der Akte mit den einzelnen Meldungen über den bevorstehenden Angriff enthält einen kurzen Vermerk Berijas vom 21. 6. 1941: „In letzter Zeit fallen viele Mitarbeiter auf die frechen Provokationen herein und säen Panik. Die geheimen Mitarbeiter ›Jastreb‹, ›Carmen‹, ›Almas‹, ›Werner‹ sind wegen systematischer Desinformation in den Lagerstaub zu treten, wie ähnliche Provokateure, die uns mit Deutschland zu entzweien versuchten."[13]

Stunden später begann, was die Sowjetunion über vier Jahre hin 20 Millionen Tote kosten wird.

---

12 Horizont [Moskau], H. 7/1988, S. 62.
13 Ebenda, S. 63.

1940 jedoch, zwanzig Jahre nach der strategischen Niederlage vor Warschau, hatte Stalin augenscheinlich einen Großteil der polnischen Akteure, die ihm jene Schmach angetan hatten, in Händen.

Die „Unsrigen" von damals, der spätere stellvertretende Volkskommissar für Verteidigung Marschall Michail Tuchatschewski und das Mitglied des revolutionären Kriegsrates Ivar Smilga, die jene Westfront befehligten, sowie Alexander Jegorow, später Chef des Generalstabes, seinerzeit Oberkommandierender der Südwestfront, hatte Stalin schon 1937 und 1938 hinrichten lassen. In diesen zwei Jahren waren 38 679 „repressierte" Personen, die Opfer in der Flotte nicht mitgerechnet, Militärangehörige.

In der amtlichen Erinnerung von 1940 zeichnet der Politarbeiter Mechlis von dem ehemaligen Militärpersonal ein trauriges Bild. [14] Der Leiter der Politverwaltung der Roten Armee Lew Mechlis legte dem ZK der KPdSU(B) am 23. Mai 1940 die Bilanz des seit 1938 in der Armee geführten Kampfes gegen die Gefolgsleute der „Verschwörer in der Armeeführung" vor. In drei Jahren mußten 45 459 unzuverlässige Politarbeiter durch treue Kader ersetzt werden. Diese waren knapp – am 1. Mai 1940 waren über tausend Politkommissar-Stellen nicht besetzt. Als der Krieg 1941 gegen Hitler begann fehlten 66 900 Kommandeure. Mechlis Bericht läßt keinen Zweifel an den Schuldigen: es waren die „entlarvten Verräter". [15]

Von 1934 bis 1936 waren 22 000 Militärangehörige als untauglich oder politisch unzuverlässig aus der Armee entlassen worden, berichtete Kliment Jefremowitsch Woroschilow 1938. Im Juni 1937 war jedes vierte Mitglied des obersten Militärrates verhaftet. Das war Stalin wohl nicht genug. Und Woroschilow wußte: „Freundschaft mit Stalin und patentierter Bolschewismus – das sind keine hinreichenden Stützen der Macht." [16] Woroschilow trat die Flucht nach vorn an und

---

14 Karaev, G. N.: Po sledam graždanskoj vojny. Turistskie putešestvija. [Übers. d. Sacht.: Auf den Spuren des Bürgerkrieges. Touristenführer] Moskau–Leningrad, (Verlag) Fiskultura i sport 1940, S. 66.

15 O rabote Političeskogo Upravlenija Krasnoj Armii. Iz doklada Političeskogo Upravlenija Krasnoj Armii Central'nomu Komitetu VKP(b) o rabote Političeskogo Upravlenija Krasnoj Armii. 23 maja 1940 g. [Übers. d. Sacht.: Über die Arbeit der Politverwaltung der Roten Armee] In: Izvestija CK KPSS, 1990, 3, S. 192-202.

16 Woroschilow. In: Das Reich [Berlin], Nr. 28, v. 13. Juli 1941, S. 1.

verlangte regelmäßige und gewissenhafte Informationen über die „noch nicht entlarvten Konterrevolutionäre" in der Armee. In der Sitzung des Militärrates beim Volkskommissar für Verteidigung der UdSSR berichtete Woroschilow 1938, daß seit 1937 an die 600 Befehlshaber hingerichtet worden sind. 91 Prozent der Mitglieder des Offizierskorps waren von den Säuberungen betroffen. Die Zusammensetzung des „erneuerten" Militärrates, der vom 21. bis 29. November 1938 in Moskau tagte spricht für sich. Von den 108 Mitgliedern des „alten" Rates nahmen nur noch 10 an den Beratungen teil. [17]

Der im Januar 1940 von Stalin zum stellvertretenden Volkskommissar für Flugzeugindustrie ernannte Jakowlew erinnert sich: „Auch im Kabinett sagte Stalin erneut: 'Vielleicht ist das richtig so... Wer weiß?' Und dann wiederholte er mehrmals: 'keine Leute, wem soll man das auftragen... Keine Leute.' Als Stalin auf die Leute zu sprechen kam, flüsterte Dementjew mir zu: 'Wollen wir für Balandin bitten.' Ich nickte und wir nutzten eine Pause im Gespräch: , Genosse Stalin, vor mehr als einem Monat ist unser stellvertretender Volkskommissar für Antriebe Balandin verhaftet worden. Wir wissen nicht weshalb, aber wir können uns unmöglich vorstellen, daß er ein Feind ist. Man braucht ihn im Volkskommissariat – die Leitung des Motorenbaus ist sehr geschwächt. Wir bitten Sie, diesen Fall zu prüfen.'

, Ja, er sitzt schon vierzig Tage, sagt aber immer noch nichts aus. Mag sein, daß er auch keine Schuld hat... Durchaus möglich... Auch das kommt vor', antwortete Stalin.

Am nächsten Tag saß Wassili Petrowitsch Balandin, abgemagert, kahlgeschoren, in seinem Kabinett im Volkskommissariat und nahm seine Arbeit wieder auf, als wäre gar nichts passiert.

Einige Tage darauf fragte Stalin: , Nun, was macht Balandin?' , Er arbeitet, Genosse Stalin, als wäre nichts geschehen.' , Ja, die hatten ihn umsonst eingesperrt.' Stalin muß wohl in meinen Augen Erstaunen gelesen haben – wie kann man denn unschuldige Menschen ins Gefängnis werfen? – und ohne irgendwelche Fragen meinerseits sagte

---

17 Pobezdat' vraga maloj krov'ju. Vystuplenie K. E. Vorošilova na zasedanii Voennogo Soveta pri narkome oborony SSSR. 1938. [Übers. d. Sacht.: Den Feind mit geringen Verlusten besiegen.] In: Istoričeskij Archiv, 1997, 4, S. 65.

er: ‚Ja, so etwas passiert eben. Ein kluger Mensch, arbeitet gut, man beneidet ihn, gräbt ihm ein Grab. Wenn er dazu noch Mut hat und sagt, was er denkt, so ruft er Unzufriedenheit hervor und lenkt die Aufmerksamkeit der mißtrauischen Tscheka-Leute auf sich, die selbst die Arbeit nicht kennen, dafür aber allen möglichen Gerüchten und Klatschereien gern glauben... Jeshow war ein Schuft! Ein zersetzter Mensch. Ruft man ihn im Kommissariat an, da heißt es, er ist ins ZK gefahren. Ruft man im ZK an, da heißt es, er ist zur Arbeit gefahren. Schickt man jemanden zu ihm nach Hause, da stellt sich heraus, er liegt stinkbesoffen auf dem Bett. Der hat viele Schuldlose umgebracht. Wir haben ihn dafür erschossen.'[18]

Wie kamen nun die polnischen Militärs 1940 in sowjetische Gefangenenlager? Im Herbst 1939 war ein Großteil der Streitkräfte der Republik Polen vor Hitlers Truppen nach Osten ausgewichen, wurde aber dort von der nach Westen vorrückenden Roten Armee gefangengenommen, obgleich die Sowjetunion seit 25. Juli 1932 und erneuert am 5. Mai 1934 mit Polen durch einen Nichtangriffsvertrag verbunden war.

Unter den polnischen Gefangenen wird dann systematisch die Offiziers- und Beamtenelite aussortiert – und am 5. März 1940 macht Lawrenti Berija in einem Schreiben an Stalin den Vorschlag, daß über die Verhafteten – immerhin 21 857 Personen – „ohne Anhörung der Gefangenen und ohne Anklageschrift ... die Höchststrafe zu verhängen ist: Tod durch Erschiessen."[19] Am selben Tag ergeht ein entsprechender Beschluß des Politbüros. Das – erst Mitte der neunziger Jahre bekanntgewordene – Dokument trägt die Unterschriften von Josef Stalin, Kliment Woroschilow, Wjatscheslaw Molotow und Anastas Mikojan. Michail Kalinin und Lasar Kaganowitsch stimmten dem Beschluß nachträglich ebenfalls zu.[20]

---

18 Alexander Jakowlew: Ziel des Lebens. Moskau 1982, S. 257/258.
19 L. P. Berija an J. W. Stalin, 5. März 1940, in: Das Schwarzbuch des Kommunismus, a.a.O., S. 235. Vgl. auch: G. Kaiser / A. L. Szczesniak, Katyn. Berlin 1991.
20 Katyn. Dokumenty [Katyn. Dokumente]. Moskva 1999, S. 384-391; hier die Dokumente Nr. 216 u. 217.

Im Wald von Katyn (am Oberlauf des Dnjepr) geschieht dann im April und Mai 1940 das Unfaßbare: auf Befehl einer Sondertroika des NKWD der UdSSR werden zehntausende Gefangene eines Staates, mit dem man sich noch nicht einmal im Krieg befindet, erschossen.

Vor Beginn der Hauptaktion hatten die Henker der 1. Spezialabteilung des NKWD noch in anderen Gefängnissen zu tun, in denen polnische Offiziere inhaftiert waren. Unter den zur Arbeit in die Stadt Kalinin (ehedem: Twer) befohlenen drei Offizieren war u. a. der Leiter der Kommandantur des NKWD Hauptmann W. Blochin. Dieser Hauptmann hatte schon Anfang 1940 Kolzow, Meyerhold und Babel erschossen.

Im Gepäck der 'Spezialisten' war ein Koffer mit deutschen Pistolen vom Typ 'Walther', denn die sowjetische 'TT-33' war im Dauerbetrieb zu anfällig. Wenn der Totschläger und seine Gehilfen zur Arbeit gingen, trugen sie eine braune Lederschürze, eine Lederkappe und lange, bis über den Ellenbogen reichende Lederhandschuhe.

Als die Rote Armee im Herbst 1939 in ihrem Vormarsch nach Westen zur im Hitler-Stalin-Pakt vereinbarten deutsch-sowjetischen Demarkationslinie am Bug auch die kleine wolhynische Stadt Wlodzimierz-Wolynski erreichte, waren dort die Erwartungen bei manchen jungen polnischen Juden von der Linken natürlich groß. „Ich glaubte", so erinnerte sich einer von ihnen, Janusz Bardach, aus einer angestammten polnisch-jüdischen Ärztefamilie, „die Sowjetunion sei ein Paradies für die Unterdrückten, dort regierten die Arbeiter und Bauern, und die Rote Armee sei der Garant für soziale Gerechtigkeit. Ich konnte sie mir nicht als Feinde vorstellen; selbst mit einem Gewehr im Rücken fühlte ich mich bei den Soldaten der Roten Armee sicherer als bei vielen meiner polnischen Landsleute."[21] Eine ganz ähnliche Wahrnehmung von Hoffnung machte auch schon Isaak Babel, als er im Herbst 1920 mit Budjonnys Reiterarmee eben durch Bardachs Heimatstadt Wlodzimierz-Wolynski zog. „Die Stadt ist bettelarm, schmutzig, hungrig", so schrieb Babel in sein Tagebuch, und die Leute

---

21 J. Bardach: Der Mensch ist des Menschen Wolf. Mein Überleben im Gulag. München 2000, S. 41.

КРОКОДИЛ

ПАНСКАЯ ЖИЗНЬ
— Оказывается, кроме Октября, есть еще один ужасный месяц – сентябрь.

Рис. К. Елисеев

10 *Krokodil* Nr. 28, Oktober 1939, Titelblatt.   *Zeichnung: K. Jelissejew.*
„Das Leben der Pans."
„Es gibt außer dem Oktober noch einen schrecklichen Monat – den September."

„sagen – besser unter den Bolschewiken hungern, als Brötchen essen unter den Polen."[22]

Im Juli 1940 wurde Bardach, obwohl gerade erst sechzehn Jahre alt, in die Rote Armee einberufen. Als russischsprechender polnischer Jude, als, wie er bald genannt werden wird, Sapadnik[23] stand er, was er allerdings nicht ahnte, von Anfang an unter Verdacht. Ein Unfall, den der Halbwüchsige in Uniform mit einem Panzerfahrzeug verursacht, wird zur Sabotage hochstilisiert, ein glücklicher Zufall rettet ihn vor der Todesstrafe. Aber es beginnt ein mehrjähriges Martyrium des jungen Bardach durch ihm zuvor unvorstellbare Straflager der Sowjetunion, das ihn bis zur Kolyma führt und bis Kriegsende dauert. In seinen Albträumen wiederholte sich immer wieder sein Gefangenenalltag – und allegorisch das polnische Schicksal des Jahres 1940: „Während die Grube um mich herum Gestalt annahm, sah ich mich selbst mit dem Gesicht nach unten liegen, gefesselt und voller Blut, mit einer Kugel im Genick. Ich fühlte den schweren Schmutz auf mir lasten und die Ameisen und Würmer mein Fleisch fressen. Ich wollte nicht sterben. Ich hatte es nicht verdient, bei Nacht und Nebel erschossen zu werden."[24]

Der „Fleischwolf" des NKWD war für Stalin immer die Gewähr seines Glückes in seiner unglückseligen Rolle als Weltbeglücker. Die „wundertätigen Organe" konnten jeden zermalmen und jede „Schuld" erfoltern. Diese Erfahrung ließ den ironischen Bucharin gar vermuten: „Und wenn Stalin Zweifel an sich selbst aufkämen, die Bestätigung würde nicht lange auf sich warten lassen."[25]

22 I. Babel: Tagebuch 1920 (Eintrag v. 9. Sept. 1920), hg. v. P. Urban, Berlin 1990, S. 153 f.
23 russisch: Westler – So wurden die alteingesessenen Bewohner in den von der Sowjetunion besetzten Westgebieten der Ukraine und Weißrußlands abschätzig genannt.
24 J. Bardach: Der Mensch ist des Menschen Wolf, a.a.O., S. 19.
25 N. Bucharin: An die künftige Generation führender Parteifunktionäre. In: „Unpersonen" – wer waren sie wirklich? Berlin 1990, S. 10.

April – Dämonie

Du schaust dich um – doch ringsum Feinde;
Streckst die Hände aus – keine Freunde;
Doch sagt das Jahrhundert: 'Lüge!' – so lüge.
Und wenn es sagt: 'Töte!' – dann töte.
Eduard Bagritzki (1930).

Im Frühling besuchte Stalin oft das Grab seiner Frau Nadeshda Allilujewa auf dem Friedhof des Jungfrauenklosters in Moskau. Sie kannten sich seit dem Oktober 1917. „Nach dem trüben Dasein seit dem Tod seiner ersten Frau im Jahre 1907, nach den vier Jahren Sibirien, war es nur natürlich, daß es ihn glücklich und bisweilen sogar weich machte, von seiner siebzehnjährigen Frau angebetet zu werden."[1]

Nadja Allilujewa hatte sich im Herbst 1932, am 9. November umgebracht, angeekelt vom Dämon des ehedem Liebsten. Sie wurde neben dem großen russischen Anarchisten Fürst Kropotkin beerdigt. Bei Stalins einsamen Besuchen „pflegten die Friedhofswärter jedermann hinauszuweisen, und nach einem langen Intervall, währenddessen die Sicherheitsbeamten alles aufs gründlichste untersuchten, bis sie sicher waren, daß niemand sich zwischen den Grabsteinen versteckte, fuhr ein langes, schwarzes, mächtiges Automobil langsam den Weg zwischen den Gräbern entlang. Dann stand Stalin, von bewaffneten Wachen umringt, eine Weile lang da und starrte auf das marmorne Haupt, bis jemand einen Stuhl brachte, auf dem er sich niederließ. Er schien aus ihrem Anblick Kraft zu schöpfen. Manchmal kam er auch nachts. Neben dem Grab wurde ein kompliziertes Scheinwerfersystem installiert, und diese mitternächtlichen Besuche dauerten bis zu seinem Lebensende an."[2]

Stalin, der große Schweiger und wohl auch Sentimentale, agierte stets aus Umständen machtgeschützter Introvertiertheit. Jene, die als „Schild und Schwert der Partei" mit ihm in Erscheinung traten, ver-

1 G. Paloczi-Horvath: Stalin. Gütersloh 1968, S. 204.
2 R. Payne: Stalin. Macht und Tyrannei. Stuttgart 1989, S. 380

glich Stalin, der offensichtlich gar keinen Sinn für Blasphemien hatte, einmal während eines Banketts im Kreml einmal mit der Gottes-sohnschaft. „Der Legende nach", sagte der Generalsekretär, „war Jesus Christus der gerechteste, unschuldigste und von Sünden freieste Mensch auf der Welt. Und stellen Sie sich vor, selbst über diesen gerechtesten Menschen haben sich viele beschwert." Der Mann übrigens, dem dieser Trinkspruch galt, teilte bald das Schicksal des falsch-bezeugten Nazareners. 1937 wurde Josef Markowitsch Ostrowski, Chef der Wirtschaftsverwaltung des NKWD, erschossen.[3]

Zu den im NKWD beschäftigten Henkern gehörten die „Mitar-beiter zur besonderen Verwendung", unter ihnen die Brüder Wassili und Iwan Schigaljow. Für seine besonderen Verdienste wurde Iwan Schigaljow, er war neben seiner Hauptbeschäftigung noch Partei-gruppenorganisator, mit der Medaille „Für die Verteidigung Moskaus" ausgezeichnet.[4]

Wassili und Iwan hatten im Unterschied zu der literarischen Gestalt gleichen Namens aus Fjodor Dostojewskis *Dämonen* nichts gegen „schmutzige Arbeit" einzuwenden. „In meinem ganzen Leben sah ich keinen Menschen mit so düsterem, mürrischem und freudlosem Gesicht. Er blickte, als erwarte er den Weltuntergang, und nicht etwa irgendwann, irgendwelchen Prophezeiungen zufolge, die nicht ein-zutreffen brauchten, sondern mit absoluter Bestimmtheit, übermor-gen früh zehn Uhr fünfundzwanzig."[5] Der langohrige Schigaljow, dessen Beschreibung auf Iwan paßt, bot als „endgültige Lösung des Problems an, die Menschheit in zwei ungleiche Gruppen zu unter-teilen. Ein Zehntel erhält Freiheit der Person und unbegrenzte Macht über die restlichen neun Zehntel".[6] Diese Allheilsformel á la Schi-galjow lief auf die Umerziehung ganzer Generationen hinaus und wurde unter Stalin blutige Realität. „Wir inszenieren Feuersbrünste ... Setzen Legenden in Umlauf ... Dazu taugt jede noch so grindige, Gruppe'. Ich mache mich anheischig, in jeder dieser Gruppen Leute

3 M. Srejder: NKVD iznutri. [Übers. d. Sacht.: Das NKWD von Innen.] Moskva 1995, S. 23.
4 B. Sopelnjak: Smert' v rassrocku. [Übers. d. Sacht.: Tod auf Raten.] Moskva 1998, S. 272-273.
5 F. Dostojewski: Die Dämonen. Roman in drei Teilen. Erster Band. Berlin 1985, S. 177.
6 Ebenda S. 526.

zu finden, die sich liebend gern zu einem Attentat bereit finden und noch dankbar dafür sind, daß sie mal schießen durften."[7]

Als der treue Knecht Nikolai Jeshow, eben noch Volkskommissar für Inneres, am 1. Februar 1940 seine Anklageschrift ausgehändigt bekam, war ihm klar, was bevorstand. In seinem *Letzten Wort* vor dem Militärkollegium am 3. Februar 1940 bat er, ihn „ruhig und ohne ihn zu quälen" zu erschießen. Er bat, Stalin auszurichten, daß er mit seinem Namen auf den Lippen sterben wird.[8]

Bevor er 1937 die Leitung einer Jugend-Kolonie des NKWD übernahm, schrieb der bekannte sowjetische Schriftsteller und Erzieher Anton Semjonowitsch Makarenko: „Vieles in der Erziehungsarbeit habe ich von den Tschekisten gelernt, die ein gutes Herz haben und sehr kinderlieb sind. ...Herrlich ist die Arbeit zur Schaffung des neuen Menschen! Sie macht viel Freude! Ich grüße die Partei, die uns dieses Glück und diese Freude gegeben hat!"[9]

Unter den Kindern, denen „dieses Glück und diese Freude" zuteil wurde, waren 1940 u. a. auch Genrich Jagodas elfjähriger Sohn Genrich und Jeshows Adoptivtochter. Für Angehörige der liquidierten Volksfeinde gab es spezielle Lager. Über ein Dutzend Verwandte des Innenkommissars Jagoda, darunter seine Ehefrau, Ida Leonidowna, Nichte von Jakow Michailowitsch Swerdlow, überlebten die Lager nicht. Vollweisen und Kleinkinder wurden, wenn es nicht möglich war, sie bei Angehörigen der Eltern unterzubringen, in Kinderheime des NKWD eingewiesen. Der Sippenhaftung zu entgehen, war unmöglich. Verhaftet wurde bis ins vierte Glied.

Es gab gerade im Zentrum des Terrors und immer auch für die – ehemaligen – Akteure des Terrors selber (und für ihre Familien) keine kalkulierbare Strategie oder etwa ein Priveleg fürs Überleben. Vor allem aber hatten sie sich selber jedwedes Denken von Korrekturen, von Alternativen und natürlich einer Rückkehr ins 'Alte' abgewöhnt.

---

7   F. Dostojewski: Ebenda, S. 548.
8   Poslednee slovo Nikolaja Ežova. [Übers. d. Sacht.: Das letzte Wort des Nikolai Jeshow.] In: Moskovskie novosti, 6. 2. 1994, S. 7B.
9   A. S. Makarenko: Gespräch über die Erziehung. Schlußwort. In: A. S. Makarenko, Werke. Berlin 1957, Bd. 7, S. 473.

Sie dachten immer in Extremen: „Entweder Sozialismus oder Barbarei" – daß sich die Extreme möglicherweise begegnen könnten, das merkten sie immer erst im Kellergang der Lubjanka. Sie waren mit ihrer Treue für das ihnen sozialphilosophisch *einzigmöglich* Denkbare – den Kommunismus –, den anderen 'Eigenen' mental hilflos ausgeliefert. „Das Grauen, das von Nummer Eins ausging, bestand vor allem darin, daß er möglicherweise recht hatte – daß alle, die er umbrachte, sich noch mit der Kugel im Nacken sagen mußten, daß er möglicherweise recht hatte."[10]

Das Grauen ebenso wie das Schweigen und die bittere Ironie waren durchzogen von der normativen Schwerkraft des Faktischen. „Verglichen mit dem, was viele Freundinnen unserer... Moskauer Großmutter erlebt hatten, erschien uns ihr Schicksal durchaus als einigermaßen glücklich", beginnt Irina Scherbakowa die Erzählung über ihre Familiengeschichte. „Wenn ich das Ganze mit meinen heutigen Augen betrachte, dann weiß ich allerdings, daß sie – so wie alle Frauen in Russland – vieles durchgemacht hat. Und doch hätte sie über ihr Leben ganz anders sprechen müssen: nämlich, welches Glück sie trotz allem immer gehabt hat. Glück, weil sie in ihrer Kindheit nicht bei einem Pogrom ermordet worden war. Glück, weil sie Revolution und Bürgerkrieg überlebt hatte. Glück, weil während der Scharlachepidemie Ende der zwanziger Jahre nur eines ihrer drei Kinder starb. Am Beginn des Großen Vaterländischen Krieges 1941 befanden sich ihre beiden Söhne, mein Onkel und mein damals 17-jähriger Vater, bereits in der Armee. Mein Vater war genau eine Woche vor Kriegsbeginn in Leningrad in die Marineakademie aufgenommen worden, sein älterer Bruder diente damals schon im Fernen Osten, ebenfalls in der Flotte. Auch mit ihnen hatte Großmutter Fenja unglaubliches Glück, denn beide Söhne - hat man so etwas schon gehört? - kamen aus dem Krieg zurück.

Geradezu unwahrscheinliches Glück hatte sie, als man sie im letzten Moment gemeinsam mit der Fabrik, in der Opa Ilja arbeitete, aus Dnjepropetrowsk evakuierte. Alle anderen Verwandten, die dort blei-

---

10 A. Koestler: Sonnenfinsternis. Berlin 1988, S. 19.

11 *Ogonjok* Nr. 11, 20. April 1940. *Foto von L. Smirnow.*
„Schnappschuß.“

ben mussten, darunter auch meine Urgroßmutter, wurden schon wenige Tage später von den Deutschen erschossen. Im Vergleich zu den
Angehörigen der in Auschwitz oder in irgendeinem Ghetto Ermor-
deten haben wir insofern einen Vorteil: Wir wissen das genaue Datum,
an dem sie umgebracht wurden. Es war der 13. Oktober 1941."[11]

Aber es gab in der Alltagssphäre jener so unsicheren Gesellschaft
immer auch ganz individuelle Auflehnung. „Ich bin 21 und sehne mich
nach der Freiheit", schrieb der Lehrling Iwan Tschistow aus dem
Gefängnis an Stalin. Iwan war im Alter von 17 Jahren verhaftet worden und wartete schon 26 Monate hinter Kerkermauern auf den
Beginn des Verfahrens. Am 27. September 1940 war es endlich soweit.
Der Prozeß begann. Obwohl Tschistows „Schuld" nicht bewiesen werden konnte, wurde der Angeklagte weiter in Untersuchungshaft gehal-
ten und erst am 15. April 1941 entlassen. Die Prüfung seines Falles
hatte fünf Jahre gedauert. [12]

Andrej Swerdlow, der Sohn Jakow Swerdlows, des 1919 verstorbenen ersten Staatspräsidenten Sowjetrusslands, arbeitete auf Stalins
Weisung seit 1938 im NKWD als Abteilungsleiter und seit 1940 als
Dozent an der Hochschule des Ministeriums für Staatssicherheit. Er
hatte Glück, denn er überlebte alle seine Verhaftungen – 1935, 1938
und 1953.

Die Revolution fraß indessen weiter auch gerade die, für die sie die
einzig denkbare Hoffnung war. Die Reihenfolge der Schädel der
Erschlagenen, in denen ihr Nektar kredenzt werden sollte, war der
schnauzbärtigen Inkarnation des Fortschritts gleichgültig. Wenn es
konterrevolutionäre Organisationen der Väter gab, so die Logik des
Verdachts, mußte es auch konterrevolutionäre Jugendorganisationen
geben.

Swerdlows Sohn, dem Stalin 1935 trotzkistische Ideen und Frei-
geisterei nachsagte, war einer der vom „Führer der Völker" auser-
wählten Nachwuchskader. Stalin und Swerdlow kannten sich seit der

11 Irina Scherbakowa: Nur ein Wunder konnte uns retten. Leben und Überleben unter Stalins
    Terror. Aus dem Russ. von Susanne Schell, Frankfurt am Main 2000, S. 13.
12 A. Vatlin: „Terroristy" iz torfjanogo technikuma. [Übers. d. Sacht.: Die „Terroristen" aus
    dem Torf-Technikum.] In: Moskovskaja Pravda, 10.3.1998, S. 14.

Verbannung in Turuchansk. Im Jahre 1940 wurde das als Stoff für einen Film entdeckt. Der Regisseur Sergej Iosifowitsch Jutkewitsch, er hatte schon das Drehbuch für den Kultfilm von 1937 „Der Mann mit dem Gewehr" verfaßt, produzierte jetzt den Film „Jakow Swerdlow". Für Stalin war Swerdlow neben Lenin und dem in Turuchansk verstorbenen Iosif Fjodorowitsch Dubrowinski der hervorragendste Organisator und Baumeister der Kommunistischen Partei. Zur gleichen Zeit saß der Sohn unseres Filmhelden Swerdlow im Gulag. Er solle noch ein bißchen brummen, erklärte Stalin 1935 gegenüber Nikolai Bucharin, der sich für die Freilassung von Andrej Swerdlow eingesetzt hatte. Noch hatte der Alte im Kreml sich nicht endgültig entschieden, auf welchen Weg er den Sohn des Kampfgefährten schicken wollte.

Im Falle von Andrej Platonows Sohn war die Sache hingegen klar. Der 16-jährige wurde beschuldigt „Führer einer faschistischen Jugendorganisation" zu sein. Prozesse gegen die in der Sowjetunion „entlarvten" Organisationen á la Hitlerjugend hatten vor dem August 1939 Konjunktur.

„Die Zeit verging. Schließlich Ende September 1939, das heißt, als ich schon zehn Monate im Moskauer Gefängnis war", erinnerte sich Anna Larina-Bucharina, „wurde ich zum Verhör gerufen." Nach einer Odyssee durch verschiedene Straflager aus Astrachan nach Moskau überstellt, holte man Bucharins junge Frau als potentielle Zeugin nach Moskau. In der Lubjanka wurde sie von Berija höchstpersönlich vernommen.[13] Der Volkskommissar befragte sie zu einem Anklagepunkt, der im dritten Moskauer Schauprozeß gegen den „Block der Rechten und Trotzkisten" eine Rolle gespielt hatte. Damals war ihr Mann, Nikolai Bucharin, zum Tode verurteilt worden. In dem von Jeshow verfaßten und von Stalin abgesegneten Szenario kam eine Jugendorganisation vor, die in einem Folgeprozeß verurteilt werden sollte.

Die Untersuchung gegen Bucharins erste Frau, Nadeshda Michailowna Lukina, wurde am 25. September 1939 abgeschlossen und die Akte Lawrentij Berija zur Unterschrift vorgelegt. Vom 9. Dezember

---

13 A. Larina-Bucharina: Nun bin ich schon weit über zwanzig. Erinnerungen. Aus dem Russischen v. E. Rönnau, Göttingen 1989, S. 288 ff.

1939 bis zum 20. Februar 1940 wurde an der Anklage und mit der Angeklagten 'gearbeitet', denn die Lukina war nicht geständig. Am 26. Februar lag das Urteil vor. Das Gericht – W.W. Ulrich, L.D. Dimitriejew und A.G. Suslin – verurteilte sie am 8. März, dem Internationalen Frauentag, zum Tode. Am frühen Morgen des 9. März 1940 wurde das Urteil vollstreckt. Da Nadeshda Lukina kaum noch laufen konnte, wurde sie auf einer Trage zur Erschiessung getragen.

Doch nach Jeshows Sturz konnte Berija die geplante Serie von Schauprozessen nicht weiterführen. Diese drei öffentlichen Prozesse hatten ihren heftigen und schaurigen Propagandaeffekt vor allem auch nach innen aufgebraucht. Irgendwann schlug der unberechenbare Schrecken um in eine schreckliche Lethargie, die alle Sphären des Gesellschaft lahmzulegen drohte.

Alle in den berüchtigten Moskauer Gefängnissen Lefortowo, Butyrka und Lubjanka vorbereiteten öffentlichen Prozesse fanden nun 1939/1940 nicht mehr statt. Die Prozesse gegen die „Verschwörer in der Kominternführung" und gegen die „konterrevolutionäre Jugendorganisation" gehörten dazu.

Sollte man das eine glückliche Wendung nennen dürfen? Um sicher zu gehen, wurde Anna Michailowna noch einmal von Berija über Andrej Swerdlow vernommen. Bucharins Witwe „entlastete" natürlich ihren Jugendfreund. Sehr bald sollten sie sich dennoch wiedersehen. „In diesem Augenblick tat sich die Tür auf, und Andrej Swerdlow trat herein. ‚Wozu das?' schoß es mir durch den Kopf. Und ich vermutete sofort: Er ist verhaftet und kommt zur Gegenüberstellung mit mir. Denn aufgrund der Information aus Nowosibirsk fungierte Andrej Swerdlow in meinem ‚Fall', und scheinbar meinen Worten zufolge, ja als Mitglied der konterrevolutionären Jugendorganisation. Und obwohl ich das vor Berija widerlegt hatte, fürchtete ich, daß Andrej im Fall einer zweiten Verhaftung die Existenz einer Jugendorganisation bestätigen könnte... Doch als ich Andrej ansah, kam ich zu dem Schluß, daß er wenig Ähnlichkeit mit einem Häftling hatte... ‚Darf ich vorstellen, das ist Ihr Untersuchungsleiter', sagte Matussow. ‚Mit ihm werden Sie es zu tun haben.'" Solche jähen Wendungen gehören zur Dämonie des Glücks in derart revolutionär verfassten Gesellschaften.

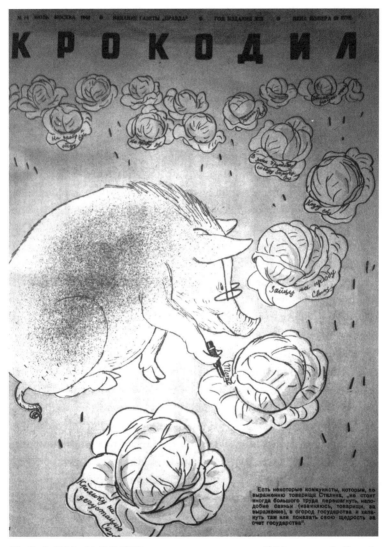

11 *Krokodil* Nr. 14, Juli 1940.   *Zeichnung von L. Gentsch.*

Schweine im Sowjetgarten

„Es gibt einige Kommunisten, denen es, wie Genosse Stalin sagt, keine große Mühe bereitet, von Fall zu Fall gleich einem Schwein (ich entschuldige mich, Genossen, für den Ausdruck), in den Garten des Staates zu steigen und dort etwas zu stehlen oder ihre Freigebigkeit auf Kosten des Staates zu zeigen."

Familienmitglieder und deren Angehörige, Hausangestellte und die als Zeugen bei Haussuchungen Anwesenden – niemand war vor den „Organen" sicher; entweder kooperierend oder kompromittierend war man mit ihnen verbunden. Wer, wie in einem Falle Ernst Fischer, Autor des gerade erschienen Buches *What is Socialism?* (New York 1940; in deutscher Sprache: Moskau 1940) eine Funktion übernahm, der „war nicht freier Schriftsteller, sondern Vollzugsorgan, schrieb nicht für unbefangene Leser, sondern für kommunistische Funktionäre. Ich sah die Welt nicht mit meinen, sondern mit den Augen der Komintern – ohne mir damit Gewalt anzutun, denn ich stimmte mit deren Weltsicht überein. Ich wollte kein Fremdling sein in diesem ungeheuren Gehäuse mit all seinen Türhütern, Passierscheinen, Korridoren, Hintertreppen." [14]

Stalin verlangte die Anwendung sog. leninistischer Methoden bei der Enttarnung von Spionen und hielt nichts von dem, wie er meinte, „sozialbiologistischen Verfahren", deren Anhänger sich – wie es in der frühen Sowjetzeit Rechtspraxis war – beim Aufspüren von Schuld oder Unschuld an der sozialen Herkunft orientierten. Diese relative Rechtssicherheit aus dem Geist sozialer Privilegiertheit – der Gnade 'richtiger' Geburt – würde, so befürchtete Stalin zu recht, die Arbeit der „Organe" bloß unnötig einschränken.

So mäanderte jetzt der Verdacht asozial quer durch alle Lebens-, Berufs- oder Geisteslagen, quer durch die Generationen und Ethnien. Ob In- oder Ausländer, mit revolutionärem Verdienst oder gegenrevolutionären Stigma, vor den stalinistischen Apparaten galt nur eines – man mußte Glück haben... So konnte es kommen, daß aus Verhafteten Volkskommissare wurden (und vice versa), daß ein zur Auszeichnung nach Moskau beorderter Funktionär in den Lagerdreck getreten wurde. Aber dort wo alles möglich war, war doch eines unmöglich – Rechte zu haben, Verfahrens- und Grundrechte.

Später legte Stalin diese praktische Methode des universellen Verdachts auch seiner theoretischen „Faschismusanalyse" zugrunde. Als am 29. Januar 1941 im ZK der KPdSU(B) eine Beratung über das

---

14 Ernst Fischer: Erinnerungen und Reflexionen. Frankfurt am Main 1987, S. 402.

Lehrbuch Politische Ökonomie stattfand, entschied er, daß es... an der Zeit sei, die faschistische Philosophie zu kritisieren. Das gelänge nicht, wenn man z. B. Mussolini oder Hitler nur von ihrer biologisch-sozialen Abkunft her als „kleine Leute" begreifen würde, als im Grunde verbündet gegen die westlichen Plutokratien, weil auch jene rechten Diktatoren ihrer sozialen Herkunft nach eher ‚Proletarier' seien. [15] Solche starren Prinzipienfragen hätten zurückzutreten gegenüber beweglichen, aktuellen und historisch-konkreten Freund-Feind-Konstellationen.

Bis zum Sommer 1940 galt in der Sowjetunion der 7-Stunden-Normalarbeitstag. Am 19. Juni 1940 fiel in Stalins Kabinett im Kreml die Entscheidung über die Einführung des 8-Stundentages bei Beibehaltung der bisherigen, am 7-Stundentag orientierten Entlohnung. Außerdem schlug Stalin vor, zum 3-Schichtsystem und der 7-Tage-Arbeitswoche zurückzukehren. Die entsprechenden Beschlüsse des Präsidiums des Obersten Sowjets der UdSSR folgten prompt am 26. Juni 1940.

Stalin kritisierte in seiner der Rede auf dem Plenum des ZK vom 28. bis 31. Juli 1940 die Direktoren wegen ihres ungenügenden Kampfes für die Durchsetzung der Arbeitsdisziplin. „Unsere Direktoren sind Schwätzer", notierte der an der Tagung teilnehmende W. Malyschew, „sie reden bloß und die Hooligans haben keine Achtung vor ihnen... Bei uns gibt es nicht die Angst, die Arbeit zu verlieren. Die Faulenzer und Flatterhaften untergraben die Disziplin." [16]

„Mehr als zwanzig Millionen Bauern wurden während der dreißiger Jahre in die Städte umgesiedelt. Ihre Umerziehung und Anpassung war schmerzhaft und plötzlich. Lange Zeit hindurch blieben sie entwurzelte Dorfbewohner, Städter wider Willen, verzweifelt, anarchisch und hilflos. Sie wurden auf die Arbeit in den Farbriken abgerichtet und einem grausamen Drill und strenger Disziplin unterworfen." [17]

---

15 Vgl.: E. Gromov: Stalin, vlastí i iskusstvo. [Übers. d. Sacht.: Stalin, die Macht und die Kunst] Moskwa 1998, S. 317.

16 „Projdet desjatok let, i eti vstreči ne vosstanovis' uže v pamjati." Dnevnik narkoma, a.a.O., 1997, 5, S. 112/113.

17 I. Deutscher: Die unvollendete Revolution 1917-1967, Frankfurt/M. 1967, S. 58 f.

13 Prozent der Großbauten der Sowjetunion wurden aus dem Dauerfrostboden des Archipels Gulag gestampft und von ca. 2 Millionen Häftlingen unter Regie des NKWD errichtet. 1938/1939 wurden die anstehenden Zwangsarbeiten zunächst in einer Hand konzentriert.

Neben den traditionellen ITL, den „Besserungsarbeitslagern" und den ITK, den „Besserungsarbeitskolonien", entstanden die sogenannten „Scharaschkas": Speziallabors, -Werkstätten und -Betriebe, in denen hochrangige (inhaftierte) Wissenschaftler unter der Regie des NKWD forschen und arbeiten durften. Diese im September 1938 gegründeten Wirkungsstätten unter dem Namen „Abteilung der besonderen Konstruktionsbüros des NKWD der UdSSR" waren ein Lieblingskind Berijas. 1939 wurde die Abteilung in „Besonderes technisches Büro des NKWD der UdSSR" umbenannt. Vom Juli 1941 an lief die Abteilung unter der Bezeichnung „4. Spezialabteilung des NKWD der UdSSR". Die Forschungsaufgaben reichten vom Stimmendecoder über Kampfflugzeuge bis zur Atombombe. Grigori Mejranowski z.B. arbeitete von 1938 bis 1944 an der Entwicklung von Kampfgas.[18]

Im Sommer 1944 wies Berija den Leiter des Sekretariats des NKWD der UdSSR, S. Mamulow an, einen Bericht über die Arbeit des NKWD in den drei Kriegsjahren vorzulegen. Berijas Wunsch, den Bericht zu einem Buch über die Tätigkeit des NKWD von 1941 bis 1944 zu überarbeiten, ging nicht in Erfüllung. Unter den Zuarbeiten für das Buchprojekt war ein Bericht der 4. Spezialabteilung des NKWD über die Arbeit in den Jahren 1939 bis 1944, der das System hinreichend enthüllt.

Die Führung dieser Abteilung war Chef- und Glückssache. Eine führende Stellung hier begleitete beispielsweise von 1939 bis 1941 Michail Dawydow. Er war zu dieser Zeit Major der Staatssicherheit und ein offensichtlich vielseitiges Talent. Er hatte von 1937 bis 1938 das Kirow-Werk in Leningrad geleitet, dann war er 1938 zum Stellvertreter des Vorsitzenden des Volkskommissars für Maschinenbau

---

18 Otvet – v archivach KGB. [Übers. d. Sacht.: Die Antwort liegt in den Archiven des KGB.] In: Moskovskie novosti, 30. 9. 1990, S. 15.

ernannt worden. Am 4. September 1939 übernahm er für kurze Zeit die Leitung des Besonderen Konstruktionsbüros. Aber schon einen Monat später, am 8. Oktober 1939 wurde er verhaftet, am 7. Juli 1941 verurteilt und am 27. August 1941 erschossen.[19] Der Genosse M. P. Filomonow trat an seine Stelle.

Unter Dawydows Leitung wurden sieben der im Bericht genannten 20 Forschungsaufträge vom Entwurf bis zur Nullserie bzw. Serienfertigung geführt. Darunter waren Sturzkampfbomber, Langstreckenbomber, Panzertürme, Artilleriesysteme und U-Boote. In den Büros arbeiteten ca. 500 operativ-technische Mitarbeiter und 500 Spezialisten.

Die Hauptkartothek des GULag enthielt Anfang März 1940 8 Millionen Karteikarten, darunter 4000 mit Angaben über inhaftierte Ausländer. Anfang März 1940 umfaßte das GULag-Imperium 53 Lager, 425 Besserungsarbeitskolonien (davon 170 Industriebetriebe) und 50 Kolonien für Minderjährige. Die Bevölkerung des Archipels (Stand Januar 1940) zählte 1 659 992 Häftlinge. In den Kolonien arbeiteten 352 000; 28,7 Prozent der Kolonisten waren „konterrevolutionäre Elemente". 38,4 Prozent aller Häftlinge waren zu 5 bis 10 Jahren verurteilt, zwei Drittel von ihnen waren im Alter von 22 bis 40 Jahren.

Ganz oben in der Liste der Dringlichkeiten stand der Bau von Eisenbahnen (in den Kriegsjahren arbeiteten hier 448 000 Häftlinge)[20] die Nutzholzbeschaffung (320 000), der Bergbau (171 000), der Flugplatz- und Straßenbau (268 000) und die Brennstoffindustrie – alles in allem waren 17 Industriezweige vertreten.[21] Gulag und Zwangsarbeit sollten erreichen, wozu die „freie Wirtschaft" nicht in der Lage war: die von der Parteiführung vorgegebenen Planziffern zu verwirklichen. Wosnessenski hatte in seiner Rede auf der 18. Parteikonferenz der KPdSU(B) die o. g. Volkskommissariate dafür verantwortlich gemacht, daß die anvisierten Ziele „nicht völlig erreicht

---

19 Osoboe techničeskoe bjuro NKVD SSSR. [Übers. d. Sacht.: Das technische Sonderbüro des NKWD der UdSSR.] In: Istoričeskij Archiv, 1999, 1, S. 86.
20 Diese und die folgenden Angaben in: GULAG v gody vojny. Doklad načal'nika GULAG a NKVD SSSR V. G. Nasedkina. Avgust 1944. In: Istoričeskij Archiv, 1994, 3, S. 65.
21 S. G. Ebedzans / M. Ja. Važnov: Proizvodstvennyj fenomen GULAGa. [Übers. d. Sacht.: Das Wirtschaftsphänomen GULag.] In: Voprosy Istorii, 1994, 6, S. 188-190.

werden konnten".[22] Die Lager, die landwirtschaftliche Produkte sowie Pilze und Wildfrüchte für die Versorgung der Armee bereitstellten, erhöhten ihre Lieferungen um das Dreifache. Das Leben in den Zwangsarbeitslagern- und Kolonien war streng nach den täglich aus Moskau eintreffenden Befehlen, Rundschreiben und Weisungen organisiert. Nichts blieb dem Zufall überlassen, Eigeninitiative war unangebracht. Im Zweifelsfalle richteten die Chefs der über das ganze Land verstreuten Lager Anfragen an die Moskauer Hauptverwaltung und erhielten umgehend Antwort. Anfang des Jahres 1940 standen Fragen des Umgangs mit den Haftentlassungen und der Neuordnung des Haftregimes im Mittelpunkt. Im Januar 1940 ordnete die Zentrale an, die in den Personalakten der Häftlinge enthaltenen Urteile aus den Sprachen der Völker der UdSSR ins Russische zu übersetzen. Die Bestimmungen über Korrespondenz und Paketempfang wurden neu geregelt. Das Haftregime für die als „Angehörige von Verrätern an der Heimat" verurteilten Frauen und Kinder blieb unverändert.

Gute Leistungen im Wettbewerb – jedes Jahr wurden sechs Wanderfahnen vergeben – wurden in einigen wenigen, aber innerhalb der Arbeitsbesserungslager propagierten Fällen mit vorzeitiger Entlassung belohnt.

Die schnelle Be- und Entladung der Eisenbahnwaggons war eine immer wiederkehrende Forderung. Die Häftlingsströme nahmen zu, so daß Befehle über das Haftregime in den Etappengefängnissen und über die daktyloskopische Erfassung aller Arbeitssklaven erlassen wurden. Im April 1940 häuften sich die von den Lagerleitungen tolerierten und mit Hilfe der Wachmannschaften durchgesetzten Aktionen gegen die Kolchosen. Weiden, Felder und Forste – die Eigentum der Kolchosen waren – wurden zu Lagergebieten erklärt. Die neuen Aufgaben im Bergbau, Straßenbau und bei der Erdölgewinnung waren ohne eine entsprechende Ausbildung nicht zu bewältigen. Im Gulag setzte eine massenhafte technische Ausbildung ein. Ab Mai kamen

---

22 N. A. Voznesenskij: Chozjajstvennye itogi 1940 goda i plan ražvitija narodnogo chozjajstva SSSR na 1941 god. Doklad na XVIII Vsesojuznoj konferencii VKP(b) 18 fevralja 1941 g. [Übers. d. Sacht.: Ergebnisse des Wirtschaftsjahres 1940 und der Plan... für 1941] In: N.A. Voznesenskij: Izbrannye proizvedenija. Moskva 1979, S. 416.

13 Wasserfest 1940 im Wolga-Moskau-Kanal, der 1932-1937 von Gulag-Häftlingen gebaut wurde. *Zeitgenössisches Foto.*

Häftlinge auf Weisung der Regierung verstärkt im Petschoragebiet und in Workuta zum Einsatz. In der ersten Zeit wurden die Lagerleitungen aufgefordert, „Verletzungen der revolutionären Gesetzlichkeit" zu unterbinden und das Lagerregime konsequent durchzusetzen. Lagerleiter und Lageradministrationen, wie die im Krasnojarsker oder Tulaer Gebiet, die diesen Forderungen nicht nachkamen, wurden demonstrativ abgestraft. Die Moskauer Hauptverwaltung Lager des NKWD der UdSSR gab eine neue Instruktion, wie die geleistete Arbeit abzurechnen ist, heraus. Im Sommer wurden die Rohstoffe knapp und die Lager aufgefordert, Buntmetallabfälle zu sammeln. Um nicht auf den ohnehin knappen Treibstoff angewiesen zu sein, begannen die „Spezialisten" unter den Häftlingen, die Fuhrparks der Lager auf Gasgeneratoren umzustellen. Braunkohle, die das Benzin ersetzen konnte, gab es genug. Qualitativ schlechte oder gar Ausschußproduktion wurde sowohl im zivilstaatlichen als auch in dem Gulag-Sektor streng bestraft. Da die Kader für alles verantwortlich gemacht wurden, rückte im Spätsommer und Herbst 1940 die Arbeit der Kaderabteilungen ins Blickfeld der Moskauer Zentrale. Diese „förderte" jetzt auch im Gulag das Recht auf Beschwerden, um Druckmittel gegen die Lagerleitungen in die Hand zu bekommen und traf Entscheidungen über Vergünstigungen für die an Schwerpunkten der Bautätigkeit eingesetzten Häftlinge. Der zunehmend vertraglich geregelte „Warenfluß" zwischen den einzelnen Lagern erforderte eine systematische, bürokratische Koordinierung.

Unter den 1940 auf dem Dienstweg verbreiteten Befehlen, Rundschreiben und Weisungen ist auch ein kleines gelbes Oktavheft im Umfang von 24 Seiten. Die Broschüre enthält den Befehl Nr. 0370 der Hauptverwaltung Lager (GULag) des NKWD der UdSSR vom 20. August 1940 mit der Mitteilung über den Code für den Schriftwechsel über die Häftlinge per Telegraph. Bei den meisten der 176 aufgenommenen Begriffe handelt es sich um die Verschlüsselung der Haftorte.

Die folgende Auswahl solcher bizarrer Bezeichnungen beleuchtet schlaglichtartig die Schwerpunkte der amtlichen Gulag-Korrespondenz.

Zahlencodes wurden für die Bezeichnung der erkrankten Häftlinge, der „Banditen" und Flüchtlinge verwendet. Die Umschreibung für „geflohen aus dem (Lager; Kolonie)" lautete – „abgegeben"; wenn es um „Munition" ging, war von „Geräten" die Rede. Häftlinge die älter als 18 Jahre waren hießen – „Kopien"; die im Alter bis 50 Jahre – „Schnellhefter". Die für den Transport eingesetzten Eisenbahnwaggon zur Personenbeförderung – hießen Wagen dritter Klasse, die mit einem Bremserhaus ausgerüsteten Waggons – Platzkartenwagen; Gefängniswagen wurden Gepäckwagen genannt, die Karzerwaggons – Kühlwagen, die Sanitätswaggons – hießen Wagen erster Klasse, die Wirtschaftswaggons – „Plattform". Frauen firmierten als – „Bücher". Ausgefallene, verletzte Häftlinge – hießen „entladen", verletzte Wachmannschaften – „ruhen sich aus". Anstelle von „Waffen" war von „Tintenfässern" die Rede. Verbannte – hießen „Makulatur" , Untersuchungshäftlinge – „Briefumschläge"; Geschwächte Häftlinge – „Serie acht"; Spezialisten – „Journale". Für „verstorben" stand „abgeschrieben", für „ermordet" – „verloren". Wer bei Bränden oder bei Eisenbahnunglücken ums Leben kam, galt als „abgekoppelt". Wem auf der Überstellung ins Lager die Flucht gelang, war „verdorben". Das Codewort für „Lebensmittel" lautete „Bleistifte".

Unter den genannten Krankheiten, für die Zahlencodes verwendet wurden, sind Flecktyphus, Bauchtyphus, Paratyphus, Cholera, Skorbut und Pest. Für „Festgenommen" stand „angenommen", eine Anfrage über den Aufenthaltsort eines Häftlings las sich wie eine Bitte um die „Auskunft über den Bildungsgrad", auch für Invaliden und Ausländer gab es Zahlencodes. An Stelle von Lager mußte „Trust", anstelle von Lagerpunkt „Fabrik" geschrieben werden. Wenn es um Männer ging, war von „Rechnungen" die Rede, für „Minderjährige" stand „Papier"; die „Erinnerung an den Zeitpunkt der Entlassung aus der Haft" hieß – „Aufkündigung des Vertrages". Für „Arbeitsverweigerer" stand ein Zahlencode. „Vorbereitet zum Transport" hieß „Verpackt".

Es gab Umschreibungen für die Fluchtvarianten aus Eisenbahnwagen, je nachdem, ob die Häftlinge durch den Boden, das Dach oder durch die Seitenwände entkommen waren. Bei Fluchtversuchen getötete Wachmannschaften wurden mit „ausgefallen" umschrieben, „Unruhen unter den Verurteilten" wurden mit „Sortieren von Formularen" umschrieben, Frauen hießen – „Order" oder Frauen mit Kindern rangierten unter – „Quittungen".

Diese lächerliche bürokratische Poesie widerspiegelt das singuläre Ausmaß einer sich von jeglichem zivilisatorischen Standard entfernenden Verwaltungs- bzw. Sicherheitskultur.

Mai – „Das Gesetz des Lebens"

> Doch wie aus der Nacht der Morgen sich hebt,
> Den Völkern in dir der Retter erstand.
> Unser Wappen von Stahl, die Flagge schwebt
> Freudig über dem glücklichen Land.
> *Dshambul: Das Lied an Stalin.*

Das Jahr 1940 versprach augenscheinlich ganz anders zu werden als alle anderen Sowjetjahre vorher. Das kündigte sich schon im Spätsommer des Vorjahrs an. Am Dienstag, den 22. August 1939 flog der Chefdolmetscher des Berliner Auswärtigen Amts, Paul Schmidt,[1] „mit Ribbentrop und einer umfangreichen Delegation um 9 Uhr abends in einer viermotorigen FW 200 Condor-Maschine nach Moskau ab. Kurz vor Mitternacht landeten wir in Königsberg, um dort die Nacht zu verbringen. Aber an Ruhe war nicht zu denken, denn Ribbentrop bereitete die ganze Nacht hindurch seine Besprechungen mit Stalin vor, füllte viele Blätter mit Notizen in immer größer werdenden Buchstaben, je weiter die Nacht fortschritt, telefonierte mit Berlin und Berchtesgaden, verlangte nach den ausgefallensten Akten und hielt so die ganze Delegation in Atem... Nach durchwachter Nacht flogen wir am nächsten Morgen um 7 Uhr nach Moskau weiter. ...*Moscou* las ich in französischer Sprache und sah das Hakenkreuzbanner und die rote Sowjetflagge mit Hammer und Sichel in trautem Verein zu beiden Seiten des Namens im Winde flattern. Davor stand Potemkin, der Erste stellvertretende Volkskommissar des Außenkommissariats, dessen Name wie ein Symbol für die Unwirklichkeit der ganzen Szene erschien. Dieser Herr Potemkin war an der Spitze einer Delegation von hohen russischen Beamten zu unserer Begrüßung zusammen mit dem italienischen Botschafter Rosso... und dem deutschen Botschafter Graf von der Schulenburg sowie dem Botschaftspersonal auf dem

---

1 P. Schmidt: Statist auf diplomatischer Bühne 1923-1945. Erlebnisse des Chefdolmetschers im Auswärtigen Amt mit den Staatsmännern Europas. Frankfurt am Main – Bonn, 1964, S. 441 f.

Flugplatz erschienen. ...Nach einem kurzen Frühstück fuhr Ribbentrop sofort zu Molotow in den Kreml."

Nach der Unterzeichnung des Nichtangriffspaktes am 23. August 1939 begann laut Molotow und von Ribbentrop eine neue Ära in den deutsch„russischen Beziehungen. Stalin berief sich im Telegramm an den Außenminister auf „eine durch Blut besiegelte Freundschaft" und gab sein Ehrenwort, daß die Sowjetunion ihren Vertragspartner nie verraten wird. Von diesem Zeitpunkt an wandelte sich die sowjetische Propaganda in einem zuvor unvorstellbaren Maße. [2]

„Als ich am Spätnachmittag in die Botschaft zurückkam", erinnert sich Paul Schmidt, „traf kurz nach mir Ribbentrop vom Kreml ein. Er quoll förmlich über vor Begeisterung über Molotow und Stalin, der sich der Besprechung später angeschlossen zu haben schien. ‚Es geht mit den Russen ganz ausgezeichnet', rief der deutsche Außenminister während einer kurzen Abendmahlzeit mehrfach aus. ‚Wir werden bestimmt noch heute abend einig werden.' Auch über die später so berühmt gewordene Demarkationslinie zwischen der russischen und deutschen Interessensphäre, die quer durch Polen verlief und eine neuerliche Teilung Polens bedeutete, war anscheinend in der Nachmittagssitzung schon gesprochen worden, denn Ribbentrop richtete von der Botschaft eine Anfrage an Hitler , ob er damit einverstanden sei, daß die baltischen Häfen Libau und Windau in die russische Einflußsphäre fielen. In weniger als einer halben Stunde war die zustimmende Antwort Hitlers da. ...Sofort nach dem hastig eingenommenen Abendessen stürzte Ribbentrop mit Schulenburg und dem Leiter der Rechtsabteilung Dr. Gaus wieder in den Kreml zurück. Ich wurde zu meinem Bedauern nicht mitgenommen, da Botschaftsrat Hilger, der als russischer Dolmetscher fungierte, auch gleichzeitig die Aufzeichnungen der Besprechungen machen sollte." [3]

Ribbentrop und seine Begleiter schilderten dann noch begeistert die kleine Feier, „die Stalin nach Unterzeichnung des Abkommens improvisiert hatte. ‚Wie ein guter Hausvater' habe er sich persönlich

---

2 Siehe dazu W. Leonhard: Der Schock des Hitler-Stalin-Paktes, München 1989; insbes. S. 60–90.
3 P. Schmidt: Statist auf diplomatischer Bühne 1923–1945, a.a.O., S. 444.

14 *Ogonjok* Nr. 32, 20. November 1940. 3. Umschlagseite.
„Zentrales Warenhaus, Moskau, Petrowka-Straße 2"
„Große Auswahl an verschiedenstem Neujahrstannenschmuck."

um das Wohl der Gäste gekümmert... Als erster hatte Stalin Hitler mit
den Worten hochleben lassen: , Ich weiß, wie sehr das deutsche Volk
seinen Führer liebt. Ich möchte daher auf sein Wohl trinken!' ...Wir
selbst flogen um 1 Uhr mittags am 24. August nach Berlin zurück, hatten uns also nur 24 Stunden in Moskau aufgehalten."[4]

Nicht Nazi-Deutschland, sondern das 'plutokratische' England und
das 'kosmopolitische' Frankreich galten von nun an als Kriegsbrandstifter. Ende Dezember 1939 hatte die Komintern die „Politische
Plattform der KPD"[5] formuliert. Im Moskauer Exil griff Walter
Ulbricht in der Zeitung *Welt* vom 9. Februar 1940 Stalins Feststellung
von der tiefen Freundschaft auf und natürlich erneuerte er wieder von
der Parteispitze herab die aggressive Polemik gegen die Sozialdemokratie als „Sozialfaschisten". Dabei ließ er sich von der genannten
Politischen Plattform leiten. „Der Kampf der deutschen Arbeiter

---

4   Ebenda, S. 446
5   Siehe: Komintern i vtoraja mirovaja vojna. Cast' 1. [Übers. d. Sacht.: Komintern und Zweiter
    Weltkrieg.] Moskva 1994.

gegen die Agenten des englischen Imperialismus, gegen die Thyssen-
clique und deren Freunde unter den sozialdemokratischen und katho-
lischen Führern in Deutschland bedeutet keineswegs eine Blockbil-
dung mit dem nationalsozialistischen Regime und eine Duldung der
Unterdrückung Österreichs und der Tschechoslowakei. Im Gegenteil
erheischt gerade diese Stellungnahme einen noch energischeren
Kampf gegen alle imperialistischen Bestrebungen seitens der in
Deutschland herrschenden Kreise." Die deutschen Sozialdemokraten
hatten dagegen in mehreren Verlautbarungen den deutsch-sowjetischen Pakt scharf verurteilt und sich mit den englisch-französischen
Kriegszielen identifiziert.[6]

Die politische Neuorientierung Stalins hatte auch unmittelbare Auswirkungen auf die geistig„kulturelle Dimension des sowjetischen All-
tags. Der Hauptverwaltung für die Kontrolle der Spielpläne der Theater und sonstiger öffentlicher Vorführungen beim Komitee für
Kunstangelegenheiten beim Rat der Volkskommissare der UdSSR –
GURK – oblag die Überprüfung aller, auch natürlich der antifaschi-
stischen Theaterstücke. Als „politisch unerwünscht" galten einen mög-
lichen zukünftigen Krieg gegen Deutschland thematisierende Stücke,
Filme und Opern wie „Die Matrosen von Cattaro" oder „Schtschors".
Vom Spielplan verschwanden „Professor Mamlock" und „Familie
Oppenheim". Insgesamt wurden 1940 4200 von 13 220 überprüften
Titeln abgelehnt.

Der Vorschlag, einen Film über einen der legendären Divisionskommandeur aus dem Bürgerkrieg, Nikolai Schtschors, zu drehen,
geht auf einen Vorschlag von Stalin während der Auszeichnung des
Filmregisseurs Alexander Petrowitsch Dowshenko mit dem Leninorden aus dem Jahre 1935 zurück.[7] Daß der anarchische, „urwüchsige
Held" Schtschors ehedem auf Weisung der Politverwaltung der
12. Armee exekutiert worden war, paßte dabei nicht ganz ins Bild. Ent-
scheidend war nur, daß Stalin den „ukrainischen Tschapajew" zu den

6   Ph. W. Fabry: Die Sowjetunion und das Dritte Reich. Eine dokumentierte Geschichte
    der deutsch-sowjetischen Beziehungen von 1933 bis 1941. Stuttgart 1971, S. 407.
7   N. Zen'kovič: Voždi i spodvizniki. [Übers. d. Sacht.: Führer und Gefolgsleute.] Moskva 1997,
    S. 330.

„militärischen Führern von neuem Typus" zählte und im *Kurzen Lehrgang* verewigt hatte.[8]

Nach vier Jahren und nervenaufreibenden Auseinandersetzungen – vor allem mit dem für die Filmindustrie zuständigen Genossen Boris Sacharowitsch Schumatsky[9] – war der Film fertig. Schumatsky wurde nach der Silvesterfeier 1937 bei Stalin verhaftet und erschossen.

Stalins „Plan eines ,Tschapajew'- und eines 'Schtschors'-Films fiel in eine Zeit, da es den Männern der höchsten Generalität, die oberste Kommandostellen in der Armee einnahmen, wie Jegorow, Tuchatschewski oder Uborewitsch bestimmt war, aus der Bürgerkriegsgeschichte zu verschwinden – zu verschwinden nicht bloß aus dem Leben, sondern auch aus aller schriftlichen, bildlichen, kurz: aus der geschichtlichen Überlieferung. Trotzki war der erklärte politische Hauptfeind, nicht von ihm und seinen Parteigängern war im Augenblick die Rede. Es kam nicht von ungefähr, daß Stalin einen Film über Schtschors wollte und nicht über einen jener Männer, die, wie Schtschors, zwar schon tot, aber ungleich bedeutender gewesen und dazu politisch in keiner Weise stigmatisiert waren, wie etwa Frunse oder Gussew."[10]

Selbst Stücke, deren Titel in Anlehnung an Aussagen Stalins auf dem 18. Parteitag der KPdSU(B) vom März 1939 gewählt wurden, scheiterten an den wachsamen Zensoren. Die damalige Feststellung, daß die Sowjetunion keine Drohungen der Aggressoren fürchtet und bereit ist, auf „einen Schlag der Kriegsbrandstifter, die versuchen sollten, die Unantastbarkeit der Sowjetgrenzen zu verletzen, mit einem doppelten Schlag"[11] zu antworten, durfte im Hinblick auf mögliche 'Mißverständnisse' in Deutschland nicht mehr verbreitet werden. Vergleichbare Weisungen erhielt Georgi Dimitroff für die Umsetzung

---

8 Geschichte der Kommunistischen Partei der Sowjetunion (B). Kurzer Lehrgang. Berlin 1950, S. 306.

9 Dowshenkos Brief an Stalin vom 26. November 1936 und Stalins Antwort vom 9. Dezember 1936 ist veröffentlicht in: Istorija sovetskoj političeskoj cenzury. [Übers. d. Sacht.: Geschichte der sowjetischen politischen Zensur.] Moskva 1997, S. 484-486. Vgl. auch: B. Schumatsky: Silvester bei Stalin. Berlin 1999.

10 K. Simonow: Aus der Sicht meiner Generation, a. a. O., Berlin 1990, S. 179.

11 J. Stalin: Rechenschaftsbericht an den XVIII. Parteitag. In: J. Stalin: Fragen des Leninismus. Berlin 1951, S. 692.

in der Komintern sowie die deutsche Sektion des sowjetischen Schriftstellerverbandes. Die Zeitschrift *Internationale Literatur* modifizierte
1940 ihr Profil.

Sergej Eisenstein wurde vorgeschlagen, Richard Wagners *Walküre*
zu inszenieren. Am 21. November 1940 fand die Premiere der Oper
im Moskauer Bolschoi Theater statt. Der am 29. Juli 1940 aus Frankreich zurückgekehrte Ilja Ehrenburg wurde mit dem Angebot über-
rascht, Artikel zur Entlarvung der „französischen Verräter" zu verfas-
sen. Für die in Frankreich Zurückgebliebenen schien „Hitlers
Wahnsinn" – das tausendjährige Reich – Wirklichkeit zu werden. Die
französische Tragödie des Juni 1940 war ein schicksalhafter Einschnitt
im Leben vieler westwärts gezogener Emigranten.

In der Sowjetunion hatten jetzt gegen Polen und Frankreich aus-
legbare Stücke und Filme wie „Bogdan Chmelnitzkij" „Alexander
Newski" und „Suworow" Hochkonjunktur. Alles, was dagegen
Deutschland als illoyale Geste auslegen konnte, hielten wachsame
Zensoren zurück. Auf höchste Weisung wurde 1941 der Film „Der
Mörder betritt die Straße" von Grigori Lwowitsch Roschal beerdigt.
Stalin scheute sich, daß der stark an die Biographie Hitlers angelehn-
te Streifen die parallelen Leben der Diktatoren aufzeigt. Die Anti-
Hitler-Propaganda blieb auf die Karikatur und Tages-Publizistik be-
schränkt. [12] Später wurden Kampforden nach Alexander Newski und
Bogdan Chmelnitzkij benannt. Stalin „holte sich aus der Geschichte
die fertige Gestalt, die der derzeitigen politischen Lage und dem
gegenwärtigen ideologischen Kampf pragmatisch dienen mochte. Das
ist ablesbar an den Gestalten, die er für Filme auswählte: Alexander
Newski, Suworow, Kutusow, Uschakow, Nachimow. Dabei ist bezeich-
nend, daß mitten im Krieg bei der Stiftung der Suworow-, Kutusow-
Uschakow- und Nachimow-Orden als Ehrungen für Befehlshaber
nicht die im Volke noch lebendiger gebliebenen Kutusow und Nachimow auf den ersten Platz rückten, sondern diejenigen, die an den
Grenzen Rußlands oder außerhalb seiner Grenzen gekämpft und glän-
zende Siege erfochten hatten." [13]

---

12 E. Gromow: Stalin, vlast' i iskusstvo, a.a.O., S. 316/317.

НА ЭКРАНЫ КИНОТЕАТРОВ ВЫПУСКАЕТСЯ

БОЛЬШОЙ ХУДОЖЕСТВЕННЫЙ
ИСТОРИЧЕСКИЙ ФИЛЬМ

«СУВОРОВ»

15 In die Filmtheater kommt: Der grandiose Historien-Film „Suworow".

Auch in der bildenden Kunst jener Zeit waren glückliche Bilder gefragt. Etwa solche, wie sie der russische Maler Sergej Gerassimow, ab 1940 Vorsitzender des sowjetischen Künstlerverbandes, auf die Leinwand brachte. Typisch war sein Ölgemälde „Stalin auf dem 18. Parteitag" von 1939. André Gide hat in seinem Reisebericht aus Sowjetrußland 1937 einmal bemerkt: „In Tiflis habe ich eine Ausstellung moderner Malerei sehen dürfen, über die kein Wort zu verlieren gewiß höflich wäre... Zweifellos waren diese Künstler keine ‘Formalisten'. Ihr Unglück war nur, daß sie auch keine Maler waren!"[14]

Am 9. Juli 1940 teilte Stalin Iwan Grigorjewitsch Bolschakow seine Vorschläge zur Gestaltung des Drehbuchs des Films „Suworow" mit. Bolschakow gab sie an Wsewolod Illarionowitsch Pudowkin, den Regisseur weiter. Alles zu berücksichtigen war nicht mehr möglich. Pudowkin änderte einige Massenszenen. Als der Film in die Kinos kam wurde er mit dem Stalinpreis erster Klasse ausgezeichnet. Stalin hatte ein gutes Gedächtnis und empfahl nach diesem gelungenen Film

13 K. Simonow: Aus der Sicht meiner Generation, a. a. O., S. 184.
14 A. Gide: Zurück aus Sowjetrußland. in: Gesammelte Werke VI, 2. Band, Stuttgart 1996, S. 89.

über Aleksander Wassiljewitsch Suworow einen Film über den Feldherren Suworow zu produzieren.[15] Pudowkin wußte um den Geschmack des „Zuschauer Nr.1", dem er Anfang 1940 den Artikel *Freund und Lehrer* gewidmet hatte. Als Ilja Ehrenburg aus Paris nach Moskau zurückkehrte, durfte er keine einzige Zeile gegen Deutschland veröffentlichen. Inzwischen war Hitler in Paris. Im Invalidendom verweilte er lange vor dem Sarkophag Napoleons, dessen Fehler er nicht wiederholen wollte.

„Im Juni", notierte Sándor Radó in seinen Memoiren, „konnten wir in Genf den Kanonendonner hören, der den letzten, bis zum Waffenstillstand anhaltenden Widerstand der Soldaten in der französischen Festung Fort d'Écluse, von der aus das Tal der Rhóne verteidigt wurde, begleitete."[16]

Es gab aber auch andere Wahrnehmungen: „Auf den verdunkelten Straßen von Paris hörte ich nur Gutes über die Deutschen", erinnert sich Adam Rayski, der am 14.Juli 1940 auf dem Bahnhof Montparnasse in Paris ankam, um in den Reihen der exilpolnischen Armee zu kämpfen. „'Oh, wissen Sie, sie sind wirklich nett'. An den Wänden klebte das allgemein bekannte Plakat: ein Soldat der Wehrmacht, der auf dem Arm ein glückliches Kind hält."[17]

Plechanows Witwe Rosalija Michajlowna verließ die Sowjetunion 1939. In ihrem *Tagebuch* beschreibt sie den Einmarsch der Wehrmacht in Paris – in der Nacht vom 13. zum 14.Juni 1940 ist aus dem freiesten Land der Welt ein geknechtetes und erniedrigtes geworden. „Wie wird das alles enden? ... Was wird mein Vaterland unternehmen?"[18] – Es unternahm unter anderem die offizielle Aufforderung an Ehrenburg, aus dem im August 1940 begonnenen Roman *Der Fall von Paris* alle Hinweise auf die „Faschisten" zu tilgen. Am 6.August 1940 sah Ribbentrop Grund, bei Sowjetbotschafter Alexander Schkwartzew

---

15 E. Gromow: Stalin, vlastí i iskusstvo. Moskwa1998, S.220/221.

16 Sándor Radó: Dora meldet, Berlin 1974, S.132.

17 Adam Rayski: Zwischen Thora und Partei. Lebensstationen eines jüdischen Kommunisten. Freiburg im Breisgau 1987, S.57.

18 „Ja gluboko stradaju za francuzskij narod". Dnevnikovye zapisi R. M. Plechanovoj 1939-1941. [Übers. d. Sacht.: Ich leide mit dem französischen Volk.] In: Istoričeskij Archiv, 1998, 2, S.179-206; hier S.187.

gegen „Hetzartikel", die „Ausfälle gegen die Deutsche Regierung" enthalten, zu protestieren. Es handelte sich um in der Sowjetunion erschienene Artikel der KPD-Führung. „Mit keinem Wort gab der Reichsaußenminister zu erkennen, daß er die Quelle kannte; er hielt die Fiktion aufrecht, als bestehe zwischen der Auffassung der Sowjetregierung und der für den Artikel Verantwortlichen ein erheblicher Unterschied... Der Zwischenfall wegen des KPD-Manifestes war bald vergessen – es gab andere, schwerwiegende Anlässe zu Streitigkeiten zwischen Deutschland und der Sowjetunion."[19]

„'Zum Jahrestag des deutsch-russischen Nichtangriffsvertrages sollen keine eigenen Erinnerungsartikel geschrieben werden. DNB gibt eine Notiz heraus, die zum Abdruck frei ist. Eigenberichte aus Moskau sind vorlagepflichtig. (V.I. 20.8.1940)' In diesen Wochen fällt in den deutschen Presseanweisungen für Moskau kein freundschaftliches Wort mehr. In schneller Folge treten immer neue politische Gegensätzlichkeiten in Erscheinung... Eine Entspannung des deutsch-sowjetischen Verhältnisses bedeutete es, daß die *Prawda* einen – offenbar von Stalin selbst inspirierten – Artikel veröffentlichte, der gewissermaßen das Placet der Sowjetunion zum Dreimächtepakt zum Ausdruck brachte."[20]

Eine Abkehr von dieser „Linie" zeichnete sich in der Sowjetunion erst im Frühjahr 1941 ab, obwohl die diplomatischen Spannungen zwischen der Sowjetunion und Deutschland schon seit Molotows Herbst-reise 1940 nach Berlin und den hier vom sowjetischen Außenminister vorgebrachten sog. „dreisten Forderungen", wie das intern hieß, am 12. und 13. November 1940 deutlich hervortraten.[21] Ein von Molotow in Vorbereitung auf die Reise erarbeitetes Papier enthält die Ziele der russischen Delegation. 1) Aufklärung der geopolitischen Ziele Deutschlands, 2) Erläuterung der Interessensphäre der UdSSR

---

19 Ph. W. Fabry: Die Sowjetunion und das Dritte Reich. Eine dokumentierte Geschichte der deutsch-sowjetischen Beziehungen von 1933 bis 1941. Stuttgart 1971, S. 414.
20 H. Sündermann: Tagesparolen. Deutsche Presseanweisungen 1939-1945. Hitlers Propaganda und Kriegsführung. Leoni 1973, S. 154/155.
21 Ein Bericht über Molotows Aufenthalt in Berlin und die Verhandlungen mit Hitler ist enthalten in: Valentin M. Bereshkow: Erlebte Geschichte 1940 - 1943. Dolmetscher und Diplomat gegen Faschismus und Krieg. Frankfurt am Main 1986, S. 21-40.

in Europa und Asien und Herbeiführung einer Einigung mit Deutschland und später mit Italien; 3) als über den Vertrag von 1939 hinausgehende, zusätzliche Interessensphären: Finnland, die Donauregion und Bulgarien, Mitsprache bei Entscheidungen bezüglich der Türkei, des Iran, Rumäniens und Ungarns; Information von Seiten der Achse über ihre Pläne in Griechenland.[22]

In der deutschen Tagespresse war davon nichts zu merken. „Am 14. November 1940 sollte laut ‚Tagesparole‘ der Abschied Molotows von Berlin die Aufmachung der Presse bilden, wobei das gemeinsame Abschluß-Kommuniqué im Mittelpunkt zu stehen habe. Die Kommentierung sollte nach einer vom DNB herausgegebenen Anweisung erfolgen. Dabei war wiederum zu betonen, daß es Deutschland und der UdSSR immer schlecht ergangen sei, wenn sie gegeneinander Politik getrieben und in Feindschaft gelebt haben. Die Verträge von 1939 hätten sich für beide Länder vorteilhaft bewährt. Der Besuch Molotows habe erneut der ‚Erneuerung und Vertiefung‘ der freundschaftlichen Beziehungen zwischen Deutschland und der UdSSR gedient, und es heißt weiter wörtlich: ‚Die aktuellen, beide Staaten interessierenden Fragen wurden in persönlichen Gesprächen zwischen dem Führer und Herrn Molotow und zwischen dem Außenminister und Herrn Molotow in ausführlichen und freundschaftlichen Gesprächen erörtert, und es zeigte sich, daß ein Einvernehmen der beiden Regierungen besteht in der Beurteilung aller wichtigen Fragen. Deutschland sieht in der Politik, die im vorigen Jahr begonnen wurde, eine feste und dauerhafte Grundlage einer Zusammenarbeit.‘“[23]

Die Übernahme der Ministerpräsidentschaft durch Stalin am 6. Mai 1941 und das „Zurückschieben Molotows in den Hintergrund können nicht anders ausgelegt werden und werden hier nicht anders ausgelegt, als daß dadurch die sowjetische Außenpolitik der letzten Monate desavouiert werden soll", stellte der Botschafter Schulenburg im Bericht über die *Beurteilung der deutsch-sowjetischen Beziehungen in den diplo-*

---

22 Zit. nach: M. Narinskij: Kreml i Komintern v 1939-1941 godach. [Der Kreml und die Komintern 1939-1941] In: Svobodnaja mysl' (Moskau), 1995, Heft 2, S. 20.
23 Kriegspropaganda 1939-1941. Geheime Ministerkonferenzen im Reichspropagandaministerium. Stuttgart 1966, S. 566.

matisch-politischen Kreisen Moskaus fest.[24] „Dieses in der Welt stärkstens beachtete Ereignis wird von Hitler kurz abgetan: , Die Umbesetzung des Vorsitzenden des Rates der Volkskommissare der UdSSR soll in der DNB-Fassung ohne Kommentar im Innern der Blätter abgedruckt werden. (TP 7.5.1941)'"[25]

Stalin rief am 24. April 1941 Ilja Ehrenburg an und sicherte ihm die Veröffentlichung des dritten Teiles seines Romans *Der Fall von Paris* zu. Vier Tage zuvor hatte die Zensur die Veröffentlichung des zweiten Teils verboten. Ehrenburg behielt einen kühlen Kopf und wurde bald – als er und seine Romane wieder gebraucht wurden – 1942 mit dem Stalinpreis ausgezeichnet. So war es dann später auch im Filmwesen. Die von Efim Dsigan inszenierten Vorkriegs-Filme „Wir aus Kronstadt" und „Wenn morgen Krieg ist" wurden jetzt mit dem Stalinpreis zweiter Klasse ausgezeichnet.

Die erste Rede Stalins nach einem monatelangen Schweigen seit März 1939, nämlich seine Ansprache während des Empfangs für die Absolventen der Militärakademien am 5. Mai 1941, enthielt Hinweise auf den – mittelfristig – einkalkulierten Angriffskrieg.[26] „Ein Generalmajor der Panzertruppen ergreift das Wort und bringt einen Trinkspruch auf die Stalinsche Außenpolitik aus. Gen. Stalin: 'Gestatten Sie eine Korrektur. Die Friedenspolitik hat unserem Land den Frieden gesichert. Die Friedenspolitik ist eine gute Sache. Bisher war unsere Linie die der Verteidigung – sie war es so lange, bis wir unsere Armee umgerüstet haben, bis wir sie mit moderner Kampftechnik ausgestattet haben. Jetzt, nachdem wir unsere Armee rekonstruiert, nachdem wir sie mit Technik für die moderne Kampfführung ausgestattet haben, nachdem wir stark geworden sind – jetzt muß man von der Verteidigung zum Angriff übergehen. Indem wir die Verteidigung unseres Landes organisieren, sind wir verpflichtet, offensiv[27] zu han-

---

24 Sowjetstern und Hakenkreuz 1938-1941. Berlin 1990, S. 333.
25 H. Sündermann: Tagesparolen. Deutsche Presseanweisungen 1939-1945. Hitlers Propaganda und Kriegsführung. Leoni 1973, S. 164.
26 Kratkaja zapis' vystuplenija t. Stalina na vypuske slušatelej akademij Krasnoj Armii v Kremle 5 maja 1941 g. [Mitschrift der Rede Stalins... am 5. Mai 1941] In: Istoričeskij archiv, 1995, 2, S. 26-30.
27 In der Quelle steht „dejstvovat' nastupatelínym obrazom" – wörtlich: „angreifend vorzugehen".

deln. Wir müssen von der Verteidigung zu einer Militärpolitik der Angriffsoperationen übergehen. Wir müssen unsere Erziehung, unsere Propaganda, unsere Agitation, unsere Presse im offensiven Geiste umgestalten. Die Rote Armee ist eine moderne Armee und eine moderne Armee ist eine angreifende Armee.'".[28] Stalins Rede kann als Antwort auf die Rede von Hitler am 4. Mai 1941 im Reichstag verstanden werden, in der dieser die sowjetischen Interessen im Süden Europas zurückwies. Stalin war vom nächsten Tag an, dem 6. Mai 1941, Vorsitzender des Rates der Volkskommissare.

Aber auch jenseits der Grenzen wurde geplant. In der Bendlerstraße in Berlin gediehen die Szenarien für das „Unternehmen Barbarossa", das jenem scheinbar heil- und hilflosen 'Geschlossenen Handelsstaat' im Osten den Garaus machen wollte, gerade in diesem Jahr 1940 prächtig. Stalin wollte das, auch konfrontiert mit harten Geheimdienstnachrichten, bis zum 22. Juni 1941 nicht wahrhaben. Als ihm zehn Jahre später die zweite Auflage der *Kurzen Lebensbeschreibung*, die zu seinem 70. Geburtstag ausgeliefert werden sollte, zur Korrektur vorgelegt wurde, fügte der „Führer und Lehrer aller Werktätigen" in den ersten Satz seiner Rundfunkrede vom 3. Juli 1941 die im folgenden kursivierten Wörter ein: „Am 22. Juni 1941 hat das imperialistische Hitlerdeutschland *den Nichtangriffspakt brutal verletzt und* wortbrüchig einen *überraschenden* Überfall auf die Sowjetunion unternommen."[29]

Im Sommer 1940 kam der Film „Das Gesetz des Lebens" in die Kinos. Genaugenommen entsprach dieser Film von Aleksander Awdejenko der offiziellen Linie der Kritik am Karrierismus und der moralischen Zersetzung. Als negativer Held fungierte der Sekretär des Gebietskomitees des Komsomol, der Genosse Ognerubow. Weder Andrej Januarjewitsch Wyschinski, stellvertretender Vorsitzender des Rates der Volkskommissare, noch Iwan Grigorjewitsch Bolschakow, Vorsit-

---

28 3-vystuplenie tovarišča Stalina na prieme. In: Istoričeskij archiv, 1995, 2, S. 30.
29 I. V. Stalin sam o sebe. [Übers. d. Sacht.: Stalin über sich selbst.] In: Izvestija CK KPSS, 1990, 9, S. 114, 122. Siehe auch: Josef Wissarionowitsch Stalin. Kurze Lebensbeschreibung. Berlin 1950, S. 191.

16 *Ogonjok* Nr. 19, 10. Juli 1940. 3. Umschlagseite.
Filmwerbung für „Das Gesetz des Lebens".
Untere Zeile: Sehen Sie die neuen Filme „Aschenputtel" und „Das Gesetz des Lebens".

zender des Komitees für Film beim Rat der Volkskommissare hatten Einwände gegen die Freigabe des Films gehabt. Deshalb schlug der am 15. August 1940 in der *Prawda* veröffentlichte redaktionelle Artikel *Ein verlogener Film* wie ein Blitz aus heiterem Himmel ein. Der Film wurde abgesetzt, im Filmkomitee übte man vorsorglich Selbstkritik.

Aber damit war die Sache nicht aus der Welt. Am 9. September 1940 fand im ZK der KPdSU(B) eine Beratung über den Film statt. Anwesend waren Stalin, seine Gefolgsleute, der Vorsitzende des Filmkomitees, die Leitung des Schriftstellerverbandes und die Regisseure des Films. Die Leitung der Beratung hatte der Sekretär für Ideologie Shdanow inne. Stalin beteiligte sich an der Debatte.[30] Es war natürlich bekannt, daß öffentliche künstlerische Kritik leicht als Entstellung der sowjetischen Wirklichkeit ausgelegt werden konnte. Alexander

---

30 Das Stenogramm der Sitzung ist in Auszügen veröffentlicht in: A. Latyšev: Stalin i kino. [Übers. d. Sacht.: Stalin und das Kino.] In: Surovaja drama narodov. Moskva 1989, S. 501-504.

Ostapowitsch Awdejenko war wider Willen zu weit gegangen und hatte die von Stalin formulierte Aufgabe, das Filmwesen habe zur Erhöhung der politischen Kampfkraft der Massen beizutragen, mißverstanden.

Worauf legte Stalin Wert? Er wollte den Gegner als Feind, nicht als Monster dargestellt sehen. Auch Feinden sind menschliche Züge eigen, belehrte er die anwesenden Künstler. Unklar sei ihm geblieben, was der Autor eigentlich unter dem „Gesetz des Lebens" versteht. Vielleicht liegt das daran, daß er nur die Gegner zeigt und auf die Darstellung der Sieger der Geschichte verzichtet. Auf die proletarische Herkunft Awdejenkos eingehend, wandte sich Stalin einem Lieblingsthema, dem Enttarnen von Spionen und dem, was er in einem anderen Zusammenhang die „biologistische Methode" nannte, zu. Auch die Arbeiterklasse setzt sich aus einzelnen Menschen zusammen und nicht jeden von ihnen kann man mit Gold aufwiegen. Was Awdejenko zeigt, kann nicht als Ausdruck des Denkens und Fühlens des Vortrupps angesehen werden, der anderen „Gesetzen des Lebens" folgt, faßte Stalin zusammen. [31]

Jewgeni Jewtuschenko berichtete in seinen Memoiren von einem Ausspruch Stalins gegenüber einem ratlosen Literaturfunktionär im Umgang mit Schriftstellern. Als Dimitri Alexejewitsch Polikarpow bei Stalin nachsuchte, ihn von seiner Aufsicht gegenüber den Literaten zu entbinden und ihm eine weniger frustrierende Arbeit anzuweisen – denn Schriftsteller seien schlechte Menschen, noch dazu so oder so Feinde der Sowjetmacht... da gibt ihm Stalin zur Antwort: „Alles richtig, Genosse Polikarpow, alles richtig. Unsere Schriftsteller sind tatsächlich fast alle Säufer, Weiberhelden und heimliche oder offene Sowjetfeinde. Aber der gerechte Zorn unseres Volkes hat bereits die begabtesten der schädlichen Schriftsteller vernichtet. Was tun mit den übrigen? Jedes Land, das auf sich hält, Genosse Polikarpow, kann nicht ganz ohne Schriftsteller sein. Ich habe keine anderen Schriftsteller für Sie, Genosse Polikarpow. Also arbeiten Sie mit diesen." [32]

---

31 E. Gromov: Stalin., vlast' i iskusstvo, a. a. O., S. 257.
32 J. Jewtuschenko: Der Wolfspass. Berlin 2000, S. 176 f.

Daß Stalin selber Trinkgelage veranstaltete und über die stadtbe-
kannten Zechtouren führender „Meister des Wortes" und „Ingenieu-
re der Seele" hinwegsah, war allen Beteiligten bekannt. So hatte beispielsweise Alexej Tolstoi, ein stadtbekannter Hedonist, seit der
Veröffentlichung des Romans *Brot*, der von der Verteidigung von Zari-
zyn handelte, bei Stalin einen Stein im Brett. [33]

Stalins Wort war Gesetz. 1937 gratulierte er Michail Romm nach
der Premiere zu dessen Film „Lenin im Oktober" und merkte eher
beiläufig an, daß die Aussage des Films ohne (mythische) Schlüssel-
szenen, wie die Verhaftung der Provisorischen Regierung oder den
Sturm auf das Winterpalais unklar bleibe. Der Film wurde eingezogen, die Szenen nachgedreht und einmontiert. Einen Monat später war der alte neue Film wieder in den Kinos. Pünktlich zum
60. Geburtstag Stalins am 21. Dezember 1939 legte Romm den nächsten Film vor: „Lenin im Jahre 1918". Stalin war zufrieden, auch über
den neuen Stalin-Darsteller.

Interessant ist, daß auf der Beratung vom September 1940 nur einziger Teilnehmer, Nikolai Nikolajewitsch Assejew, wagte, dem Dis-
kussionsteilnehmer Stalin zu 'widersprechen'. Er erinnerte daran, daß
jeder Satz von Stalin einer Direktive gleichkommt. Stalin stimmte zu
und gab nach. 1941 erhielt Assejew den Stalinpreis für das Poem *Majakowski beginnt*. Awdejenko aber, dessen Film die Tagung mit dem obersten Kritiker ausgelöst hatte, wurde aus dem Schriftstellerverband
ausgeschlossen, aus der Redaktion der *Prawda* entlassen und aus Wohnung gesetzt. Bis 1943 arbeitete er in einem Bergwerk und ging dann
an die Front. Als sich David Iosifowitsch Ortenberg, Chefredakteur
der Armeezeitung *Krasnaja Swesda* bei Stalin erkundigte, ob er Beiträge von Awdejenko drucken darf, stimmte Stalin zu: „Sie dürfen. Awdejenko hat seine Schuld gesühnt."

Im Anschluß an die Disziplinierung der Filmschaffenden wendet
sich Stalin dem Theater zu. Am 16. September 1940 verbietet das
Orgbüro des ZK der KPdSU(B) das Stück von Leonid Maximowitsch
Leonow *Der Schneesturm*. Am 18. September wiederholt das Politbüro

33 A. Tolstoi: Brot. Berlin 1953.

das Verbot. Alles läuft so ab, wie kurz zuvor beim Streit über das „Gesetz des Lebens". Diesmal wird der Schuldige allerdings nur abgestraft und darf 1946 sogar als Abgeordneter in den Obersten Sowjet der UdSSR einziehen.

Russische Autoren, die über Stalins Kulturpolitik schreiben, kommentieren in diesem Zusammenhang zwei Beschlüsse des ZK der KPdSU(B) aus dem Jahre 1940. Es handelt sich um die Beschlüsse „Über die Arbeit des Staatsverlages und den thematischen Publikationsplan der schöngeistigen Literatur für 1940" vom 13. Juli 1940 und „Über Literaturkritik und Bibliographie" vom 2. Dezember 1940. Gegen den Schriftstellerverband und seinen damaligen Vorsitzenden Alexander Alexandrowitsch Fadejew wurde, das geht aus den im Archiv von Andrej Alexandrowitsch Shdanow enthaltenen Unterlagen hervor, eine großangelegte Kampagne vorbereitet. Die berichteten Eingriffe waren nur die Vorscharmützel, sie dienten der Einstimmung der Öffentlichkeit auf den Hauptschlag.

Juni – Landnahmen

> Kommt Mägdelein, kommt Burschen, herbei
> zum Tanz spielt uns heut' die Schalmei
> Wir bauen eine beßre Welt, gerecht und glücklich.
> Ja, wir atmen wieder frei.
> *Lied auf Stalin (Aus dem Rumänischen).*

Der Zugewinn an Landmasse war 1940 enorm. Es konnten vom 26. bis 30. Juni 1940 im Süden die Bukowina und Bessarabien von Rumänien getrennt werden, im Norden wurde nach anfangs militärisch blamablen Aktionen gegen Finnland (30. November 1939 bis 12. März 1940) ein neues Hinterland für Leningrad gewonnen und schließlich gerieten im Sommer 1940 die drei baltischen Republiken unter Sowjetherrschaft. Während des Finnlandkrieges 1939/40 wurde ein altes russisches Genre, der Lubok, wiederentdeckt, eine Art russischer Comic. Einer der ersten Bilderbogenhelden war der brave Soldat Wassilij Tjorkin. Die Texte verfaßten Nikolai Tichonow, Alexander Twardowski, Wissarion Sajanow, N. Schtscherbakow, S. Waschenzew und Z. Solodar. [1]

Die Besetzung der baltischen Republiken hatte eine rein imperialistische Ausstrahlung. „Wenn das, was dort nach der Annexion geschah, das Kommende vorwegnimmt, dann sind auch hier Massendeportationen und die Neubesiedelung von Städten und Dörfern ... zu gewärtigen. Eine solche Aussicht stellt sich dem Bewußtsein der Bedrohten ... wie eine Art Jüngstes Gericht dar. So ist die Einverleibung der baltischen Staaten zu einem nicht zu unterschätzenden psychologischen Faktor geworden: bei seiner täglichen Gewissenserforschung wägt der Bewohner eines der bedrohten Länder seine Worte und Taten ... danach ab, wie sie ihm in der Zukunft angerechnet werden könnten." [2]

---

1 „Eto on, ljubimyj vsemi." [Übers. d. Sacht.: Das ist er, der von allen Geliebte...] In: Istočnik, 1994, 4, S. 59-62.
2 C. Milosz: Verführtes Denken. Köln – Berlin 1955, S. 233.

Der Mitbegründer der Kommunistischen Partei Finnlands Otto Kuusinen wurde 1940 zum Vorsitzenden des Präsidiums des Obersten Sowjets der Karelo-Finnischen Sowjetrepublik ernannt. Juri Andropow – der Generalsekretär der KPdSU in den siebziger Jahren – wurde 1940 nach Petrosawodsk, in die neu geschaffene Karelo-Finnische Republik geschickt, wo er die Führung des Komsomol, der „Kampfreserve" der KPdSU(B), übernahm. Der junge Funktionär wußte um den Blutzoll der Roten Armee im Finnland-Krieg. Auf einen getöteten oder verwundeten finnischen Soldaten kamen zwischen 2 und 8 getötete oder verwundete Rotarmisten. [3]

1939, nach Abschluß der Verträge war der Tonfall der deutschen Kommentare dazu noch ganz neutral: „Die Sowjets haben also ihr Fenster zur Ostsee wieder weit aufgemacht. Das Gesetz des Raumes und die Macht der Geschichte war auch hier in der Ostsee stärker als Versailles. Die Sowjetunion hat ihren Vorhof, den man in Versailles auf den innersten Winkel des Finnischen Meerbusens beschränkt hatte, wieder beträchtlich erweitert. Die Erinnerung daran, daß Peter der Große von der Ostsee aus das Fenster nach dem Westen aufstieß, ist in der Sowjetunion keineswegs verlorengegangen. ...Leningrad hat

[3] „Zimnjaja vojna": cena pobedy. [Übers. d. Sacht.: Winterkrieg: Der Preis des Sieges.] In: Moskovskie novosti, 3.12.1989, S.7.

---

17 *Krokodil* Nr. 4, Februar 1940, Seite 14: Lubok über Wasja Tjorkin.

Von links oben nach rechts unten:

1) „Halt, Stehenbleiben! Rühr dich nicht vom Fleck!" Nach einer Minute liegt der Bandit im Schnee. „Den Brief werde ich selber dem Stab des Feindes zustellen."
2) In der Uniform des Weißfinnen erscheint Tjorkin im Stab der Feinde und übergibt mit Unschuldsmiene ohne viele Worte zu machen den leeren Umschlag.
3) Der Kundschafter nimmt alle auf dem Tisch liegenden Dokumente an sich, als der Stabsoffizier den Raum verläßt.
4) „Jetzt entkommt der mir nicht und ich werde ihm eine Kugel verpassen!" Aber unser Held bemerkt den Verfolger und gräbt sich in eine Schneewehe ein.
5) „Wohin? Halt, halt, mach' keine Faxen!" Wer eilt da auf Skiern herbei? Ich bin ein guter Jäger, das Wild kommt von selbst zu mir!
6) Den Weg wird dir mein Bajonett weisen, habe den Auftrag in Ehren erfüllt, die Pläne besorgt und eine „Zunge" dazu.

„Ни с места! Стой!" Через минуту
Бандит остался на снегу ...
„Письмо по точному маршруту
Я сам доставлю в штаб врагу".

Одевшись в форму белофинна
Явился Теркин в штаб врагов.
Вручает он вполне невинно
Пустой пакет без лишних слов.

Чего стоять теперь без толку?
Пошел штабной решать дела ...
Собрал разведчик втихомолку
Все документы со стола!

„Теперь его не проворою!
Получит Теркин пулю в лоб!"
Но видит наш герой погоню
И зарывается в сугроб.

„Куда? Постой, постой, не балуй!"
Смотрю: на лыжах кто спешит?
Охотник я веьма бывалый,
А на ловца и зверь бежит!

Закончили прогулку вместе,
Куда идти? Покажет штык!...
Заданье выполнено с честью:
И план доставлен и „язык".

sich in der Flanke gesichert. ...Die Gefahr eines kriegerischen Konfliktes zwischen Deutschland und der Sowjetunion ist beseitigt."[4]

Außenpolitisch war der Zeitpunkt der 'Fensteröffnung' also günstig. Innenpolitisch sah es eher nach weiterer Fensterschließung aus. Im September 1940 begann auf dem Gebiet der UdSSR der Umtausch der alten sowjetischen Pässe. Für 175 Städte und 460 Gebiete des Landes galten hierbei Sonderregelungen.[5]

Am 28. März 1940 wurde auf Befehl des Generalstabes der Roten Armee eine Kommission zur Dokumentation des Finnischen Krieges gebildet. Dieser Befehl hing mit Woroschilows Referat „Über die Lehren des Krieges in Finnland" auf dem Plenum des ZK der KPdSU(B) vom 26. bis 28. März 1940 zusammen. Am 11. Juni 1940 begann die Arbeit am Manuskript des Buches, dessen Fertigstellung durch den Ausbruch des Großen Krieges gegen Hitler, der dann sowjetamtlich der „Große Vaterländische" hieß, verhindert wurde.[6]

Bessarabien und die Nordbukowina wurden zur Moldauischen Unionsrepublik zusammengeschlossen. Aus den „Sklaven der rumänischen Bojaren" würden über Nacht freie Bürger mit einer eigenen Kultur, die, wie die Formel hieß, ihrer Form nach national, ihrem Inhalt nach sozialistisch sei.

Vor dem Einmarsch der Roten Armee in die neuen Gebiete wurden die Politoffiziere über die Auslegung der Okkupation als Befreiungstat instruiert. Sie hatten die Aufgabe, schrieb Lew Mechlis, Leiter der politischen Hauptverwaltung der Roten Armee, am 21. Juni 1940 in einer Direktive an die Politabteilungen, den befreiten Arbeitern und Bauern „das glückliche und freudvolle Leben der Arbeiter und Bauern in der UdSSR vor Augen zu führen. Es muß erklärt werden, wie die Arbeiter und Bauern in der UdSSR das Land ohne Kapitalisten und Gutsbesitzer regieren. Dem ist die Rechtlosigkeit der Arbeitern und Bauern in Rumänien gegenüberzustellen. Der prinzipielle

---

4 W. Pähl: Weltmacht Sowjetunion. Leipzig 1939, S. 57/58.
5 „Izmenenija pasportnoj sistemy nosjat principial'no važnyj charakter." [Übers. d. Sacht.: Die Änderungen im Paßwesen sind außerordentlich prinzipieller Natur.] In: Istočnik, 1997, 6, S. 112/113.
6 „Prodolžaem prodvigat'sja v glub' Bezujutnoj Strany." [Übers. d. Sacht.: Wir bewegen uns weiter in die Tiefe eines unwirtlichen Landes.] In: Istočnik, 1993, 3, S. 30.

18 *Krokodil* Nr. 26, September 1939. Titelblatt. *Zeichnung: I. Semjonow.*
„Hilfe und Hoffnung (in Westbjelorußland).“
„– Mit diesem letzten Brotlaib empfangen wir die Rote Armee. Dann wird es schon mehr Brot geben.“
Hintergrundzeile: „Wir werden in Freiheit leben, ein glückliches Leben ohne Pans und Kapitalisten führen!“

Unterschied zwischen dem zaristischen Rußland – dem Völkerge-
fängnis – und der Sowjetunion – dem Bruderbund der befreiten Völker –, ist deutlich zu machen." [7]

Worum es der sowjetischen Führung letztlich ging, brachte Wjatscheslaw Molotow im Juli 1940 während eines Gespräches mit Juoa-
zas Urbšys, dem Außenminister der bürgerlichen Regierung Litauens
auf den Punkt: „Der geniale Lenin irrte nicht, als er uns versicherte,
daß der Zweite Weltkrieg es uns ermöglichen wird, die Macht in ganz
Europa zu erobern, so wie der Erste Weltkrieg es uns ermöglicht hat,
die Macht in Rußland zu erobern". [8]

Genau genommen war es die Rückkehr zu dem auf dem 18. Parteitag der KPdSU(B) im März 1939 von Stalin verkündetem Kurs: „Die
bürgerlichen Politiker wissen natürlich, daß der erste imperialistische
Weltkrieg den Sieg der Revolution in einem der größten Länder mit
sich gebracht hat. Sie fürchten, der zweite imperialistische Weltkrieg
könnte ebenfalls zum Siege der Revolution in einem oder in mehreren Ländern führen". [9]

Dabei schien jetzt auf diplomatischem Wege besser zu gelingen,
was militärisch – an der Nordfront, im Krieg gegen Finnland – fast
zum Scheitern geführt hätte. „Rußland ist", schrieb Benito Mussolini
am 3. Januar 1940 an Adolf Hitler, „ohne einen Schlag zu tun, in Polen
und im Ostseegebiet der große Nutznießer des Krieges gewesen." [10]

Der in Deutschland im Widerstand gegen das Naziregime mitar-
beitende Marburger Romanist Werner Krauss kommentierte diese
Entwicklung so: „Die nach allen alten Regeln durchgeführte Sowjet-
isierung der drei Länder [des Baltikums - die Vf.] wurde hier als Pro-
vozierung empfunden, da die Illusion damit zerstreut ist, daß dieses
Verfahren eine rassische Schranke wie in Ost-Polen habe. Die rabot-

7   Razjasnit' Rumynskim soldatam beznadežnost' vojny protiv SSSR." [Übers. d. Sacht.: Den
    rumänischen Soldaten die Hoffnungslosigkeit des Krieges gegen die UdSSR klar machen.]
    In: Istočnik, 1995, 3, S. 68.
8   Zit. nach: A. N. Sacharov: Vojna i sovetskaja diplomatija 1939-1945 gg. [Übers. d. Sacht.:
    Krieg und sowjetische Diplomatie.] In: Voprosy istorii. 1995, 7, S. 29.
9   J. Stalin: Rechenschaftsbericht an den XVIII. Parteitag. In: J. Stalin Fragen des Leninismus.
    Berlin 1951, S. 687.
10 Sowjetstern und Hakenkreuz 1938-1941, a. a. O., S. 285.

19 *Ogonjok* Nr. 16, 10. Juni 1940. 3. Umschlagseite.
„Zur Beachtung den Zeichnern von Staatsanleihen – Obligationen – des dritten Fünfjahrplanes (im zweiten Jahr).
Die erste Runde der Gewinnauslosung [...] findet am 11. und 12. Juli d. J. in der Stadt Leningrad statt. Ausgelost werden 74 Lose zu 3000 Rubeln [...]"
Unterste Zeile: „Hauptverwaltung Staatliche Sparkassen und Kreditwesen."

schii sojus hat im ausdrücklichen Hinblick auf die im Verfolg des '2. imperialistischen Krieges' entstandene Lage und die in ihr jederzeit mögliche neoshidannost die 56 Stundenwoche in allen sawody eingeführt."[11]

Der neue Volkskommissar für Auswärtige Angelegenheiten, Wjatscheslaw Molotow, dessen 50. Geburtstag am 9. März 1940 in der gesamten Sowjetunion feierlich begangen wurde, erhielt für „hervorragende Verdienste um die Organisation der Bolschewistischen Partei und die Schaffung und Festigung den Sowjetstaates" den Lenin-Orden. Die Stadt und das Gebiet Perm (am Ural) wurden in Molotow umbenannt. Zwei Kriegsschulen und eine Fabrik erhielten seinen Namen.

Der militärische Versager Kliment Woroschilow aber wurde am 7. Mai 1940 zum Stellvertretenden Vorsitzenden des Rates der Volkskommissare und Vorsitzenden des Komitees für Verteidigung beim Rat der Volkskommissare heruntergestuft. 15 Jahre lang, seitdem er die Nachfolge des begabten Frunse angetreten hatte, wurden die militärischen Belange des Landes von ihm mehr schlecht als recht geführt. Jetzt blieb ihm nur noch die Erinnerung an die Zeit, als er mit dem Karabiner über der Schulter und an seiner Seite Stalin mit dem Nußbaumstecken, auf Spähtrupp ging. Damals hatte ihm Stalin das Leben gerettet.[12] Das war jetzt vorbei – bis zum 7. Dezember 1940 hatte er das Volkskommissariat für Verteidigung an Marschall Semjon Timoschenko, den bisherigen Befehlshaber des Kiewer Militärbezirkes, zu übergeben. Das Übergabeprotokoll hält den miserablen Zustand der Truppe und der vorhandenen Kampftechnik fest.[13] 90 Prozent der vorhandenen Panzer und 82,7 Prozent des Flugzeugbestands waren veraltet.

11 W. Krauss an Martin und Bertie Hellweg, Brief v. 24. Juni 1940. In: lendemains [Berlin] Jg. 18 (1993), H. 69/70, S. 105. – Rabotschii sojus: Union der Arbeiter, gemeint ist die Sowjetunion; neoshidannost: Überraschung, Unerwartetes; sawody: Fabriken.
12 A. Tolstoi: Brot. Berlin 1953, S. 321.
13 Akt o prieme narkomata oborony Sojuza SSR tov. Timošenko S. K. ot tov. Vorošilova K. E. [Übers. d. Sacht.: Die Akte der Übernahme des Volkskommissariats für Verteidigung der UdSSR durch Gen. Timoschenko von Gen. Woroschilow.] In: Izvestija CK KPSS, 1990, 1, S. 193-209.

20 *Ogonjok* Nr. 27, 30. September 1940. Titelseite. *Foto von S. Gurarij.*
„S. K. Timoschenko verfolgt eine Truppenübung im Besonderen Westmilitär-
bezirk."

In den ersten zwei Monaten des Jahres 1940 wurden sehr viele Mitarbeiter des zentralen Apparates des NKWD von den eigenen Leuten in den Gulag „gepumpt", wie Solshenyzin die Bewegungen jenes Schreckenstourismus' genannt hat. „Wir rühren nur deinen Kopf und die rechte Hand nicht an, den Rest verwandeln wir in ein unförmiges blutiges Stück Fleisch", beschrieben die Untersuchungsführer im Butyrkagefängnis gegenüber Meyerhold die bevorstehende Folter. Sinaida Reich, Meyerholds Ehefrau, war kurz nach der Verhaftung ihres Ehemannes in der Wohnung umgebracht worden. Der Gang in den Keller war den Delinquenten erst nach einem „Geständnis" erlaubt. Wer nicht mehr laufen konnte, wurde zur Hinrichtung getragen. Wer nie gestand, wie Tuchatschewskis Freund, der General Wassili Konstantinowitsch Blücher, wurde im „Verhör" totgeschlagen. So blieb es auch nach Berijas Amtsantritt.

„Wollte man alles, was Menschenhirn sich Schlimmes vorstellen kann, Brutalitäten, Tragik, Wahnwitz, Schmutz für sich nehmen aus jener Zeit und in eins pressen, so wäre dieser Klumpatsch an politischer und moralischer Verworfenheit eben Berija und sein Treiben, auch die Möglichkeit schon seiner langjährigen Existenz unter Stalin – Auswurf augenfällig auch dann noch, als das Zeitalter selbst mit Stalins Tod zu Ende war."[14]

In seiner Rede auf der Erweiterten Sitzung des Militärrates am 2. Juni 1937 hatte Stalin die am Vortag verhafteten hohen sowjetischen Militärs als „deutsche Spione"[15] bezeichnet. Am 11. Juni 1937 waren alle im Schnellverfahren verurteilt und einen Tag später erschossen worden. Zwei Jahre darauf waren es – immer zeitgemäß – nun „polnische Agenten", die das Sowjetland geradezu überschwemmten. Später kamen sie aus den Baltischen Staaten. Sogar Nikolai Jeshow (!) „gestand" nach zehn Monaten „Untersuchungshaft", für den lettischen Geheimdienst spioniert zu haben.

Am 21. September 1940 verhafteten Mitarbeiter des NKWD in Vilnius, der Hauptstadt Litauens, den vor den Faschisten aus Polen geflo-

---

14 K. Simonow: Aus der Sicht meiner Generation, a. a. O., S. 272.
15 „Nevol'niki v rukach germanskogo Rejchsvera". Reč' I. V. Stalina v Narkomate oborony. In: Istočnik, 1994, 3, S. 72.

henen Zionisten Menachim Begin. Der spätere zionistische Terrorist und noch spätere israelische Ministerpräsident war damals 33 Jahre alt. Auf Begins Entgegnung, er müsse laut Verfassung der UdSSR Asyl erhalten anstatt ins Gefängnis gesteckt zu werden, antwortete ihm der Untersuchungsführer, daß er nach sowjetischem Recht verurteilt werde. Der Artikel 58 sei auf die Menschen in aller Welt anwendbar, der einzige Unterschied für die Staatssicherheit ist der Zeitpunkt der Verhaftung des Betreffenden. Das Urteil lautete auf 8 Jahre Freiheitsentzug. Bis zu seiner Entlassung – dann wieder als polnischer Asylsuchender – am 22. September 1941 saß Begin in Vilnius im Gefängnis. [16] Auf den Strassen der neuen Sowjetrepublik hatte er sicher das Lied hören können:

„Freunde, noch brennt euer scheidender Blick,
mahnt uns zur Tat euer Schmerz:
Niemals vergessen wir je euch im Glück,
schlägt doch in uns euer Herz." [17]

Der polnische Schriftsteller Gustaw Herling versuchte bereits im Frühjahr 1940 auf eigene Faust, die von der Sowjetunion besetzten ehemals polnischen Ostgebiete zu verlassen. Er versuchte illegal die Grenze nach Litauen zu überschreiten und wurde dabei von sowjetischen Grenzposten verhaftet. Im Verhör wurde er gefragt, warum er die Sowjetunion verlassen wollte? Herling antwortete: „Ich wollte gegen Deutschland kämpfen." Die Gegenfrage des Untersuchungsführers war: „Aber Sie wissen doch, daß Rußland einen Freundschaftsvertrag mit Deutschland unterzeichnet hat?" Darauf Herling: „Ja. Ich weiß jedoch ebenfalls, daß Rußland weder Frankreich noch England den Krieg erklärt hat." Das spiele keine Rolle, hörte er und fragte weiter: „Und wessen klagen Sie mich nun an?" – „Des Versuchs, die russisch-litauische Grenze zu überschreiten, um gegen die Sowjetunion zu kämpfen." – „Könnten Sie nicht", erwiderte Herling, „an Stelle ‚gegen die Sowjetunion', ‚gegen Deutschland' sagen? Ein

16 Delo sionista Menachema Begina. [Übers. d. Sacht.: Der Fall des Zionisten Begin.] In: Memorial Aspekt, Nr. 5–6, Moskau–Petersburg 1994, S. 10.
17 I. Frenkel: Stalin mit uns. [Deutsche Nachdichtung: Alexander Ott] In: Arbeiterliederbuch, Berlin 1952, S. 17.

Schlag ins Gesicht brachte mich wieder zur Raison. ‚Das kommt im übrigen auf dasselbe hinaus', tröstete mich der Richter, als ich das Schuldbekenntnis, das er mir vorgelegt hatte, unterschrieb.[18]

Solche unfreiwillig schwarze Komik trug vielleicht dazu bei, daß die noch Lebenden schließlich überleben konnten.

„Alle diese Prozesse, Säuberungsaktionen und Liquidierungen, die damals so gewaltsam schienen und in der ganzen Welt Empörung hervorriefen, stellen sich heute klar und deutlich als ein Teil der kraftvollen, entschlossenen Bemühungen der Stalinregierung dar. ...Alle Zweifel wurden zugunsten der Regierung gelöst. In der Sowjetunion gab es 1941 keine Vertreter der Fünften Kolonne – man hatte sie erschossen. Die Säuberung hatte das Land von Verrätern gereinigt und befreit."[19] So stellten zwei Autoren der westlichen 'Linken' das Drehen von Stalins Glücksrad dar. Und das Buch, das diese Botschaft enthielt, erschien im Todesjahr des Diktators und galt unter kommunistischen Funktionären lange als Handbuch. Noch einen Monat vor dem 20. Parteitag der KPdSU, im Januar 1956 wurde es den Delegierten der Kreisdelegiertenkonferenzen der SED überreicht.

Was die Autoren der *Großen Verschwörung* als Sieg feierten, verstanden andere, klügere Linke, die der Generation Stalins angehörten, als Ankündigung der Niederlage dieser Regimes. „Das Europa der Volksfronten und der Moskauer Prozesse schien zu genesen, gerade in dem Augenblick, da über es das Urteil gesprochen worden war. Es wurde immer schwieriger, zwischen Revolution und Reaktion zu unterscheiden, zwischen faschistenfreundlicher Demokratie und uneingestandenem Faschismus, zwischen verlarvtem Bürgerkrieg und demokratischem Regime, zwischen dem offenen Bürgerkrieg und dem Krieg der Staaten, zwischen Einmischung und Nichteinmischung, zwischen den entgegengesetzten, aber zeitweise miteinander verbündeten Totalitarismen, zwischen dem verbrecherischen Schwindel und der einfachen Wahrheit."[20]

---

18 G. Herling: Welt ohne Erbarmen. Übersetzt von Nina Kozlowski, München 2000, S. 14.
19 M. Sayers / A. E. Kahn: Die große Verschwörung. Berlin 1953, S. 330.
20 V. Serge: Erinnerungen eines Revolutionärs. Hamburg 1990, S. 429.

Juli – Der 'Litfond'

> Er sah, der Glückliche, am letzten Tag,
> Als seine Augen schon der Tod umschattet,
> Der großen Freiheit ewiges Gesetz
> Von Stalin, seines Freundes, Hand errichtet.
> *Erich Weinert: Maxim Gorki.*

Abgeschottet von der Außenwelt und behütet vom wachsamen Blick der „Organe" schien der sowjetischen Alltag ein permanenter Feiertag des Glücks zu sein. „Mit jedem neuen Tag läßt der Sozialismus Paläste eines neuen menschlichen Glücks höher und höher in den Himmel ragen, setzt er die Welt durch die erhabene Ruhe einer neuen Menschenwürde, einer neuen Kultur und neuen Kunst in Erstaunen." [1]

Wer sich in dieser Zeit den Ritualen der neuen sowjetischen Alltagskultur verweigerte, konnte ganze Versammlungen in Panikzustände bringen: „Einmal kam eine spanische Delegation in den Moskauer Schriftstellerverband. Es war nicht die erste Gruppe, die so kam und ging. Sie wurde gefeiert, wie es sich gehörte. Unter anderem gab es ein Meeting in einem mittelgroßen Saal des Verbandes. Auf der Bühne – neben Vertretern der Gastgeber – die Spanier; sie wurden mit großer Liebe empfangen, aber es war halt schon im zweiten oder dritten Jahr des Spanienkrieges... Wenn der Redner den Namen Stalin aussprach, applaudierten wir zuerst einfach, dann rhythmisch, später riefen wir auch – im selben Rhythmus seinen Namen, dann standen wir auf, und von dem Getöse der aufklappenden Stühle angefeuert, applaudierten und riefen wir in doppelter Tonstärke.

Und da geschah das Wunder. Das unheimliche, aber erschreckende Wunder: einer der Spanier, ein junger Offizier der republikanischen Armee in Uniform, die Brust voll Auszeichnungen, stand nicht

---

1 A. S. Makarenko: Die Kraft des sowjetischen Humanismus. In: A. S. Makarenko, Werke. Berlin 1957, Bd. 7, S. 38.

auf. Um ihn herum brausten die Hochrufe ‚Stalin, Stalin!', und er saß da, uns gegenüber, als ginge ihn das Ganze nichts an.

Das erste mal übersah man ihn taktvoll. Aber bald kam die nächste Ovation, genauso wie die erste, nur etwas stärker, und er blieb sitzen. Die Russen im Präsidium schauten mit starrem Lächeln in die Luft und applaudierten weiter. Einige Spanier neigten sich zum Sitzenden und redeten auf ihn ein. Er schüttelte den Kopf und blieb sitzen. Die Schriftsteller mit bekannteren Namen schlüpften aus dem Saal. Eine Frau mittleren Alters, Sekretärin im Litfond, groß mit mütterlichen Formen, verlor die Nerven. Sie rief halblaut, schluchzend, nur in ihrer unmittelbaren Nähe gut hörbar: „Laßt das nicht zu! Erklärt ihm doch, daß man das nicht tun kann... nicht tun darf! So jung... so schön! Rettet ihn doch... rettet ihn!"[2] Julius Hay verstand damals das Verhalten des Spaniers noch nicht. Erst später wurde ihm klar, der hatte zu viel gesehen und wußte, was hier beklatscht wurde. „Wo immer die Sowjetunion helfend eingriff, kam ein von langer Hand vorbereiteter, fertiger, funktionsfähiger Lenkungsapparat mit und nahm unverzüglich den ihm zugedachten Platz ein. Vom ideologischen Berater bis zum Ausbildungsoffizier, vom Ingenieur bis zum Henker hatte jeder seine Aufgabe und seine Routine."[3]

Als gegen Ende des Zweiten Weltkrieges der ehemalige Ankläger in den Moskauer Schauprozessen Wyschinski, inzwischen stellvertretender Außenminister geworden, einmal in Neapel die alliierten Truppen in Neapel besuchte, traf er dort auf den Schriftsteller Curzio Malaparte. „Wyschinski, der mich als Schriftsteller kannte und sich für mich interessierte, fragte mich, was in Rußland auf mich den stärksten Eindruck gemacht habe. – Die Freude, die es den Kindern und jungen Leuten bereitete, die Stalin- und Leninstatuen mit Steinen zu beschießen, antwortete ich lachend. Wyschinski lachte mit und sagte dann: – Als Junge hätte mir das auch viel Spaß gemacht. Er lachte, lachte herzlich."[4]

---

2   Julius Hay: Geboren 1900. Aufzeichnungen eines Revolutionärs. München–Wien 1977, S. 233-234.
3   Ebenda S. 235.
4   C. Malaparte: Der Zerfall. Deutsch von H. Ludwig, Karlsruhe 1961, S. 131.

Wladimir Etusch war 18 Jahre jung und „glücklich in diesem letzten Jahr des Friedens 1940"[5]. Er hatte gerade einen Ausbildungsplatz am Wachtangow-Theaterinstitut bekommen. Die Schauspieler Boris Schtschukin und Ruben Simonow, die in der Inszenierung *Der Mann mit dem Gewehr* die Rollen von Lenin bzw. Stalin spielten, fuhren – so erzählt er – einmal nach der Vorstellung ohne sich abzuschminken im Auto durch die Stadt. Der Milizionär, der ihr Fahrzeug stoppte, soll zu Tode erschrocken gewesen sein. Es war für die Theaterleute eine komplizierte, schöne und glückliche Zeit zugleich. Das Theater tröstete, unterhielt und lenkte die Zeitgenossen etwas von ihrem schweren Alltag ab.

Stalin sah sich das Stück im Bolschoi-Theater, wo es im Anschluß an die Gedenkveranstaltung aus Anlaß des Todestages von Lenin am 21. Januar 1938 aufgeführt wurde, an. Er schmunzelte und applaudierte oft, wenn Ruben Simonow einen Auftritt hatte. Im alten Wachtangow-Theater war Stalin kein einziges Mal – gab es doch hier keine Regierungsloge.

1940 war nicht das Jahr der barmherzigen Schwestern, sondern vor allem das der im Schwertträgerorden organisierten Parteisoldaten. Diese russische Erfahrung samt den daraus folgenden psychischen Verletzungen ist von Daniil Granin in *Die verlorene Barmherzigkeit*[6] und Alexander Bek in *Die Ernennung*[7] eindrucksvoll beschrieben worden. *In der schönen und grimmigen Welt* herrschten die Untersuchungsrichter, die „alles über einen Menschen wissen müssen, sogar das, was er selber nicht von sich weiß"[8].

Mit dieser Erfahrung wurde auch der Autodidakt und Rote Direktor Jan Leopoldowitsch Larri konfrontiert. Am 17. Dezember 1940 hatte er Stalin sein mit einem Pseudonym unterzeichnetes Manuskript einer utopischen Erzählung *Der himmlische Gast* zugeschickt.

---

5   V. Etuš: Vojna i sud'ba. [Übers. d. Sacht.: Krieg und Schicksal.] In: Nezavisimaja gazeta, 6.5.1999, S.8.
6   D. Granin: Die verlorene Barmherzigkeit. Eine russische Erfahrung. Aus d. Russ. v. F. Hitzer, Freiburg i. Br. – Basel – Wien 1993.
7   A. Bek: Die Erneuerung. Aus d. Russ. v. H. Gutsche, Berlin 1988.
8   A. Platonow: In der schönen und grimmigen Welt, in: Frühe sowjetische Prosa. Bd.2, Berlin 1978, S.474.

In der Begründung für den am 11. April 1941 ausgestellten Haftbefehl heißt es dann u.a., Larri sei Verfasser einer anonymen Erzählung konterrevolutionären Inhalts, in der er von trotzkistischen Positionen aus die Maßnahmen des ZK der KPdSU(B) und der Sowjetregierung kritisiert. „Lieber Josef Wissarionowitsch!", schrieb der unglückselige Poet: „Jeder große Mensch ist auf seine Weise groß. Der eine hinterläßt große Taten, der andere lustige historische Anekdoten... Mit einem Wort, es gibt keinen der Großen, dessen man sich erinnert, der nicht von historischen Begleitern umgeben war: Menschen, Tieren, Gegenständen. Keine der historischen Persönlichkeiten hatte bisher ihren eigenen Schriftsteller. Einen solchen Schriftsteller, der nur für diesen einen großen Menschen schreibt. Im Übrigen findet sich auch in der Geschichte der Literatur kein Schriftsteller, der nur einen einzigen Leser hatte. Ich nehme die Feder zur Hand, um diese Lücke zu füllen. Ich werde nur für Sie schreiben, und für mich weder um Orden, ein Honorar oder Ruhm und Ehre bitten. Vielleicht finden meine literarischen Fähigkeiten nicht Ihre Fürsprache, aber dafür, hoffe ich, werden Sie mich nicht verurteilen, so wie man Menschen ja auch nicht wegen ihrer roten Haarfarbe oder ihrer schlechten Zähne verurteilt. Den Mangel an Talent werde ich durch eine beherzte, aufrichtige Einstellung zu den übernommenen Verpflichtungen kompensieren...

Sie werden meinen wirklichen Namen nie erfahren. Aber ich möchte, daß Sie wissen, daß in Leningrad ein Sonderling lebt, der auf eigenwillige Weise die Stunden seiner Freizeit verbringt – der ein literarisches Werk für einen einzigen Menschen schreibt."[9]

War es die Anspielung auf die schlechten Zähne, die der eitle Stalin, der auf Bildern sogar die Zeichnung seiner Ohren korrigierte, übel aufnahm? Der Leiter der Sanitätsabteilung des Kreml, Michail Metalikow, klagte im Frühjahr 1931 einigen Genossen: „Was soll ich nur mit dem Genossen Stalin machen? Er hat schreckliche Zähne – verfault, schwarz, nach innen stehend. Aus dem Mund riecht es

---

9 Nebesnyj gost', ili rukopis' najdennaja v archive KGB. [Übers. d. Sacht.: Der himmlische Gast, oder Das in den Archiven des KGB aufgefundene Manuskript.] In: Izvestija, 16.5.1990, S. 3.

21 *Ogonjok* Nr. 30, 30. Oktober 1940. Titelseite. *Zeichnung: Boris Efimow.*
„Es lebe der XXIII. Jahrestag der Großen Sozialistischen Oktoberrevolution in der UdSSR!"
Aufschrift vor den Kreml-Türmen: „Es lebe die Stalinsche Völkerfreundschaft!"

faulig... Sooft man ihn bittet – er ist nicht bereit, zum Zahnarzt zu gehen. Nicht einmal den Zahnstein will er sich entfernen lassen."[10]

Was hatte wohl Stalin in den 7 Kapiteln von Larris Geschichte, in denen die fiktiven Gespräche des Sterblings Puljakin mit einem Mann vom Mars aufgezeichnet sind, nicht gefallen? Sollte gar der Grund für die herbe Reaktion die wiedererweckte Erinnerung an die alte Feindschaft mit Alexander Alexandrowitsch Bogdanow sein, der vor sehr langer Zeit auch utopische Romane über den *Roten Stern* verfaßt hatte, auf dem auch ein Arri zu Hause war? Im Unterschied zu Bogdanows Erzählung, die im vorrevolutionären Rußland spielte, landete der von Larri erdachte Marsmensch allerdings im Sowjetland, in der Nähe der Bahnstation Pargolowo. Hier wurde seine Ankunft nur von Puljakin bemerkt, einem vorzüglichen Imitator, der für sein einzigartiges Bellen mit dem Orden des Roten Sterns ausgezeichnet worden war. Da auf dem Mars, der seit 117 Jahren sozialistisch war, Russisch gesprochen wurde, war die Verständigung kein Problem. Bereits während der Lektüre der Tageszeitungen begann der Marsmann zu gähnen. „Ein langweiliges Leben führt ihr hier auf der Erde", sagte er. „Nur Jubiläen, Festveranstaltungen und Reden über die großen Erfolge, lebt ihr nur vom Gestern, habt ihr denn überhaupt keine Probleme? Wo ist eure Gegenwart, wo eure Zukunft?" Mit dieser Beobachtung, antwortete der Erdenbewohner seinem Gast, sind Sie nicht allein. Auch wir verstehen das nicht. Die Schuld an der Misere gab er dem aufgeblähten Apparat. Auf einen Werktätigen kommen zwei Bürokraten. Schließlich verglich der Sowjetbürger sein Leben mit einem Poem und hob hervor, daß „wenn nur die Armut nicht wäre, wir wie Götter leben würden".

Stalin wollte schon immer einen Hofdichter haben, aber dieses futur-realistische Zeug war überhaupt nicht nach seinem Geschmack. Dagegen hegte er die Hoffnung, Gorki würde auf seinen Vorschlag aus dem Jahre 1931 zurückkommen und seine Biographie als „Vater der Völker" und „Lokomotivführer der Geschichte" schreiben. Aber diese Hoffnung ging nicht in Erfüllung.

---

10 A. Antonow-Owssejenko: Stalin. Porträt einer Tyrannei. Berlin 1986, S. 305.

22 *Ogonjok* Nr. 29, 20. Oktober 1940. 1. Titelseite.   *Foto: A. Sterenberg.*
„Dshambul."

Selbst Henri Barbusse verstarb unter mysteriösen Umständen, als er den „Mann mit dem Kopf eines Gelehrten, mit dem Gesicht eines Arbeiters und dem Anzug des einfachen Soldaten"[11] zu hartnäckig um ausstehendes, seine Biographie erhellendes Material bat.

Die geheimsten Gedanken der den Stalin-Wahlkreis bevölkernden Bürger beschrieb Anton Makarenko als die der Hingabe. Was ist schon ein Leben im Vergleich mit der herrlichen Zukunft, der uns Stalin entgegenführt? Es gibt aber nichts Großes ohne Geheimnis. „Wie seltsam es auch ist, wir wissen sehr wenig über die Gesetze jener Veränderungen, die das letzte Ziel der Revolution, das Ergebnis all ihrer Siege und Errungenschaften sind, wir sprechen wenig vom menschlichen Glück. Zwar erinnern wir uns oft unseres Glückes, denken bewegt und dankbar daran, aber noch sind wir nicht gewöhnt, darüber ebenso präzis und bestimmt zu reden wie über die anderen Errungenschaften der Revolution."[12]

---

11 H. Barbusse: Stalin. Eine neue Welt. Paris 1935, S. 286.
12 A. S. Makarenko: Glück. In: A. S. Makarenko, Werke. Berlin 1957, Bd. 7, S. 38.

August – Bronstein

Der Tod Lenins warf auch das Leben jenes Mannes aus der Bahn,
den er die 'die Feder' zu nennen pflegte und der das kostbarste
und bestorganisierte Gehirn unter seiner Schädeldecke trug,
das jemals mit einem Hammer eingeschlagen wurde.
Arnold Zweig: Trotzkis Ende.

Einen besonderen Glücksfall für Stalin konnte man am 21. August
1940 aus Coyoacán (nahe der mexikanischen Hauptstadt) melden: der
alte Feind Lew Dawydowitsch Bronstein, Parteiname: Trotzki, ist tot.
Nach vielen erfolglosen Attacken gegen ihn hat es ein junger spanischer NKWD-Agent, Ramon Mercader, geschafft, den Begründer
der Roten Armee zu töten. „Das Leben ist schön", hatte Trotzki in
seinem *Testament*, in dem auch „vom Glück, ein Kämpfer für den
Sozialismus zu sein", die Rede ist, geschrieben, und: „Die kommende Generation möge es reinigen von allem Bösen, von Unterdrückung
und Gewalt und es voll genießen."[1]

Jetzt war derjenige physisch ausgelöscht, der aus dem Gedächtnis der
sowjetischen Festredenschreiber und der veröffentlichten Meinung
längst getilgt war. Der Organisator des Oktoberumsturzes und Gründer der Roten Armee hieß nun nicht mehr Trotzki. Jetzt hieß es: „Deshalb grüßen heute, da unser ganzes Land, in großer Liebe und Ver-
ehrung geeint, das Geburtsjubiläum des Genossen Stalin feiert, alle
Rotarmisten, Kommandeure, Kommissare, politische Funktionäre
und alle Menschen, die zu den Streitkräften des Sowjetlandes gehören,
voller Dankbarkeit und Freude ihren großen Stalin... als Gründer der
Roten Armee."[2] Es schien wohl überhaupt diese Nachricht vom
August 1940 aus Übersee den Gipfel des persönlichen Glücks für Stalin in diesem Jahr zu bedeuten.

---

1 L. Trotzki: Tagebuch im Exil. Köln 1979, S. 203 f.
2 K. J. Woroschilow: Stalin und der Aufbau der Roten Armee. Zum 60. Geburtstag des Genossen Stalin geschrieben. In: K. J. Woroschilow: Stalin und die Streitkräfte der UdSSR, Berlin
   1953, S. 46.

Am nächsten Tag, am 22. August 1940 empfängt Stalin im Kreml abends in der Zeit von 21.05 bis 23.15 h sein Fähnlein der sieben Aufrechten zur Feier dieses Sieges: „Woroschilow, Malenkow, Andrejew, Mikojan, Molotow, Berija und Kaganowitsch" [3]. Für sie alle hatte Trotzki früher höchstens ein mitleidiges Lächeln übrig. Er stand in seinem Ansehen bei der Parteiintelligenz oder auch innerhalb des Militärapparates immer hoch über ihnen mit seinem Organisationstalent, seiner verwaltungstechnischen Intelligenz, der Fähigkeit zu systematischer Arbeit, aber auch mit „seinem Hochmut, seiner Sicherheit, seiner verwegenen List" [4]. – Der Moskauer Organisator dieser unter dem Codenamen 'Ente' vorbereiteten Mordaktion, Pawel Sudoplatow, hat Mitte der neunziger Jahre die internationalen Anstrengungen zu dieser Tat in seinen Memoiren geschildert. [5] Ramon Mercader, der beauftragte Mörder, wurde mit dem Orden „Held der Sowjetunion" ausgezeichnet und erhielt nach seiner Haftentlassung in den sechziger Jahren eine Wohnung in Moskau.

In den späten dreißiger Jahren wurde das „Westliche", von dem der Bolschewismus einst ausgegangen war, bald zum „Ausländischen" und das Aufbaupathos schlug um in nationalistische Traditionssucherei. Im Kampf gegen „das Ausländische" und für die Wiederentdeckung des vaterländischen, russischen Erbes in Wissenschaft und Kultur fanden jetzt auch 'intellektuelle' Denunzianten neuen Stoff und neue Chancen. Im August 1940 hatte der ehemalige Landwirtschaftsgehilfe Trofim Denissowitsch Lyssenko sein Ziel erreicht, als der weit über die Grenzen des Landes hinaus bekannte Genetiker Nikolai Iwanowitsch Wawilow endlich von den 'Organen' abgeholt wurde.

1930 hatte Lyssenko seinen Aufstieg als Parteiarbeiter in der Wissenschaft begonnen. Sein Weg war von Anfang an verbunden mit frenetischen Verleumdungen jedes nicht-sowjetischen Diskurs- und Kommunikationszusammenhanges auch in den Natur-Wissenschaften. Als Lyssenko in seiner Rede auf dem Zweiten Kongreß der Stoß-

3 Besucher im Kreml-Kabinett Stalins, in: Istoričeskij Archiv (Moskau), Nr. 2/1996, S. 25.
4 C. Malaparte: Der Staatsstreich, Leipzig–Wien 1932, S. 52.
5 P. A. Sudoplatow / A. Sudoplatow: Der Handlanger der Macht, Düsseldorf 1994, S. 106-134.

arbeiter der Landwirtschaft 1935 seine wissenschaftlichen Opponenten kurzerhand – die Diskussionsgrundlage wechselnd – als Klassenfeinde bezeichnet hatte, rief Stalin ihm zu: „Bravo, Genosse Lyssenko, bravo!".

Am 20. Februar 1940 druckte die Zeitung *Sozialistische Landwirtschaft* einen gegen Wawilow gerichteten Artikel des Parteiphilosophen Mark Borissowitsch Mitin nach, der bereits im Dezember 1939 in der zentralen Presse erschienen war. Für die Eingeweihten ein mehr als deutliches Zeichen. „Es steht schlecht um unsere Sache", teilte Nikolai Wawilow Freunden nach einem erfolglosen Gespräch, das er im Sommer 1940 mit dem Sekretär des ZK der KPdSU(B), Andrej Andrejewitsch Andrejew führte, mit. „Sogar Andrejew hat vor Lyssenko Angst."[6]

„Trofim Lyssenko, unlängst noch Agronom der Selektionsstation, der den Koryphäen der Genetiker der ganzen Welt den Fehdehandschuh hingeworfen hat!", suchte auf seine Weise nach den Gesetzen des Lebens. Es spielte keine Rolle, wer den Versuch, der sein Konzept bestätigte, durchgeführt hat und wann, – „der Erfolg gebührt allein ihm."[7] In dem Maße, in dem Lyssenko die Karriereleiter erklomm, verloren seine Opponenten Einfluß, Arbeit und – das Leben.

Auch die Wissenschaftspolitik wurde jetzt in der Sowjetunion gegenüber den Wissens- und Methodenstandards der Weltwissenschaft von dem gleichen tiefen Mißtrauen erfasst und geleitet, wie alle übrigen Politikbereiche. Ein politisch geforderter Machbarkeits- und Novitätenwahn auch in natürlichen und lebensweltlichen Zusammenhängen ließ abenteuerlichste Experimente an den Schnittstellen von Theorie und Praxis anlaufen, die Wissenschaft, Natur und Leben gleichermaßen nachhaltig ruinierten. Um Neuland urbar zu machen, wurden Flüsse umgeleitet, Berge abgetragen, Getreide in der Arktis ausgesät und Erdbeeren mit Kokospalmen gekreuzt. Die Folge war, daß ganze Landschaften aus dem ökologischen Gleichgewicht kamen, Steppen und Wüsten auf dem Vormarsch waren, Seen, wie der Aral-

---

6 Z. Medvedev: Vzlet i padenie Lyssenko. [Übers. d. Sacht.: Aufstieg und Fall von Lyssenko.] Moskva 1993, S. 109.
7 A. Popowski: Gesetze des Lebens. Berlin 1946, S. 18.

see, austrockneten. Bei all dem kam man in der Versorgung keinen Schritt weiter.

Am 16. Juli 1940 informierte Lawrenti Berija seinen Premier Molotow über die Existenz einer bürgerlichen Schule der „formalen Genetik" an der Akademie der Landwirtschaftswissenschaften und bat um die Zustimmung zur Verhaftung des „Schulbildners". In den zwanziger Jahren arbeiteten viele sowjetische Naturwissenschaftler in westeuropäischen Labor- bzw. Universitätseinrichtungen; das betraf auch viele Kollegen der Akademie für Agrarwissenschaften. Diese ehemaligen Gastländer waren jetzt, nach dem Pakt mit Hitler, plötzlich verdächtige Feindstaaten. Jetzt bekam das NKWD grünes Licht. Nikolai Wawilow, Gründer und erster Präsident dieser Akademie, wurde während einer Dienstreise in der Westukraine verhaftet. Weder die Familie noch die Arbeitskollegen wußten, was mit Wawilow geschehen war. Der nächste, dessen Ende ebenfalls ein Artikel, diesmal in der Zeitung *Leningradskij Universitet* vom 13. Dezember 1940, ankündigte, war einer seiner Schüler – Prof. G. D. Karpetschenko. Sein Vorlesungszyklus hätte dazu beigetragen, so war dem Leitartikel zu entnehmen, den Lehrstuhl in einen Hort reaktionärer Lehren zu verwandeln.

Inzwischen beschäftigte sich der Untersuchungsführer A. G. Chwat (deutsch: der Greifer) mit dessen namhaften ehemaligen Chef. 400 Verhöre lang, insgesamt über 1 700 Stunden, standen sie sich gegenüber. Nikolai Iwanowitsch Wawilow gestand nicht. Am 9. Juli 1941 wurde der weltbekannte Wissenschaftler zum Tode durch Erschießen verurteilt. Das Präsidium des Obersten Sowjets lehnte das Gnadengesuch ab. Der 13 Tage später erfolgende Überfall auf die Sowjetunion brachte die gewohnte Ordnung im Moskauer Gefängnis etwas durcheinander. Die während der Haussuchung bei Wawilow beschlagnahmten Manuskripte wurden verbrannt. Im Oktober 1941 wurde Wawilow zusammen mit anderen Häftlingen nach Saratow verlegt. Hier wurden er und der mit ihm in einer für Todeskandidaten eingerichteten fensterlosen Zelle einsitzende Philosoph Iwan Kapitonowitsch Luppol zu 20 Jahren Freiheitszug begnadigt. Wawilows Ehefrau, die zusammen mit ihrem Sohn nach Saratow evakuiert wor-

23 *Krokodil* Nr. 9, Mai 1940, S. 13. *Zeichnung von L. Brodaty.*
„Lebendige Führung."
„– Stellen Sie mir ein zusätzliches Telefon hin: ich werde mich persönlich um die
Aussaat kümmern."

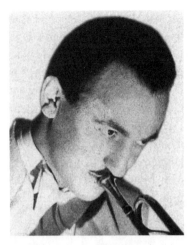

24 Eddie Rosner, 1938 (Ausschnitt).

25 St.-Louis Blues. Staatliches Jazz-Orchester der Weißrussischen SSR unter Eddie Rosner. 1944.

den war, wähnte ihren Mann immer noch in Moskau, der neue Haftort war ihr nicht mitgeteilt worden. Für kurze Zeit war die Forschungsarbeit der eingesperrten Wissenschaftler wieder gefragt.[8] Alexander Stepanowitsch Bondarenko, der als einer der ersten Wawilow denunziert hatte, wurde – glücklos – am 27. Juli 1941 als „amerikanischer Spion" erschossen.

1939 floh Eddie Rosner, einer der besten Jazztrompeter Europas, vor den Nazis in den von russischen Truppen besetzten Teil Polens. 1933 hatte Rosner, der hier in einer polnisch-jüdischen Familie aufgewachsen war, Musik studierte und in der renommierten Jazzkapelle „Weintraubs Syncopators" spielte, Berlin verlassen. Bis 1938 gastierte er mit eigener Band in Europas Hauptstädten. In Westbjelorußland, der letzten Station auf der Flucht, hatte er Glück im Unglück, hier „entdeckte" ihn der jazzbegeisterte Erste Sekretär der Weißrussischen Kommunistischen Partei. Sein Orchester, aus dem die bestbezahlteste

8 Ju. Vavilov/Ja. Rokitjanskij: Golgofa. O poslednich godach žizni akademika N. I. Vavilova. 1940-1943. [Übers. d. Sacht.: Golgatha. Über die letzten Lebensjahre von Akademiemitglied N. I. Wawilow.] In: Nauka i žizn, 1994, 8, S. 40-58.

Jazzband der UdSSR hervorging, war von da an ständig unterwegs. Nach Auftritten in Moskau und Leningrad – er begeisterte alle, selbst Stalin und Dimitroff – folgten Gastspiele im ganzen Land. Nach Kriegsbeginn wurde das Orchester aus Kiew evakuiert und dem Verteidigungsministerium unterstellt. „Mit Rosner erreichte die sowjetische Swingmusik ihren Höhepunkt... Nach Kriegsende änderte sich Rosners Situation grundlegend... Er geriet verstärkt unter kulturpolitischen Druck – während auf der anderen Seite die politischen Pflichtübungen des Programms bei Teilen des Publikums auf wenig Gegenliebe stießen." Rosners Versuche, das Exilland zu verlassen, scheiterten. Er wurde am 27. November 1946 in Lwow verhaftet und zu zehn Jahren Gulag verurteilt. Für den Lagerkommandanten war der Musiker kein Unbekannter: er gestattete ihm, ein Quartett aufzubauen und zur Unterhaltung der Wachmannschaften aufzuspielen. Von diesem Zeitpunkt an spielte die Truppe auf dem Archipel, im nordöst-

26 *Ogonjok* Nr. 11, 20. April 1940. 3. Umschlagseite.
„Neue Grammophonplatten gegen alte [eintauschen]."
In der Mitte: „Eine alte Grammophonplatte [der Firma] 'Grund'.... - 60 Kopeken.
　　　　　Eine alte Grammophonplatte 'Gigant' .... - 80 Kopeken.
　　　　　Schallplattenbruch pro Kilo .... 3 Rubel. - "

lichen Teil des sowjetischen Lagerimperiums. Ein Jahr nach Stalins Tod wurde Rosner aus dem Lager entlassen.[9]

Bucharin hat einmal Stalins generelles, unbehebbares Problem im Umgang mit seinen anderen 'Gleichgesinnten' auf den Punkt gebracht. Stalin, schrieb er, sei unglücklich darüber, „daß er nicht jedermann, auch sich selbst, davon überzeugen kann, daß er ein größerer Mann als sonst jemand ist. Das ist sein Unglück; vielleicht ist es ... sein einziger menschlicher Zug. Aber seine Reaktion auf sein 'Unglück' ist nicht menschlich – sie ist beinahe teuflisch; er kann nicht anders, er muß sich an den anderen rächen, aber besonders an denen, die in irgendeiner Form besser oder begabter als er sind."[10]

9 Vgl. Eckhard John: Eddie Rosner. In: Berlin-Moskau 1900-1950. Hg. von Irina Antonowa und Jörn Merkert. München 1995, S. 335-337.
10 N. Bucharin im Gespräch mit Theodor und Lydia Dan (1935). In: R.R. Abramovitch: The Soviet Revolution, London 1962, S. 416.

September – Volkskontrolle

> Jeder Sowjetmensch – ein Tschekist!
> *Anastas Mikojan (1937).*

Im Mai 1940 beschloß das Politbüro des ZK der KPdSU(B) die Verschärfung der sozialistischen Volkskontrolle. Ein entsprechendes Volkskommissariat wurde am 6. September 1940 gebildet. Die vermeintliche Verstärkung der „Volkskontrolle" war ein weiterer hilfloser Versuch, der unendlichen Stockungen und Irrwege in den Wirtschaftskreisläufen Herr zu werden.

Das Politbüromitglied A. A. Andrejew hatte am 2. März an Stalin über den Stand der Getreidebeschaffungskampagne in Sibirien berichtet. Er schrieb, die vor Ort arbeitenden Funktionäre hätten seit Januar nichts hinsichtlich der Vorbereitung der Aussaat und Erntevorbereitung getan, obwohl es im Gebiet genügend Getreide gäbe. Daraufhin mobilisierte das ZK die Vorsitzenden der Kolchosen, der Dorfsowjets und die Parteisekretäre. Sie wurden aufgefordert, die in den Kolchosen ‚illegal' angelegten Vorräte zu erfassen und die Übergabe an den Staat zu organisieren. Denn viele Kolchosen haben, obwohl sie den Getreideplan nicht erfüllten, die Bauern mit Getreide versorgt. Die Jugendorganisation Komsomol wurde mobilisiert und zusätzlich wurden Parteiaktivisten aufs Land geschickt. [1]

Diese Maßnahme hatte Erfolg, berichtete Andrejew aus Barnaul am 7. März 1940 im Brief an Stalin und Mikojan. In den ersten fünf Tagen der Aktion wurde mehr Getreide „beschafft" als im gesamten Monat Januar. „Wir werden weiter Druck ausüben", schrieb Andrejew, denn bald begännen die Feldarbeiten. Es sei an der Zeit, hob er hervor, „die

---

1 Sovetskoe rukovodstvo. Perepiska 1928-1941. [Übers. d. Sacht.: Sowjetführung. Briefwechsel 1928-1941] Moskva 1999, S. 402.

veralteten, vor sieben Jahren festgelegten Normen zu überprüfen und nach oben zu korrigieren. Mit der Schlamperei auf organisatorischem Gebiet ist endgültig Schluß zu machen."[2]

Unten an der Basis sahen diese wirtschaftlichen Fehlfunktionen dann so aus: „Sommer 1940. Das Wasserleitungsrohr an der Wand unterhalb der Muschel mußte einen Defekt haben. Unter der Sesselleiste bildete sich eine Pfütze. ...Ich ging in den Keller zu unserer Hausverwalterin Losowskaja. Wenn das Rohr nicht repariert würde, dürfte das Wasser bald auch nach unten durchsickern... Richten Sie eine Eingabe an die Hausverwaltung dieses Wohnblocks im Rayonsowjet riet sie mir." Eine Eingabe an die Wohnungsverwaltung bedeutete Wartezeiten von drei bis vier Monaten. Um das zu umgehen, suchte Genia Quittner einen in der Nachbarschaft wohnenden Arbeiter auf, der sich als Klempner „etwas dazu verdiente". Bezahlt wurde mit Naturalien, Wertgegenständen und selten mit Geld. Genia hatte Sachen ihres 1938 verhafteten Ehemannes Franz Quittner dabei. „Der Mann sagte herablassend: ‚Lisa nimm das Zeug, vielleicht habe ich einmal Zeit, zu probieren!' ... Glücklich eilte ich nach Hause. Er kam natürlich nicht." Irgendwann klingelte Frol Kusmitsch doch. Er stellte seinen Werkzeugkasten ab, aß und trank und verließ sturzbetrunken die Wohnung ohne das Wasserrohr auch nur angesehen zu haben. Die Sickerstelle in der Wohnung wurde immer noch mit Fetzen abgedeckt. „Dann wurde es so arg, daß die Losowskaja die Alarmbrigade aus dem Raisowjet mobilisieren und ins Haus bringen konnte. ...Im Winter 1940/41 wurde ich zum Vorsitzenden der KPÖ ins 'Lux' zitiert. ...Mit bedrückter Miene teilte mir Koplenig mit, eine Intervention Dimitroffs beim NKWD habe ergeben, daß mein Mann nicht mehr am Leben sei."[3]

Wenn oben, in der Staatlichen Plankommission, Initiativen zur Verbesserung der Wirtschaftslage ergriffen wurden, verfingen sie sich in speziellen Abwehrreaktionen der Bürokratie. Da im Zuge der den Maßnahmen vorausgehenden Berichterstattung die Plankommission

2 Ebenda S.403.
3 Genia Quittner: Weiter Weg nach Krasnogorsk. Schicksalbericht einer Frau. Wien 1971, S.129-136.

27 *Ogonjok* Nr. 4, 7. Februar 1941. Titelseite.
„Teekessel und Reisigbesen: Nützliche Dinge, die wir brauchen."
„Siehe Seite 1, 2, 3."

ihre Schritte nicht mehr mit den einzelnen Volkskommissaren abstimmen konnte, traten die be- und getroffenen Volkskommissare sehr oft die Flucht nach vorn an. Zuerst versuchten sie in denunziatorischen Briefen an Molotow, die Position des Vorsitzenden der Staatlichen Plankommission – Nikolai Alexejewitsch Wosnessenski – zu untergraben. So schrieb z. B. S. S. Dukelskij, Volkskommissar für Schifffahrt, am 28. Mai 1940 an Molotow, den Vorsitzenden des Rates der Volkskommissare, daß Wosnessenski in seinen Berichten über die Seeschiffahrt im zweiten Fünfjahrplan falsche Zahlen nach oben gemeldet hätte. Diese seien mehr noch als falsch, denn sie stehen im Widerspruch zu den Festlegungen Stalins auf dem 18. Parteitag der KPdSU(B).

Worum ging es? Wosnessenski hatte seinen Berechnungen alle vorhandenen Schiffe zugrunde gelegt, während der Volkskommissar darauf bestand, nur jene in der Statistik zu berücksichtigen, die auch tatsächlich zum Transport von Gütern eingesetzt worden waren. Wenn die in den Häfen vor sich hin rostenden Schiffe auch weiterhin nicht berücksichtigt würden, wäre alles in Ordnung. So die Sicht des Volkskommissars. Wosnessenki konnte sich nicht damit abfinden, er wußte auch, daß ein vergleichbarer Streit über die Verbesserung des Eisenbahntransportes damit geendet hatte, den ausrangierten Teil des Fuhrparks vom Abstellgleis wieder auf die Schiene zu bekommen. Deshalb hatte Kaganowitsch – der Volkskommissar für Transportwesen, seinen Kopf noch auf den Schultern.

Die Seeleute haben ihre Pläne übererfüllt, unterstrich hingegen der Volkskommissar, er wies darauf hin, daß es 1939 gegenüber 1938 einen Zuwachs von 24,8 Prozent im Gütertransport gegeben hat. Wosnessenskis Berichte stellen die positive Bilanz eines gesamten Wirtschaftszweiges in Frage. In dem Brief vom 28. Mai 1940 ließ der Volkskommissar dem Chef der Staatlichen Plankommission eine Fluchttür offen: vielleicht habe sich Wosnessenski auf falsche Zahlen und Zuarbeiten gestützt.[4]

---

4   Sovetskoe rukovodstvo. Perepiska 1928-1941. [Übers. d. Sacht.: Briefwechsel der Sowjetischen
     Führung 1928-1941] Moskva 1999, S. 404/405.

27 *Krokodil* Nr. 16, August 1940. Titelblatt.   *Zeichnung: L. Brodaty.*
„Tara hat geholfen.
– Die Ernte ist gut ausgefallen, aber unser Lagerschuppen ist zu klein.
– Macht nichts. Wir müssen ja noch eine Weile fahren."

Wosnessenski reagierte nicht übereilt, sondern ließ alles noch einmal überprüfen. Am 24. August 1940 lag Molotow ein Bericht über die vorgenommene Überprüfung des Streitfalles vor. Jetzt war es Wosnessenski, der dem Volkskommissar Vertuschung von aufgedeckten Mängeln, Schönfärberei der eigenen Arbeit gegenüber der Staatsführung und Verleumdung der Staatlichen Plankommission vorwarf. 1939, lautete das Fazit des von Wosnessenski vorgelegten Berichtes, arbeitete die Flotte nicht besser, sondern schlechter als 1938. Stalin überließ es in diesem Fall dem Rat der Volkskommissare, die daraus abzuleitenden Schlußfolgerungen zu ziehen. [5]

Unmittelbar darauf unternahm Dukelskij einen letzten Vorstoß. Molotow reichte den Brief samt Anlagen zur Prüfung an Kliment Woroschilow weiter. Hier wurde der Vorgang begraben. Dukelskij hatte Glück. Er blieb am Leben und Volkskommissar.

In Sorge um die Errungenschaften der Revolution wandte sich der Schriftsteller Michail Scholochow, Autor des Romans *Der stille Don*, am 19. August 1940 mit der Bitte, ihn zu empfangen, an Stalin. Die Begegnung fand am 23. August 1940 von 22.40 bis 24.00 Uhr in Stalins Kabinett im Kreml statt. Nachdem der Schriftsteller sein Anliegen vorgetragen hatte, ließ Stalin Molotow und Berija rufen. Beide nahmen von 22.45 bis 23.00 Uhr am Gespräch teil.

Scholochow hatte die Nordbezirke der Donregion bereist und wollte Stalin über die Lage der Kosaken berichten. Nach Rücksprache Stalins mit dem Sekretär des Parteikomitees von Rostow wurde Scholochows Bitte entsprochen, die Verschuldung der Kolchosen zu streichen. Auf Grund der Dürre und des starken Schädlingsbefalls gingen die Saaten auf 8 400 von 31 000 ha ein. Am 19. November faßten das Politbüro des ZK der KPdSU(B) und der Rat der Volkskommissare den Beschluß, die Verschuldung der Kolchosen im Weschensker Gebiet aufzuheben und die Abgabenormen zu senken.

Darüberhinaus hatte sich Scholochow bei Stalin für zu Unrecht verhaftete Funktionäre eingesetzt. Damit aber war er zu weit gegangen.

5 Ebenda, S. 406 ff.

Am 20. Dezember 1940 berichteten Lawrenti Berija und Wsewolod Merkulow dem Genossen Josef Stalin über das Ergebnis der Überprüfung der vom Schriftsteller beanstandeten Vorgehensweise des NKWD. Ihre Antwort war kurz. Michail Scholochow sei falsch informiert worden. Die Verurteilten wurden zurecht exekutiert. Die nächste Bitte Scholochows, ihn zu empfangen, erreichte Stalin am 2. September 1941. Die Antwort darauf ließ Stalin nach anderthalb Jahren durch seinen Sekretär ausrichten. Alexander Poskrebyschew teilte Scholochow im März 1943 mit, daß Stalin zu überlastet sei.[6] Scholochow wurde bis auf weiteres das Recht auf Audienzen im Kreml entzogen. Stalin war nicht nur für viele „in die Mühle" geratene Künstler sondern dann auch für ihre Angehörigen die – im genauen Sinne des Wortes – „letzte Instanz".

So hatte sich einmal Boris Jefimow mit der Bitte um Auskunft über das Schicksal seines Bruders – Michail Kolzow – an Stalin gewandt. Daraufhin wurde er von Ulrich empfangen und erfuhr, daß sein (zu diesem Zeitpunkt längst erschossener und im Krematorium des Lefortowo-Gefängnisses eingeäscherter) Bruder zu zehn Jahren Arbeitslager ohne Recht auf Korrespondenz verurteilt worden wäre.

Wenig später war die Reihe an Maria Osten, Kolzows Lebensgefährtin. Am 24. Juni 1941 wurde der Haftbefehl für die „deutsche Spionin", die im Moskauer Hotel „Metropol" am Swerdlow-Platz wohnte, ausgestellt. Seit zwei Tagen war Krieg mit Deutschland. Maria verschwand für immer im *Wunderland*, so der Titel einer ihrer erfolgreichen Jugenderzählungen. „Es ist unfaßbar", hat Ilja Ehrenburg später geschrieben, „die Faschisten stürmten gegen Moskau vor, die Zeitungen schrieben von ‚hündischen Rittern', ein Beamter der Staatssicherheit aber brachte in aller Seelenruhe eine Akte zum Abschluß, die noch aus der Zeit des deutsch-sowjetischen Paktes stammte, setzte eine Nummer darauf und legte sie in eine Mappe, um ja alles der Nachwelt zu erhalten..."[7] Für Maria Osten ging der in der Erzählung *Hubert im Wunderland* beschriebene Traum von einer Gesellschaft

---

6 „Vokrug menja vse ešče pletut černuju pautinu." Pis'ma M. A. Solochova I. V. Stalinu. [Übers. d. Sacht.: Briefe von Scholochow an Stalin.] In: Istočnik, 1993, 5-6, S. 14-16.

7 I. Ehrenburg: Menschen, Jahre, Leben. Memoiren, Berlin 1978, Bd. 2, S. 524.

ohne Ausbeutung und Unterdrückung, einem Land, in dem die Menschen ohne Angst vor Arbeitslosigkeit wie Brüder Leben können, nicht Erfüllung.

Am 16. Februar 1940 wandte sich A. Furmanowa an Stalin und wies ihn auf den 1941 bevorstehenden 50. Geburtstag und 15. Todestag ihres Mannes, des Bürgerkriegs-Schriftstellers Dimitri Furmanow hin. Dieses Doppeljubiläum wäre ein Anlaß, eine Jubiläumsausgabe seiner Werke herauszugeben. Aber die ehemals sehr beliebten Bücher Furmanows wurden, mit Ausnahme einer belorussischen Ausgabe des *Tschapajew*, längst nicht mehr gedruckt. Im Schriftstellerverband erhielt sie ebensowenig Auskunft wie von den verantwortlichen Funktionären im ZK der KPdSU(B).[8] Jede Erinnerung an Michail Frunse, Kommandeur der von Dmitri Furmanow beschriebenen Offensive bei Krasny Jar, war inzwischen unerwünscht.[9]

Boris Pilnjak und andere Kollegen aus dem Schriftstellerverband, die – wie Wladimir Majakowski und Maxim Gorki – Furmanow früher aus künstlerischen Gründen kritisiert hatten, sowie erst recht die zahlreichen Denunzianten, hatten das schneller begriffen als die Gattin des Schriftstellers Furmanow.

Boris Pilnjak hatte 1926 im Maiheft der Literaturzeitschrift *Nowyj Mir* eine Geschichte mit dem Titel *Erzählung des nicht verlöschenden Mondes* untergebracht. Darin hatte er das Gerücht, Michail Frunse sei 1925 auf höchste Weisung durch eine Zwangsoperation aus dem Wege geräumt worden, aufgegriffen. Das Vorwort vom 26. Januar 1926, in dem der Dichter vor Analogieschlüssen warnte, – „Übereinstimmung mit tatsächlichen Personen wäre rein zufällig" – erwies sich sehr bald als unzureichendes Schutzschild.

Allerdings riß die Serie seltsamer Todesfälle bei Bürgerkriegshelden seit 1925 nicht ab. Acht von Frunses Kampfgefährten lebten auch als Ausgemusterte recht gefährlich: sie gerieten unter Vorortzüge, wurden von Automobilen überfahren, stürzten mit Flugzeugen ab, starben gelegentlich auch an Herzversagen oder wurden im Ausland von Unbekannten umgebracht.[10] So erging es auch dem Helden aus Piln-

---

8 A. N. Furmanova – I. V. Stalinu. In: Istočnik, 1998, 1, S. 106.
9 D. Furmanow: Tschapajew. Das Leben eines Revolutionärs. Berlin 1951, S. 337-363.

jaks Erzählung: 'Gawrilow' starb während einer dilletantisch durch-
geführten Operation. Der Armeeführer war gegen seinen Willen von
einem untersetzten, breitschultrigen Mann mit dem müden Gesicht
eines Seminaristen zur Operation überredet worden.

Bei dieser „erdrückenden Beweislast" benötigte das Tribunal, dem
Wassili Ulrich 1938 vorsaß, nur 15 Minuten vom Beginn der „Ver-
handlung" bis zu der Urteilsverkündung – „Höchststrafe" – im „Fall
Pilnjak".

Die eben aus Paris zurückgekehrte Lyrikerin Marina Zwetajewa
dachte an die griechische Mythologie, als sie in einem Brief vom
22. Januar 1940 an Jewgeni Borissowitsch Tager schrieb: „Denken Sie
an Antaios, der Kraft aus der (leichtesten) Berührung mit der Erde
bezog, der sich in der Luft durch die Erde hielt. Und an die Seelen des
Hades, die nur dann reden, wenn sie vom Opferblut getrunken hatten."[11] Zwetajewas Ehemann, Sergej Jakowlewitsch Efron-Andrejew,
und ihrer beider Tochter, Ariadna Sergejewna Efron, waren Repressalien zum Opfer gefallen. Die Schriftstellerin hatte sich am
23. Dezember 1939 vergeblich mit der Bitte um die Prüfung der Angelegenheit an Lawrenti Berija gewandt. Sie kannte weder den Grund
der Verhaftung ihres Mannes noch wußte sie, in welchem Gefängnis
ihre Tochter festgehalten wurde.[12] Sie konnte nicht wissen, daß ihr
Mann in Frankreich für die Auslandsabteilung der GPU gearbeitet
hatte und an der Ermordung von Ignaz Reiss im September 1937 bei
Lausanne beteiligt war.

Eine Seele, die 1940 durch Opferblut zum Reden erweckt worden
war, war wohl auch die von Wladimir Majakowski. Jetzt, posthum,
hatte er mehr Glück als vor zehn Jahren. Am 12. April 1930 war ihm
„der Liebe Kahn an der Welle des Lebens zerbrochen". Es ging damals
um mehr, als nur um eine Liebesaffäre. Denn die Herrschenden, denen
der Dichter seine Dienste anbot, begannen ihn zu ignorieren. Niemand mehr aus der „Partei- und Staatsführung" nahm Majakowskis

10 V. Topolíjanskij: Smert' Frunze. [Übers. d. Sacht.: Der Tod von Frunse.] In: Moskovskie
   novosti, 2. 5. 1993, S. 7 B.
11 M. Zwetajewa: Ausgewählte Werke. Bd. 3, Briefe. Berlin 1989, S. 178.
12 M. Cvetaeva: Sobranie sočinenij v semi tomach. T. 7: Pis'ma. Moskva 1995, S. 660–666.

Ausstellung *Zwanzig Jahre Arbeit* zur Kenntnis. Der Kahn seines Lebens zerschellte am Eisberg des totalitären Regimes.

Die von Isaak Deutscher mitgeteilte Episode während Leo Trotzkis Ausweisung aus der Sowjetunion im Februar 1929 wirft ein ähnliches Licht auf die historische Szene: „Wie zum Spott trug das leere Schiff, das auf ihn wartete, Lenins Namen – Iljitsch! Ein Eisbrecher mußte eine etwa 60 Meilen lange Strecke zur Durchfahrt bahnen. Als die *Iljitsch* die Anker lüftete und Trotzki auf die zurückweichende Küste blickte, muß er das Gefühl gehabt haben, als ob das ganze Land, das er hinter sich ließ, zur Wüste gefroren und die Revolution selbst zu Eis erstarrt war."[13]

Wladimir Majakowski wandte sich mit seinem Abschiedsbrief wenige Monate später ein letztes mal „An Alle!" und jagte sich zwei Tage später in seinem Arbeitszimmer in der Kommunalka im Zentrum Moskaus, zwischen der Lubjanka und dem Polytechnischen Museum gelegen, eine Kugel ins Herz. Genosse Mauser hatte – wie so oft – das letzte Wort.[14] Anna Achmatowa, Marina Zwetajewa und Boris Pasternak (er arbeitete gerade an einer Bühnenfassung von *Hamlet* für das Moskauer Künstlertheater) gedachten im April 1940 des toten Dichters. Anna Achmatowa erinnerte sich an ihre erste Begegnung mit Majakowski im Jahr 1913 und stellt sie in den Kontrast zur Gegenwart:

„Und, noch niemals gehörter, flog dein

Name, Blitz in den stickigen Saal;

Heute, vom ganzen Land bewahrt,

Tönt er wie ein Signal zum Kampf."[15]

Im Mai 1940 erscheint der Sammelband *Aus sechs Büchern* mit Arbeiten von Anna Achmatowa. Während Michail Scholochow die Dichterin für die Auszeichnung mit dem Stalinpreis vorschlägt, faßt das Sekretariat des ZK der KPdSU(B) am 29. Oktober 1940 den Zensur-Beschluß „Über die Ausgabe der Gedichte von Achmatowa". Die in

13 I. Deutscher: Trotzki, Bd. II: Der unbewaffnete Prophet 1921-1929. Stuttgart 1962, S. 450.
14 Von der Selbstmord-Version abweichende Auslegung der Todesursache bei V. Skorjatin: Tajna gibeli Vladimira Majakovskogo. [Übers. d. Sachtitels: Das Geheimnis des Todes Wladimir Majakowskis] Moskva 1998.
15 A. Achmatowa: Poem ohne Held. Leipzig 1982, S. 31.

29 *Krokodil* Nr. 7, April 1940. Titelblatt.　　　　　　*Zeichnung: L. Brodaty.*
„Leuchtturm der sowjetischen Poesie."
[Wortspiel: Majak – Leuchtturm – Majak(owski)]

den Band aufgenommenen Gedichte wurden im ZK als „ideologisch schädlich" und „religiös-mystisch" qualifiziert. Der Vertrieb des Buches wurde untersagt, die im Handel und in den öffentlichen Bibliotheken befindlichen Exemplare eingezogen. Die Leitung des Verlages, in dem der Sammelband erschienen war, wird wegen mangelnder Wachsamkeit gerügt. [16]

Auch Marina Zwetajewa hatte dem Dichter 1930 ein *Requiem in Versen* gewidmet und ihn im Essay *Epos und Lyrik des zeitgenössischen Rußland* gewürdigt. Jeder der Poeten war in seinen eigenen kleinen Kampf eingebunden. „Ich bin von Natur fröhlich... Ich habe sehr wenig gebraucht, um glücklich zu sein. Meinen Tisch. Die Gesundheit der Meinigen. Beliebiges Wetter. Volle Freiheit. – Das ist alles. Und daß ich nun – um dieses unglückselige Glück – so ringen muß, darin liegt nicht nur Grausamkeit, sondern Dummheit." [17]

Am 27. August 1940 muß sie sich an P. A. Pawlenko, den damaligen Vizechef des sowjetischen Schriftstellerverbandes wenden. „Ihnen schreibt ein Mensch in verzweifelter Lage", begann Marina Zwetajewa ihren Brief. „Am 18. Juni 1939, vor über einem Jahr kehrte ich mit meinem vierzehnjährigen Sohn in die Sowjetunion zurück und bezog in Bolschewo... Quartier, in der Datschenhälfte, die meine zwei Jahre zuvor heimgekehrte Familie bewohnte. Am 27. August (heute vor einem Jahr) wurde meine Tochter verhaftet und am 10. Oktober mein Mann. Mein Sohn und ich blieben vollkommen allein zurück... wir waren am Erfrieren. ... Das Leben hat mir in diesem Jahr – den Rest gegeben. Ich sehe keinen Ausweg. Ich flehe um Hilfe." Am 31. August 1941 nahm sie sich das Leben. Ihr Sohn fiel 1944 an der Front.

Der Literaturarbeiter Pawlenko schrieb 1947 einen Roman – *Das Glück*. Dafür bekam er den Stalin-Preis für Kunst und Literatur, der hier zum zweitenmal nach dem Krieg verliehen wurde. [18]

---

16 E. Gromow: Stalin., vlast i iskusstvo. a. a. O., S. 311.
17 M. Zwetajewa: Ausgewählte Werke. Bd. 3, Briefe. Berlin 1989, S. 184.
18 Ebenda, S. 238/240.

Oktober – Münzenberg

> ... der Sieg muß gegen Hitler und Stalin erkämpft werden!
> *Willi Münzenberg (1939).*

Stalins Reizschwelle gegen seine Kritiker außerhalb der Sowjetunion war vermutlich ziemlich hoch. Es ist kaum anzunehmen, daß er mit nervöser Aufmerksamkeit atemlos immer die morgendliche Weltpresse nach einschlägigen Beiträgen überflogen hat. Es konnte ihm allerdings gar nicht gleichgültig sein, wenn ihm einmal von einer westeuropäischen kommunistischen Autorität wie Willi Münzenberg eine definite Breitseite verpaßt wurde. 1939 hatte sich Münzenberg endlich durchgerungen, zu denken, was er sah und zu sagen, was er dachte. Es brach der ohnmächtige Zorn förmlich aus ihm heraus angesichts des Ausmordens der alten weltkommunistischen Elite und des grotesken Paktierens mit Hitler. In der Pariser deutschsprachigen Exilzeitschrift *Die Zukunft* klagte Münzenberg am 22. September 1939 den Alten im Kreml mit schmerzlichem Pathos an: „Heute stehen in allen Ländern Millionen auf, sie recken den Arm, rufen, nach dem Osten deutend: 'Der Verräter, Stalin, bist Du!'."[1]

Münzenberg war nicht nur eine kommunistische, sondern auch eine europäische Berühmtheit. Er hatte den bedeutendsten linken Medienkonzerne seiner Zeit geschaffen. Dabei aber anverwandelte er sich überhaupt nicht dieser Rolle als großer Manager oder autoritärer Parteiführer. Er blieb dem bürgerlichen Leben gegenüber immer distanziert. Er war immer ein Suchender, jedem Fertigen, Dogmatischen fremd. „Er war eine Art Emigrant. Wie vielen andern jungen revolutionären Proleten war es ihm zu eng geworden in der verspießerten deutschen Arbeiterbewegung, in der tatkräftigen Elemen-

---

1 Zitiert bei B. Gross, Willi Münzenberg. Eine politische Biographie. Mit einem Vorwort von Arthur Koestler, Stuttgart 1967, S. 328.

ten wie ihm, die nicht in den Streberapparat sich einreihen ließen, keine Lorbeeren winkten."[2]

Am 22. Oktober 1940 fand man Münzenbergs Leiche im Wald von Caugnet bei Montagne, mit einem Drahtseil erdrosselt, an einem Baum hängend, seit Monaten tot.

Walter Krivitsky hat in seinen Erinnerungen[3] den Beginn und Peter Weiss hat in der *Ästhetik des Widerstands*[4] den Schlußakkord der Hetzjagd beschrieben, die zu jener gräulichen Szene von 1940 führte. „Ich glaube nicht an einen Selbstmord Münzenbergs", schrieb Ruth Fischer, „die beiden Männer, mit denen er aus dem Lager floh, verschwanden, ohne eine Spur zu hinterlassen; sie konnten sehr gut NKWD-Agenten gewesen sein."[5]

Auch Ruth Fischer war seit dem 11. Juni 1940 auf der Flucht. In der Periode nach Paul Levi und vor Ernst Thälmann ist sie die Parteivorsitzende der KPD gewesen. Sie war eine der herausragenden rethorischen Begabungen im Reichstag der Weimarer Republik.

Als sie und ihr Freund Arkadij Maslow in Lissabon dann nach dem Tod Münzenbergs auch noch von der Ermordung Walter Krivitskys erfuhren, bangten beide stärker um ihr Leben als je zuvor. „Nach Ermordung dieses Mannes ist evident, daß von Stalin bedrohte Menschen, wenn sie nur echte und von diesem gehaßte Gegner sind, in der Tat allerlei zu befürchten haben.", schrieb Arkadij Maslow am 6. Februar 1941 an Emil Gumbel. „Daß ich zu dieser Kategorie Menschen gehöre, ist bekannt und sozusagen gerichtsnotorisch: Ich wurde im August 1936 indirekt zum Tode verurteilt in dem Prozeß Sinowjew – Kamenew, wo ein dazu bestellter… Mann angab, ich hätte ihn nach Moskau geschickt, um Stalin zu ermorden. …Und daß ich gleichzeitig nicht gerade gestapobeliebt bin, wissen Sie ja am besten. Mithin kann emergency [Dringlichkeit – für ein amerikanisches Einreisevisum] nicht geleugnet werden, und die europäische Situation gebietet wirklich, so rasch als möglich von hier abzuhauen."[6]

2 F. Brupbacher: 60 Jahre Ketzer, Zürich 1935, S. 237.
3 W. G. Krivitsky: Ich war Stalins Agent, Grafenau 1990, S. 79 ff.
4 P. Weiss: Ästhetik des Widerstands, Berlin 1983, Bd. 2, S. 50 f.
5 R. Fischer: Stalin und der deutsche Kommunismus, Berlin 1991, Bd. 2, S. 280.
6 R. Fischer/A. Maslow: Abtrünnig wider Willen. Hg. von P. Lübbe, München 1990, S. 89 f.

30 Wochenzeitung im Gulag: „Für Öl. Organ der Bauleitung des Lagers Ucht-
petschlag des NKWD." Nr. 2., [?] Januar 1935.
Oben, neben dem Zeitungskopf: „Unser Wirtschaftszweig muß über eine muster-
gültige Pipeline verfügen!"

Arkadi Maslow, der dennoch kein Visum für die USA erhielt, wich auf der 'Ciudad de Sevilla', einem von einem portugiesischen Käsehändler gecharterten Schiff, nach Kuba aus. Dort kam er noch 1941 unter mysteriösen Umständen ums Leben.

Hier auf Cuba verbrachte auch August Thalheimer, einer der wichtigen Theoretiker[7] der KPD sein drittes und letztes Exil. Er war eine der großen intellektuellen Begabungen des deutschen Kommunismus. „Gleich zu Anfang des Krieges wurde ich in Frankreich interniert und war dann in zehn verschiedenen Lagern. Meine Frau Cläre wurde im Mai 1940 in Südfrankreich interniert. Nach der Niederlage Frankreichs fanden wir uns dann an einem kleinen Ort in der unbesetzten Zone Südfrankreichs wieder zusammen. Im September 1941 gelang es uns mit Hilfe amerikanischer Freunde nach Kuba zu kommen."[8]

Von Juni bis Oktober 1941 schrieb A. Maslow in Habanna einige aufschlußreiche Studien über den „Grundfehler" in Stalins Politik während der Zeit zwischen dem Spanischen Bürgerkrieg und den Siegen Hitlers in Westeuropa. „So verlor Rußland auch schon gegen Ende des Jahres 1940", konstatierte er in seiner negativen Bilanz, „im Grunde alle politischen Vorteile, die es 1939 und in den ersten zwei Dritteln von 1940 errungen zu haben schien: Sein Versuch langsam im Südosten Europas sich feste Positionen zu schaffen (Bulgarien; Handels- Schiffahrtsverträge mit Ungarn, der Slowakei, später die Verhandlungen mit Jugoslawien), wurde zunichte gemacht durch das Eindringen der Deutschen in Bulgarien und Ungarn, in Rumänien vor allem, und es war gegen das Ende des Jahres 1940 wiederum vollkommen klar, daß die Politik Stalins Bankrott gemacht hatte."[9]

7 Vgl. A. Thalheimer: Einführung in den Dialektischen Materialismus. Wien – Berlin 1928 [Vorlesungen vom Sommersemester 1927 an der Sun-Yat-Sen Universität, Moskau].
8 Zit. nach: Th. Bergmann / W. Haible: Die Geschwister Thalheimer. Skizzen ihrer Leben und Politik, Mainz 1993, S. 35/36.
9 A. Maslow: Die Perspektiven Rußlands in diesem Krieg und die Auswirkungen des deutsch-russischen Krieges (2. Juli 1941). In: R. Fischer/A. Maslow: Abtrünnig wider Willen. Aus Briefen und Manuskripten des Exils, a.a.O, S. 390/391.

November – Schlangen

> Vor allen Dingen aber wissen wir, daß der
> Massenkonsum tatsächlich nicht gestiegen ist, daß er
> weit davon entfernt ist, zu steigen, und daß er in
> nächster Zukunft auch kaum steigen dürfte.
> *Panait Istrati: So geht es nicht! (1930)*

Die Sowjetunion war auch 1940 noch so etwas wie ein „Geschlossener Handelsstaat". Einer der Volkskommissare für Außenhandel, A. P. Rosengolz, der nach dem dritten Moskauer Schauprozeß 1938 erschossen wurde, „war Verkünder der Theorie des absterbenden Außenhandels und machte sich stark, die Durchführung des dritten Fünfjahresplans fast ohne Einfuhr zu gewährleisten." [1]

Stalins 'engerer Kreis' im Kreml zog gerade in jenem Jahr 1940 alle Entscheidungen auf sich. Anstelle des 1937 konstituierten zentralen Wirtschaftsrates beim Rat der Volkskommissare wurden fünf Wirtschaftsräte eingesetzt, die bis zum 21. März 1941 tätig waren. „Im ZK haben wir schon seit vier oder fünf Monaten das Politbüro nicht einberufen. Shdanow, Malenkow u.a. bereiten alle Fragen im Rahmen einzelner Beratungen mit sachkundigen Genossen vor, und die Leitung als solche hat sich dadurch nicht verschlechtert, sondern verbessert." [2] Stalin kritisierte auf diese Weise die Regierung, d. h. den Rat der Volkskommissare. Dessen Arbeit erfolgte zwar durchaus nach den vereinbarten Regeln. „Die häufigen (täglichen) Sitzungen des Wirtschaftsrates waren durch den Beschluß des Rates der Volkskommissare der UdSSR und des ZK der KPdSU(B) vom 10. September 1939 vorgeschrieben. Dennoch leiteten Stalins Worte eine neue Reorganisation des Apparates des Rates der Volkskommissare ein. Die Vorbereitung dazu fand am 21. März 1941 ihren Abschluß." [3]

1 A.W. Just: Die Sowjetunion, a.a.O., S. 35.
2 V. A. Malyšev: Tagebuch, in: Istočnik, H. 5 / 1997, S. 114.
3 O. Chlevnjuk: Stalin und das Amt des Vorsitzenden des Rates der Volkskommissare (1930/1941) – ein Beitrag zu den Entscheidungsprozessen in der sowjetischen Führung. In: Forum für osteuropäische Ideen- und Zeitgeschichte. 1999, Heft 1, S. 151.

Anstelle von Regierung und Politbüro entschieden bzw. improvisierten nun in lockerer Folge die jeweiligen Kommissionen. Hier wurde alles nur Denkbare bis ins Detail festgelegt, von der Auslandsreise der Mitglieder der Partei- und Staatsführung bis hin zur Versorgung der 'Mushiks' mit Schnürsenkeln.

Eine klare Analyse, wenn auch noch keine Diagnose, war immerhin schon damals für einen fernen, aber aufmerksamen Beobachter möglich. „Ich sehe mehr und mehr", schrieb Wilhelm Reich am 7. November 1940 im amerikanischen Exil an A. S. Neill, „wie die sogenannte bürgerliche Gesellschaft unter kapitalistischer Herrschaft im Verlauf von 7 Jahren mehr im Bereich der sozialen Sicherheit getan hat, als sich irgendein Kommunist in Rußland auch nur träumen lassen würde. Damit will ich nur andeuten, daß ich, obwohl ziemlich gefestigt in all meinen wissenschaftlichen Ansichten, mich völlig verunsichert fühle und dahin tendiere, das meiste von dem zu revidieren, was ich je in Europa darüber gelernt habe, was Sozialismus sein könnte oder sollte. Ich kann nur hoffen, daß die Grundlagen meiner fachlichen Arbeit mich davor schützen, reaktionär zu werden. Wenn man Sozialisten und Kommunisten, die hier herüber gekommen sind, sagen hört, daß Roosevelt ein Diktator oder Faschist sei, dann dreht sich einem einfach der Magen um. Ich fange an, sie zu hassen. Sie erscheinen mir ausgesprochen schädlich mit ihrer völligen Unfähigkeit, einen Gedanken zu Ende zu denken oder irgendeine Arbeit zu tun. Aber es kann sein, daß dieses Gefühl zum Teil nichts als Enttäuschung ist."[4]

Natürlich war *das Land* keineswegs in irgend einem Sinn glücklich, ganz im Gegenteil: „Die innere Lage der UdSSR war gerade im Jahre 1940 katastrophal. In Schlüsselsektoren ging die Produktion... absolut zurück (so beim Bau von Automobilen, Traktoren, Transportmitteln, in der Elektrotechnik oder im Maschinenbau). Auch die Stahlproduktion sank 1940."[5] Die Konsumgüterproduktion entwickelte sich kaum, ein Drittel der staatlichen Investitionen floß in die Rüstungsindustrie. Aber auch die war kaum den Anforderungen der Zeit

4 Zeugnisse einer Freundschaft. Der Briefwechsel zwischen Wilhelm Reich und A. S. Neill 1936 – 1957, Köln 1986, S. 76-77.
5 G. Koenen: Utopie der Säuberung, Berlin 1998, S. 311.

31 *Ogonjok* Nr. 30, 30. Oktober 1940. 3. Umschlagseite.
Werbung für Gosstrach. [Die Abkürzung „Gos" bedeutet „Staatliche", die Abkür-
zung „Strach(owanie)": „Versicherung".
Im Volksmund wurde die Abkürzung auch als „Gosudarstvennyj strach" aufgelöst:
„Staatlicher Schrecken" (Strach – Angst, Furcht, Entsetzen).]
Obere Zeile: „Versicherung von Hausrat". Im unteren Feld: „Jeder Werktätige
kann sich gegen Feuer und andere Naturkatastrophen versichern lassen".

gewachsen, z. B. begannen die den Volkskommissariaten für Mittleren Schwermaschinenbau und Flugzeugindustrie unterstellten Betriebe erst jetzt mit der Herstellung neuer Waffentypen.

Der Wahn der Verdächtigungen und Anschuldigungen dauerte auch 1940 an, obwohl das NKWD bereits Millionen Schädlinge und Feinde des Volkes liquidiert hatte. „Stalin ist ein Barbar im Leninschen Sinne des Wortes", so hat ihn einmal ein ausländischer Besucher während eines öffentlichen Auftritts wahrgenommen, „das heißt ein Feind der Kultur, der Psychologie, der Moral des Okzidents."[7] Wie immer ersetzte die Rhetorik der 'lichten Zukunft', 'vom freudvollen und glücklichen Leben' alle nötige Vorsorge für die täglichen Lebensbedürfnisse der übergroßen Mehrheit der Bevölkerung. Aber gerade das Alltagsleben der Anderen war eine Dimension, die Stalin nicht wirklich interessierte. Im ganzen Sowjetland gab es keine verläßlichen politischen oder ökonomischen Regularien, um auf lebensweltliche Erfordernisse binnengesellschaftlicher, außenwirtschaftlicher oder gar weltwirtschaftlicher Art angemessen reagieren zu können.

Die einfachen Leute hatten mit der Organisation ihres Lebens unter Bedingungen der permanenten Versorgungskrise genug zu tun. Im Winter 1939/40 hatte die Krise ihren Höhepunkt erreicht. Lange vor Beginn des „Großen Vaterländischen Krieges" lebte die Bevölkerung der UdSSR, was die Versorgungslage betraf, unter kriegsähnlichen Bedingungen. Das erst 1935 in der Sowjetunion – begleitet von einer gewaltigen Propagandakampagne – abgeschaffte Lebensmittelkartensystem wurde nach dem Überfall Deutschlands auf Polen von den Verantwortlichen vor Ort de facto wieder eingeführt.

Das Politbüro des ZK der KPdSU(B) und der Rat der Volkskommissare der UdSSR gingen mit allen Mitteln (Preissteigerungen, Senkung der Verkaufsnormen, Reduzierung des Exportes, administratives

---

6   Vgl. K. Simonow: Aus der Sicht meiner Generation, a. a. O., S. 13.
7   C. Malaparte: Der Staatsstreich, a. a. O., S. 60. –„Lenin hatte viel über die Wahrheit gesprochen und hatte Wahrheit verlangt. Natürlich war Lenin ein großer Revolutionär gewesen, aber ein Revolutionär", so die nur sehr interne Kritik Stalins an Lenin, „der leider von Vorstellungen westlicher Prägung über Moral und Sittlichkeit beeinflußt war und der sich deshalb von manchen bürgerlichen Vorurteilen nicht freimachen konnte." (A. Rybakow, Jahre des Terrors, a.a.O., S. 409.)

32 *Ogonjok* Nr. 5, 15. Februar 1941. 4. Umschlagseite.
„Für Wohnung, Elektroenergie, Telefon, Radio, Gas.
– Wenn man Sparkassenmitglied ist, kann man per Überweisung bezahlen."
Unterste Zeile: „Nutzen Sie den Service der Sparkassen!"

Gießer.   Stanzer.

33 *Krokodil* Nr. 3, Februar 1940, 4. Umschlagseite: „Spezialisten vor Ort."

Vorgehen gegen Warteschlangen vor den Geschäften, Druck auf die Landbevölkerung) gegen die Folgen dieser Entwicklung vor. Die Miliz griff aus den Warteschlangen wahllos Leute heraus und brachte sie auf Lastautos 30 bis 40 Kilometer vor die Stadt. Hier wurden die Leute „freigelassen", andere kamen mit Geldstrafen wegen Schlangestehen in Höhe von 25 Rubeln davon (dafür konnte man auf dem Bauernmarkt ein Kilo Fleisch kaufen). Die Praxis wurde auch während des Krieges beibehalten. Der Stadtkommandant von Moskau K. Sinilow bat L. Berija am 4. November 1941 um Zustimmung, für „radikalere Maßnahmen zur Liquidierung der noch vorhandenen Schlangen". [10]

Aus Eingaben der Bevölkerung an Mitglieder der Partei- und Staatsführung 1940 geht hervor, worin viele Bürger, die keine Zeit hatten, endlos Schlange zu stehen und nicht über das Geld verfügten, um auf den Bauernmärkten einzukaufen, die Ursachen der Misere sahen und wie sie sich einen Ausweg aus der Krise vorstellten. Es mangelte an

8 E. Osokina: Krizis snabženija 1939-1941 gg. v pis'mach sovetskich ljudej. [Übers. d. Sacht.: Die Versorgungskrise der Jahre 1939-1941.] In: Voprosy istorii. 1996, 1, S. 4.
9 Ebenda, S. 19.
10 Osadnoe položenie v stolice. Dokumenty Upravlenija komendanta Moskvy. Nojabr' 1941. [Übers. d. Sacht.: Belagerungszustand in der Hauptstadt.] In: Istori českij Archiv, 1997, 3, S. 92.

Presser.

Mechanisator.

Zeichnungen: B. Klintsch.

Lebensmitteln und an Waren aus dem Sortiment des 'Schirpotrjob' („schirokowo potreblenija"), d. h. den Waren des breiten Bevölkerungsbedarfs, von Brot bis hin zu Streichhölzern.

Die Sowjetadministration war angesichts dieses unendlichen ökonomischen Mangels natürlich ratlos. Während die einen 'objektive' außenpolitische Faktoren (Export nach Deutschland und Konzessionen für Japan) für die dürftige Binnenversorgung anführten, wollten andere eine noch strengere innenpolitische Kontrolle aller produktiver Sphären durchsetzen, um den Mangel zu beheben. Gerade die letzteren plädierten häufig sogar für die Abschaffung der noch vorhandenen „freien Bauernmärkte", in denen sie die Ursache allen Übels sahen. Die sog. Spekulanten müssten noch viel drastischer bekämpft werden, war eine in den Eingaben von ganz unten häufig anzutreffende hilflose Forderung.

Das Kartensystem, die Zuteilung von ehedem, erschien vielen – verglichen mit der Praxis des „Sowjethandels" – geradezu paradiesisch. Jetzt führte der Weg von der Schicht nicht nach Hause sondern in die Warteschlange vor den Brotladen. Wer nichts abbekommt, bleibt bis zur nächsten Lieferung stehen. Arbeitsbekleidung war – obgleich von schlechter Qualität – Mangelware. „Die ungenügende, grauschwarze Baumwollbekleidung der Menschen, ihre durchlöcherten Gummischuhe, das graue Kopftuch der Frauen, die schwarze Sportmütze der Männer, das alles wirkte fast wie eine Uniformierung. Nirgends ein heller Tupfen, nirgends ein Lächeln. Immer nur alles grau in grau. Kein Volk, nur eine Masse von Menschen."[11]

Die kommunistische Emigrantin Susanne Leonhard, die damals schon das vierte Jahr im Gulag zubrachte, schreibt: „Ich erhielt am 19. September 1940 endlich wieder einen Brief von meinem Sohn Wolodja. Der Brief war vom 1. Juli datiert; er war also, obwohl in russischer Sprache geschrieben, 111 Tage unterwegs gewesen... So einen großen Sohn hatte ich nun schon. Ich konnte es kaum glauben, daß ich ihn bereits vier Jahre lang nicht gesehen hatte, und bei dem Gedanken, ihn in Jahresfrist wiederzusehen, fühlte ich meine Spannkraft wachsen.

Eigentlich, wenn ich es recht bedachte, hatte ich doch bisher kolossales Glück in der Gefangenschaft gehabt. Wie viele Frauen, die ihr Lagerdasein einst als junge, gesunde Arbeiterinnen angefangen hatten, waren jetzt nicht mehr wiederzuerkennen. Und wie viele lebten schon nicht mehr! Ich hingegen, die ich als Invalide ins Lager gekommen war, hatte gerade dadurch die Chance gehabt, mich vor schwerer physischer Arbeit zu drücken, und war ohne ernsteren gesundheitlichen Schaden geblieben."[12]

Draußen, in der sowjetischen Freiheit, erlebte ihr Sohn, Wolfgang Leonhard die Verordnungen vom 2. Oktober 1940 als einen außerordentlich gravierenden sozialen Einschnitt. An diesem Tag gab erschien die staatliche Anweisung, daß sowohl ein Schulgeld für die drei letzten Klassen von Mittelschulen als auch Studiengebühren für Hochschulen eingeführt wurden. Die Summen waren beträchtlich. Zwischen 300 und 500 Rubel pro Jahr. „Bis zum 2. Oktober 1940 war es praktisch allen begabten und fähigen Kindern der Arbeiter und Bauern möglich, unabhängig vom Geldbeutel der Eltern eine Hoch

11 G. Döhrn: Das war Moskau. Berlin–Wien 1941, S. 65.
12 Susanne Leonhard: Gestohlenes Leben. Als Sozialistin in Stalins Gulag. Frankfurt am Main 1988, S. 220.

schule zu besuchen. ...Seit dem 2. Oktober 1940 können dagegen nur solche jungen Menschen in höhere Positionen aufsteigen, deren Eltern selbst hohe Funktionen innehaben. Der Kreislauf hat sich geschlossen."[13] Mit den sozialen Einschnitten dieses Herbstes hatte sich die Herrschaftskaste endgültig vor Außenseitern bzw. Seiteneinsteigern abgesichert.

Dem deutschen Diplomaten Paul Schmidt fiel eine auf den ersten Blick große Ähnlichkeit Moskaus mit anderen großen Städten Europas ins Auge. Große breite Straßen, Plätze mit Kirchen, überfüllte Straßenbahnen, Gedränge auf den Bürgersteigen, ein ziemlich starker Autoverkehr. „Nur beim näheren Hinsehen fielen mir die allerdings recht wesentlichen Unterschiede auf. Die Fröhlichkeit, die ich in Berlin, Paris oder London auf den Gesichtern der Menge in den Straßen gewohnt war, schien hier in Moskau zu fehlen. Die Menschen blickten ernst und fast wie geistesabwesend vor sich hin... So wie die das Lachen auf den Gesichtern schienen mir die Farben in der Kleidung der Moskauer zu fehlen... Höchstens einige weiße Kopftücher brachten ein gewisses Leben in das Grau der Gesichter und der Kleidung."[14]

Fleisch und Gemüse sowie Molkereiprodukte gab es z. B. in Stalingrad 1940 nur auf dem Bauernmarkt und zu kaum erschwinglichen Preisen. Das Monatseinkommen eines Arbeiters reichte nicht aus, um auf dem Bauernmarkt auch nur das tägliche Brot kaufen zu können. Morgens um zwei Uhr stellten sich die ersten vor den staatlichen Geschäften an. Zwischen 5 und 6 Uhr standen bereits über 600 Menschen an. „Was man jetzt in den Kantinen erhält", schrieb Wera Ignatjewa in einem Brief an das ZK der KPdSU(B), „gab man früher den Schweinen zu fressen. Im 22. Jahr der Revolution gibt es nichts Schrecklicheres als den Hunger." Vergleichbare Zuschriften trafen aus Militärbezirken, Rüstungsbetrieben und von „Großbaustellen des Kommunismus" ein.[15]

---

13 W. Leonhard: Die Revolution entläßt ihre Kinder. Bd. 1, Leipzig 1990, S. 106 f.

14 P. Schmidt: Statist auf diplomatischer Bühne 1923-1945. Erlebnisse des Chefdolmetschers im Auswärtigen Amt mit den Staatsmännern Europas, a. a. O., S. 443.

15 E. Osokina: Krizis snabženija 1939-1941 gg. v pis'mach sovetskich ljudej. In: Voprosy istorii. 1996, 1, S. 14.

Die dreißiger Jahre endeten so, wie sie begonnen hatten – mit der Verwaltung des Mangels. Seit dem Finnischen Krieg waren Brot, Eierteigwaren und Mehl Mangelware, Fisch völlig aus dem Angebot in den Geschäften verschwunden. Die Disproportionen in der Wirtschaft traten überdeutlich hervor. Zu den ersten Reaktionen der Staatsmacht gehörte die Verstärkung des Druckes auf das Dorf. Die privat betriebenen Nebenwirtschaften wurden weiter beschnitten, die Maßeinheiten Kilogramm und Liter verschwanden aus dem Sprachgebrauch. Milch wurden in Gläsern abgefüllt, die Kartoffeln Stückweise, das Mehl auf Untertassen abgewogen, verkauft.[16] Am 1. Dezember 1939 wurde der Verkauf von Mehl und Brot in ländlichen Gebieten verboten. Die Landbevölkerung strömte zum Einkaufen in die Städte.

Im April 1940 berichtete Lawrenti Berija in einer Vorlage für Stalin und Molotow über Fälle von Erkrankungen, die auf chronische Unterernährung zurückzuführen waren. Das Politbüro der KPdSU(B) entschied sich daraufhin für die Wiederbelebung des Systems der „Sonderversorgung" – für die Kaste der eigenen Funktionäre. Um die Versorgung der Bevölkerung zu verbessern, fielen ihm dagegen... Preiserhöhungen ein. Die Preise der im Handel erhältlichen Waren wie Textilien, Trikotagen, Gebrauchsglas waren schon im Januar 1939 erhöht worden. Im Januar 1940 war der Zucker an der Reihe und im April 1940 folgten Fleisch, Fette, Spirituosen, Kartoffeln und Obst. Die von den Preissteigerungen ausgenommenen Waren, Grundnahrungsmittel wie Brot, Mehl, Graupen und Makkaroni, waren stets ausverkauft.

Diese auf drastische Einschränkungen hinauslaufenden Maßnahmen änderten nichts am bestehenden Wirtschaftsmechanismus. Es blieb dabei, daß die Tagesration Brot pro Person 500 Gramm, anstatt der festgelegten Norm von 1 Kilo betrug, die in der Flugzeugindustrie Beschäftigten erhielten monatlich für eine Familie 300-700 Gramm Fleisch, 1-1,5 Kilogramm Fisch und 300 Gramm Butter.[17]

---

16 E. Osokina: Za fasadom „stalinskogo izobilija". Raspredelenie i rynok v snabženii naselenija v gody industrializacii, 1927-1941. [Übers. d. Sacht.: Hinter der Fassade des „Stalinschen Überflusses".] Moskva 1998, S. 207/208.
17 Ebenda, S. 215.

34 *Ogonjok* Nr.17, 20. Juni 1939. 3. Umschlagseite.
„Schokoladenfiguren aus der Fabrik Glawkonditor sind das beste Geschenk für die Kinder."
Untere Zeilen: „Schokoladenfiguren – mit Füllung, ohne und mit Überraschungen. In den Geschäften von Glawkonditor erhältlich."

Die sowjetischen Justizorgane wurden 1940 in die Kampagne zur Steigerung der Arbeitsproduktivität einbezogen. Sie war Teil der umfassenden Disziplinierung und paramilitärischen Ausrichtung der arbeitenden Bevölkerung auf die neuen Aufgaben. Verletzung der Arbeitsdisziplin galt vom 26. Juni 1940 an als Straftatbestand – das Strafgesetzbuch ersetzte das Arbeitsgesetzbuch. Zwei Drittel der Urteile, die 1940 gefällt wurden, waren Urteile wegen Verletzung der Arbeitsdisziplin. Wer zwanzig Minuten zu spät kam, konnte mit Besserungsarbeitslager von einem bis zu sechs Monaten und 25 Prozent Lohnverlust rechnen. Der Beschluß wurde im ZK der KPdSU(B) gefaßt und als Beschluß, der auf Initiative der Gewerkschaftsleitungen zustande gekommen wäre, in der Presse ausgegeben.

Jene Richter, die sich unter Berufung auf den entsprechenden Verfassungsartikel als unabhängig verstanden wurden als „zu unabhängig" in die Schranken gewiesen. Ein Sowjetrichter, der sich als „exterritoriale Größe" versteht, ist kein Sowjetrichter, erklärte der Volkskommissar für Justiz N. M. Rytschkow im Juni 1940. Richter und Staatsanwälte legten in der Regel keinen Wert darauf, in Konflikt mit den örtlichen Parteileitungen zu geraten. Solche Regelungen, die auf eine Einebnung der Grenzen der unterschiedlichen 'Gewalten' im Staat hinausliefen, erschienen dann im Großen Krieg umsomehr als naturgemäß, sie galten aber auch weit über das Kriegsende hinaus, bis in das Jahr 1949.

Die eigentlichen Probleme der Sowjetwirtschaft als Mangelwirtschaft waren natürlich ganz anderer als juristischer Art und daher auch mit noch so drakonischen Mitteln der Justiz nicht zu lösen.

Im ständigen Kleinkampf zwischen Staatsanwaltschaft und NKWD machte letzteres bald Boden gut und wies immer wieder Anträge auf Überprüfung oder Kassation von Urteilen mit der Begründung ab, die Staatsanwälte wollten sich nur vor der anfallenden Arbeit drücken. Mitte 1940 zog „Normalität" in diese Beziehungen ein, der Widerstand der Anwälte war gebrochen, der Berg nichtbearbeiteter Fälle durch Einbeziehung von Volksrichtern weitgehend abgetragen. Die bürokratischen Mühlen mahlten ihren gewohnten Gang und die lokalen Staatsanwaltschaften kamen mit dem Schreiben von Berichten für

34 *Ogonjok* Nr. 4, 10. Februar 1940. 3.Umschlagseite.
„Bankeinlagen garantieren 5 % Jahreszins."
Obere Zeilen: „Es lohnt sich, sein Geld auf der Sparkasse zu deponieren."
Untere Zeilen: „Bewahren Sie Ihr Geld auf der Sparkasse auf!"

die übergeordneten Verwaltungen im Kreis, im Bezirk, in der Unions-republik oder in der Union kaum nach. Den Richtern erging es ähn-lich. 1940 wurden aus unterschiedlichsten Amtsstuben über 300 Rund-schreiben nach unten „durchgestellt", in Moskau waren es sogar 502, d. h. die Richter bekamen täglich bis zu zwei solcher Anweisungen und Richtlinien auf den Tisch.[18]

Am Tage der Veröffentlichung des Beschlusses „Über die Ahndung der Verletzung der Arbeitsdisziplin" erließen der Generalstaatsanwalt der UdSSR M. I. Pankratjew und der Volkskommissar für Justiz N. Rytschkow einen Befehl, der die Durchführungsbestimmungen präzisierte. Jene Vorgesetzten, die ihnen bekanntgewordene Fälle der Verletzung der Arbeitsdisziplin nicht meldeten, machten sich strafbar. Es sind Beispiele bekannt, daß Direktoren, Gewerkschaftsfunktionä-re und Arbeitskollektive die Verhandlung solcher Fälle verhinderten oder dazu beitrugen, daß Strafmaß wesentlich zu senken.[19] Im Juli 1940 wurden 71 Prozent der „Arbeitsbummelanten" mit Besserungs-arbeitslager von einem bis drei Monaten und Lohnabzug in Höhe von 5 bis 15 Prozent bestraft.

Dieses lasche Vorgehen rief den Unwillen der Parteiführung hervor. Das Plenum des ZK der KPdSU(B) diskutierte am 29. Juni 1940 aus-schließlich die Verschärfung dieses Gesetzes. Georgi Malenkow, der über die bisherige Verwirklichung des Beschlusses berichtete, kriti-sierte die unbefriedigende Verbesserung und kaum spürbare Auswir-kung auf die Einhaltung der Arbeitsdisziplin. In der Person von Pan-kratjew war schnell der Sündenbock gefunden und entsprechend bestraft. Rytschkow und Pankratjew hätten die Durchführung des Beschlusses „desorganisiert", hob Stalin hervor, weil sie Schaupro-zesse zugelassen und befürwortet hatten.

Andrej Wyschinski schlug in seiner neuen Funktion als Stellvertre-tender Vorsitzender des Rates der Volkskommissare vor, den Beschluß nicht nur auf Verletzungen der Arbeitsdisziplin zu beschränken, son-

---

18 P. Solomon: Sovetskaja justicija pri Staline. [Übers. d. Sacht.: Sowjetische Justiz unter Stalin.] Moskwa 1998, S. 275.
19 Ebenda, S. 297.

dern auf jegliche Form der Verletzung der öffentlichen Ordnung auszudehnen. Sein Vorschlag wurde angenommen und ging in den Erlaß
vom 10. August 1940 ein.

Am Vorabend der Veröffentlichung des Erlasses begann die Abrechnung mit zu nachsichtigen und inkonsequenten Richtern. Auf Unions-
und Republikebene wurden Richter entlassen. Was als hochpolitisier-
te Kampagne überstürzt und hysterisch begann wurde zum Normal-
fall in der Rechtsprechung. Als Ende 1940 die Zügel noch einmal
etwas gelockert wurden, reagierte die Staatsanwaltschaft sofort zustim-
mend. Mit dem Kriegsausbruch aber war die Atempause zu Ende.

Dem touristischen Blick bot Moskau damals ein anderes Bild. Vor
allem jene Ausländer, die die Stadt in den dreißiger Jahren gesehen hatten waren „geradezu sprachlos" über den baulichen und stadthygie-
nischen Fortschritt. Der kommunistische Exilant Friedrich Wolf war
von der Metropole ebenso beeindruckt wie der berühmte deutsche
Ingenieur Conrad Matschoß, der Ulrich von Hassell die fabelhafte
Städtebaupolitik, die prachtvollen riesigen Plätze und die sauberen
Straßen voller überwiegend ordentlicher und vergnügter Menschen
beschrieb. „Natürlich steckte hinter dieser Moskauer Fassade viel
Elend, Schmutz und Unglück in Rußland, aber der Fortschritt sei
doch außerordentlich."[20]

1941, im ersten Kriegsjahr, wurde die Lage nicht besser. Im September 1941 kam es zu Unruhen und Arbeitsniederlegungen in den
Textilbetrieben „Bolschewik", „Dsershinski", „Roter Leuchtturm" und
„Rote Gewerkschaftsinternationale" im Gebiet Iwanowo. In der Dser-
shinski-Fabrik, berichtete die Untersuchungskommission dem ZK der
KPdSU(B) gab es sogar den Versuch einer organisierten Unterschrif-
tensammlung gegen den 10-Stunden-Arbeitstag. Es fehlte an Material und Ersatzteilen, die Stillstandzeiten der Maschinen nahmen zu,
die Versorgung mit den notwendigsten Lebensmitteln drohte zusam-
menzubrechen.[21]

20 Die Hassell-Tagebücher 1938-1944. Berlin 1988, S. 206.
21 Smjatenie oseni sorok pervogo goda. Dokumenty o volnenijach ivanovskich tekstil'ščikov.
[Übers. d. Sacht.: Dokumente über die Unruhen unter den Textilarbeitern in Iwanowo.]
In: Istoričeskij Archiv, 1994, 2, S. 112.

Dementsprechend waren die Forderungen der protestierenden Arbeiterinnen: Erhöhung der täglichen Brotration um 100 Gramm, Bereitstellung von Stoff, Senkung der überhöhten Normen. Die Namen der „Drahtzieher" und „Provokateure" standen sehr bald fest. Es handelte sich, geht aus dem Bericht hervor, um Vorbestrafte, sowjetfeindliche und entartete Elemente, Schädlinge und Spione, Arbeitsbummelantinnen und Mütter von Deserteuren. Vor dem Militärtribunal fand alsbald ein Prozeß gegen die Gruppe der aktiven „Saboteure" und Organisatoren der Unruhen statt. Ein Drittel der angeklagten Aktivisten wurde zum Tode verurteilt, die Vorsitzenden der Partei- und Komsomolorganisationen, die den Anforderungen nicht gewachsen waren, diszipliniert.[22]

Daniil Charms hatte sich für dieses Jahr 1940 als eine Form sozialer Mimikry folgendes Verhalten selber anempfohlen: „Um Gottes willen, beachte niemanden und gehe ruhig deines Wegs. – Keinerlei Ratschläge – das sei deine Devise."[23]

Wie unterschiedlich die Wahrnehmungen der sowjetischen Alltagsrealität sein konnte, macht eine Bemerkung des prominenten deutschen Politemigranten Alfred Kurella – „Wo ist Dein Bruder Heinrich?" – deutlich. Er erinnert sich ungeniert des neuen Glücks: „Bereits im Jahre 1940 machte sich der 'neue Kurs' bemerkbar, und wir haben in Moskau nie so gut gelebt wie damals."[24]

---

22 Ebenda, S. 124, 125.
23 D. Charms: Tagebuch-Eintrag, v. 12. April 1940, in: ders., Die Kunst ist ein Schrank, hg. v. P. Urban, Berlin 1992, S. 250.
24 A. Kurella: Ich lebe in Moskau. Berlin 1947, S. 81.

Dezember – Rákosi

An einem Sommertag sagte in Budapest jeder,
der einem Flugzeug nachschaute:
Vielleicht fliegt er da!
Julius Hay: Geboren 1900.

Ungeachtet der anhaltenden Verhaftungen unter den Emigranten und der Abschiebung, d.h. Auslieferung zumal deutscher Politemigranten aus der Sowjetunion an die Gestapo wurde von Zeit zu Zeit doch auch umgekehrt ein prominenter Funktionär der internationalen Arbeiterbewegung den „Kasematten der Bourgeoisie" entrissen. Der erste spektakuläre Fall war 1934 Georgi Dimitroffs Einbürgerung nach seinem Freispruch im Leipziger Reichstagsbrandprozeß.

Im Jahr 1940 erreichte Stalin, der sich gern als der große Retter ausgab, noch andere glückliche Heimholungen. So kommt unter anderem Ilja Ehrenburg nach langem Frankreich-Aufenthalt (und dem Fall von Paris) in die Sowjetunion zurück. Besonders spektakulär war es aber, daß nach 15-jähriger Haft in Horthys Gefängnissen zwei von Stalins treuesten Gefolgsmännern aus Ungarn, Mátyás Rákosi und Zoltán Vas, freikommen konnten – im Austausch gegen einst (1848) von der zaristischen Armee erbeutete historische ungarische Flaggen und Trophäen war ihre Abschiebung an die Sowjetunion ausgehandelt worden. In Moskau gab es einen triumphalen Empfang. – Fünf Jahre später kehrt Rákosi nach Budapest zurück, ruiniert mit des Meisters Methoden das Land und die Idee des Sozialismus und wird 1956 – diesmal endgültig – nach Moskau heimgeholt. Noch zwei Jahre zuvor erschien im Aufbau-Verlag Berlin eine Novelle *Der Mann und sein Name*. Sie war „Genossen Mátyás Rákosi zum 60. Geburtstag – Budapest, 9. März 1952." von Anna Seghers[1] gewidmet worden.

---

[1] Anna Seghers: Der Mann und sein Name, Berlin 1954. – Die Seghers trennte ansonsten, wie Hans Mayer betont, „die politische von der literarischen Sphäre". (H. Mayer: Der Widerruf. Über Deutsche und Juden. Frankfurt/M. 1994, S. 277.)

An der Grenzstation, wo 1940 der Austausch vorgenommen wurde, so erinnert sich Rákosi, wurde er vom Kommandeur der Grenzstation Generalmajor Petrow und Brigadekommissar Basarow empfangen. Sie schlugen ihm vor, Stalin ein Telegramm zu schicken und sich für die Befreiung zu bedanken. Den ersten Entwurf, den Rákosi ihnen vorlegte, wiesen die Offiziere mit Befremden zurück und legten Rákosi ihren Entwurf vor. Auf Rákosis Frage, ob Stalin sich nicht über so viel Lobhudelei ärgern würde, erhielt er die Antwort: Sie waren zu lange im Kerker – Rákosi saß seit 1925 –, heute ist das so üblich. Diese Szene wiederholte sich nach der Ankunft in Moskau. [2]

Unter den Eintragungen im Tagebuch von Georgi Dimitroff am 12. Juli 1941 findet sich der Hinweis auf eine Information, die der Generalsekretär der Kommunistischen Internationale von Wsewolod Nikolajewitsch Merkulow, Volkskommissar für Staatssicherheit der UdSSR, erhielt: „Merkulow teilte mit, daß Lukács und Rudas verhaftet worden sind, weil im Januar 1941 an der Grenze ein ungarischer Spion verhaftet wurde, der erklärte, daß er den Auftrag hätte, zu Luk[ács] und Rud[as] Verbindung aufzunehmen. Vor Gericht hat er das noch einmal bestätigt." Diese in der bulgarischen Ausgabe des *Dimitroff-Tagebuchs* nicht weiter kommentierte Eintragung kann durch einen Blick in die nunmehr publizierte Strafakte von Georg Lukács, die heute im Zentralen Archiv des FSB der Russischen Föderation in Moskau aufbewahrt wird, richtiggestellt und erläutert werden. [3]

Sowjetische Grenzsoldaten hatten im August 1940 Stepan Bojlovic Timar beim illegalen Überschreiten der ungarisch-sowjetischen Grenze festgenommen. Timar gehörte aller Wahrscheinlichkeit nach einer Splittergruppe der ungarischen Linken an und „kam mit dem Auftrag, Kontakt zu Georg Lukács, László Rudas oder anderen ungarischen Emigranten in der UdSSR herzustellen". In den Lukács' betreffenden Auszügen aus dem Vernehmungsprotokoll von Timar vom

---

2 M. Rákosi: „Videl, kak voznikaet kul't ličnosti".[Übers. d. Sacht.: Ich sah, wie der Personenkult entsteht.] In: Istočnik, 1997, 1, S. 114.
3 Georgi Dimitroff: Tagebuch 9. März 1933 - 6. Februar 1949. Sofia 1997, S. 240.

9. Mai 1941, die in Lukács Strafakte abgelegt sind, wird Timar als überführter Polizeispitzel und trotzkistischer Emissär bezeichnet. [4]

Das war der Regelfall im Umgang der „Organe" mit sogenannten „Überläufern", die gemäß der Direktive des NKWD vom 1. Februar 1938 zu den im Zuge der nationalen Operationen zu verhaftenden „Kontingenten" gehörten. „Bei der Durchführung der Operationen ist auf die Ermittlung und Eliminierung aller Überläufer zu achten, unabhängig vom Land und Zeitpunkt der Ankunft in der UdSSR, ebenso der Politemigranten und aller mit den ausländischen Missionen, Botschaften, Konsulaten, Konzessionen und anderen ausländischen Einrichtungen Verbundenen." [5]

Weder die Ereignisse nach dem „Großen Terror", noch auch der Überfall der deutschen Wehrmacht auf die UdSSR vermochten die Beständigkeit des trotzkistischen Feindbildes in der Führungsspitze der KPdSU(B) um Stalin zu erschüttern. Selbst im Hinblick auf die aus den (westlichen) Gefängnissen befreiten Genossen, wie z. B. die Rumänin Anna Pauker oder den Ungarn Mátyás Rákosi wollte Stalin sicher gehen, nicht „verkappten Trotzkisten" zur Freiheit verholfen zu haben. In einer Pause der Festversammlung zum 23. Jahrestag der Oktoberrevolution am 6. November 1940 – Rákosi und sein Bruder saßen in der ersten Reihe – trat Josef Stalin auf Georgi Dimitroff zu:

„St.[alin]: Wie geht es Rákosi?

D.[imitroff]: Er fühlt sich hervorragend, nur die Reaktion nach der langen Gefängnishaft wird wohl einsetzen.

St.: Sympathisiert er mit den Trotzkisten?

D.: Nein. Er hält sich tapfer. Noch im Gefängnis, im Zusammen-

4   Besedy na Lubjanke. Sledstvennoe delo Derdja Lukaca. Materialy k biografii. Moskva: RAN, Institut Slavjanovedenija 1999. - 259 S. [Übers. d. Sacht.: Gespräche in der Lubjanka. Die Strafakte Georg Lukács. Materialien zur Biographie. Moskau: Russ. Akad. d. Wissenschaften] Redaktory-sostaviteli V. Sereda i A. Stykalin [Zgst. u. hg. von V. Sereda und A. Stykalin] Sostavlenie priloženija R. Mjullera i Ja. Rokitjanskogo [Anhang erarbeitet von R. Müller und Ja. Rokitjanski] Kommentarii k Proloženiju A. Dmitrieva, Ja. Rokitjanskogo [Kommentar zum Anhang von A. Dmitriev und Ja. Rokitjanski] Herausgegeben mit Unterstützung des Lukács-Archivs und mit finanzieller Unterstützung des Hamburger Instituts für Sozialforschung.
5   Auszug aus dem Verhörprotokoll von I. Timar vom 9. Mai 1941. In: Besedy na Lubjanke, a.a. O., S. 63-65.
6   RGADNI. F. 6. Op. 13, D. 4, L. 19.

hang mit dem Prozeß gegen die Trotzkisten, hat er eine klare Position gegen die Trotzkisten bezogen.

St.: Alle haben sie seinerzeit geschwankt. Haben sich in unseren Angelegenheiten nicht zurechtgefunden.

D.: Die Befreiung von Rákosi ist für die Komintern ein großes Oktobergeschenk!"[7]

Seitens der „Organe" liefen die Untersuchungen auf der „ungarischen Linie" weiter. Die Fälle des Sekretärs des Zentralkomitees der Kommunistischen Partei Ungarns Karl Garai und seiner Ehefrau Dorothea (Dodo[8]) Weinreich sind ein typisches Beispiel. Karl Garai, der unter dem Parteinamen Kürschner[9] seit 1933 in der UdSSR lebte, wurde im Februar 1938 von den Organen des NKWD verhaftet. Als Begründung wurden sowohl „Beziehungen zu deutschen und ungarischen Politemigranten, die als Rechtsabweichler verurteilt worden waren, als auch seine Teilnahme an der von Bela Kun geleiteten konterrevolutionären trotzkistischen Organisation" angegeben. Im März 1940 wurde Kürschner nach Einstellung des Verfahrens durch den Staatsanwalt des Moskauer Militärbezirks aus dem Gefängnis entlassen. Am 10. Juli 1940 wurde er erneut verhaftet und im Oktober 1940 von der Sonderberatung des NKWD zu 8 Jahren Besserungsarbeitslager verurteilt. Am 22. Januar 1941 schrieb Kürschner aus dem Wjatlag[10] an Dimitroff und bat um Hilfe, weil er gemäß der bereits einmal fallengelassenen Anklage verhaftet und verurteilt worden war. Als Bürgen nannte er u.a. Eugen Varga, Józef Révai und Georg Lukács.[11]

Lukács' Herkunft, Biographie und Laufbahn in der Partei mußten „in der Periode der großen Kaderausrottung" das NKWD geradezu anziehen. „Seine Verhaftung", notiert István Hermann, „gehört zu jenen, die von den politischen Ereignissen nur in großer Allgemeinheit und Abstraktheit erklärt wurden. In dieser Epoche verfolgte die

7 G. Dimitroff: Tagebuch 9. März 1933 - 6. Februar 1949, a.a.O., S.345.
8 Dodo Garai - Alfred Kurella. Ein Briefwechsel. In: Sinn und Form, 1990, Heft 4, S.737-764.
9 Zur Biographie von Karl Kürschner siehe Oleg Dehl: Die DZZ und ihre Chefredakteure. In: Neues Leben, Nr. 16, vom 11.5.1996, S.3.
10 Zur Beschreibung dieses Lagers siehe: Viktor Berdinskich: Vjatlag, Kirov 1998.
11 Brief von K. Kürschner an G. Dimitroff aus dem WjatLag des NKWD mit der Bitte um Unterstützung bei der Überprüfung seines Falles (22. Januar 1941). In: Komintern i vtoraja mirovaja vojna. Cast' 1, a.a.O., S.488-490.

36 *Krokodil* Nr. 7, April 1940. *Zeichnung von L. Gentsch.*
„Der Kandidat der Partei.
– Wie lange sind Sie in der Partei?
– Jeden Tag von 10 bis 16 Uhr.“
Obere Zeile: „Sprechen wir über Lumpengesindel...“

ungarische Regierung bereits offiziell, wie man weiß, eine äußerst scharfe antisowjetische Politik."[12] Am 16. August 1940 hatte das Sekretariat des Exekutivkomitees der Komintern in einem ausführlichen Schreiben an die provisorische Führung der Kommunistischen Partei Ungarns die Aufgaben der zu reorganisierenden Partei unter den veränderten Bedingungen formuliert. Neben dem Übergang in die Illegalität und dem „Kampf gegen die Verräter in den eigenen Reihen" stand die Entlarvung der ungarischen Regierung, die sich unter dem Eindruck der militärischen Siege der Wehrmacht an die Seite des deutschen und italienischen Faschismus gestellt hatte und ein neues „Großungarn" propagierte, an erster Stelle.[13]

Der Haftbefehl für Georg Lukács (Anklage gemäß § 58 Abs. 6: Spionage) wurde bereits am 25. Juni 1941 vom Volkskommissariat für Staatssicherheit beantragt, am 27. Juni von Merkulow bestätigt und am 28. Juni 1941 vom Staatsanwalt der UdSSR W. M. Botschkow[14] ausgestellt. Die Verhaftung und Haussuchung erfolgte am 29. Juni 1941. „Als ich verhaftet wurde", erinnert sich Lukács, „fand eine Haussuchung statt, und man beschlagnahmte eine Mappe, in der sich Lebensläufe im Zusammenhang mit meinen Stellenbewerbungen bei verschiedenen Parteistellen und anderen Stellen befanden." Dieses Material wurde im Unterschied zu anderen beschlagnahmten, aber „für die Untersuchung wertlosen Manuskripten" nicht vernichtet,[16] sondern der Untersuchung zugrunde gelegt.[17]

Am 30. Juni wurde die Untersuchungsakte angelegt. Sie enthält neben anderen Dokumenten die Protokolle von neun Verhören. Das erste Verhör im Inneren Gefängnis der Lubjanka trägt das Datum

---

12 István Hermann: Georg Lukács. Sein Leben und Wirken. Budapest 1985, S. 155.

13 Entschließung über die Lage in Ungarn und die Aufgaben der KP Ungarns (vom 20. August 1940). In: Komintern i vtoraja mirovaja vojna. Cast' 1, a. a. O., S. 411-421.

14 W. M. Botschkow (1900-1981) – seit Dezember 1938 Leiter der Sonderabteilung der Hauptverwaltung Staatssicherheit des NKWD der UdSSR, von 1940 bis 1943 Staatsanwalt der UdSSR und von Juli bis Dezember 1941 Mitglied des Militärrates.

15 Georg Lukács: Gelebtes Denken. Eine Autobiographie im Dialog. Red.: István Eörsi. Frankfurt a. M. 1981, S. 161.

16 Beschluß über die Vernichtung der bei der Haussuchung beschlagnahmten Materialien vom 3. Juli 1941. In: Besedy na Lubjanke, a. a. O., S. 57-58. Am 6. Juli wurde die Ausführung des Befehls dokumentiert. Ebenda, S. 58.

17 Protokoll der Haussuchung vom 29. Juni 1941. In: Besedy na Lubjanke, a.a.O., S. 18-19.

3. Juli 1941. Die erste Vernehmung war kurz, sie dauerte von 12.30 bis 16.00 Uhr. Lukács wurde befragt, warum er Berlin als ständigen Wohnsitz wählte, wie lange er in Wien wohnte, welche Aufgaben er 1929 in Budapest erfüllte und welche Verhaftungen von Parteimitgliedern in dieser Zeit erfolgten. Die Stelle im Protokoll, an der Lukács auf die Fraktionskämpfe innerhalb der KP Ungarns hinweist und dies als Grund für die Angreifbarkeit der Partei anführt, ist unterstrichen. Daneben findet sich der handschriftliche Eintrag: „Er selber war ein aktiver Fraktionist."[18]

Am 4. Juli schlug der Untersuchungsführer Pugatschow einen schärferen Ton an. Bisher habe sich Lukács „hartnäckig geweigert", seine „Verbrechen gegen die Partei und die Sowjetmacht zu gestehen". Lukács bestritt auch weiterhin, „Verbrechen" begangen zu haben, gab aber eine Reihe von Fehlern in den Jahren von 1920 bis 1929 zu. Seine 1920 begangenen und u. a. von Lenin kritisierten ultralinken Fehler habe er 1922/23 korrigiert. Als rechtsopportunistischen Fehler bezeichnete Lukács seine 1929 von der Komintern zurückgewiesenen sogenannten *Blum-Thesen*. Das Protokoll des von 13.00 bis 19.10 Uhr geführten Verhörs nimmt 2 Blatt der Akte ein.

Am 6. Juli 1941 – an diesem Tag wurde der „Kronzeuge" Timar im Schnellverfahren vom Militärkollegium des Obersten Gerichts der UdSSR unter Vorsitz von Wassili Ulrich verurteilt und erschossen – befragte der Untersuchungsführer Lukács ausschließlich über seine Verhaftungen durch die österreichische Polizei und die Gründe für die Haftentlassung. Das Ergebnis der fast fünfstündigen Vernehmung fiel wiederum kurz aus. Pugatschow wies den „uneinsichtigen" Untersuchungshäftling immer wieder darauf hin, daß dem NKWD Hinweise auf seine „Tätigkeit als Spion und Provokateur" vorliegen. Es sei sinnlos zu leugnen, denn im Verlauf der Untersuchung werde er gestehen müssen.

Neben dieser Andeutung der Möglichkeit, die Verhöre „aktiv", d. h. unter Einbeziehung der Folter fortzusetzen, ist die Gewichtung des Geständnisses von Bedeutung. Andrej Wyschinski hatte in seiner

---

18 Protokoll des Verhörs von G. Lukács vom 3. Juli 1941. In: Besedy na Lubjanke, a. a. O., S. 29.

Schlußrede als Generalstaatsanwalt der UdSSR während des Moskauer Schauprozesses von 1937 erklärt, daß man bei „Verschwörungen" nicht nach Beweisen fragen dürfe. Indizien hätten eine „weit größere Überzeugungskraft" als Beweise. Die Untersuchungsführer fügten Aussagen und Geständnisse, die wiederum durch andere Geständnisse „bestätigt" wurden, aneinander.

Ganz in diesem Sinne stellte Pugatschow am 12. Juli 1941 fest, daß Lukács auf Grund der bisherigen Untersuchung „als Agent eines ausländischen Geheimdienstes, für den er lange Zeit gearbeitet hat" überführt worden und demnach eine Verurteilung gemäß § 58 Abs. 1a, d. h. wegen konterrevolutionärer Tätigkeit möglich sei. An diesem Tag rief Merkulow Dimitroff an. Nachdem Lukács die Anklageformel zur Kenntnisnahme vorgelegt wurde, holte man ihn um Mitternacht für anderthalb Stunden erneut zur Vernehmung. Doch Lukács verweigerte das erwartete „Geständnis", Spion gewesen zu sein und wies die Anschuldigungen als haltlos zurück.

Das am 13. Juli weitergeführte Verhör dauerte bis in die Abendstunden. Lukács wurde zu Rudas vernommen, der von 1937 bis 1939 in der Sowjetunion inhaftiert war. Lukács gab vor, den Haftgrund nicht zu kennen und zum Parteiarbeiter Rudas lediglich lockere Arbeitskontakte unterhalten zu haben. Darüber hinaus hob er hervor, daß sie die meiste Zeit in verschiedenen Ländern tätig gewesen sind. Was Lukács nicht wußte war, daß Rudas' zwei Nächte zuvor dieselben Fragen vorgelegt worden waren.[20] Es gelang den Untersuchungsführern nicht, beide Häftlinge in Widersprüche zu verwickeln oder gar gegeneinander auszuspielen.

In der Nacht vom 15. zum 16. Juli wurde Lukács von Pugatschow über seine Beziehungen zu bürgerlichen Kreisen in Österreich vernommen. Auch in diesem Fall konnte sich der Vernehmer auf Lukács' Angaben aus den in regelmäßigen Abständen der Kaderabteilung vorzulegenden Lebensläufen stützen. Lukács hatte seine Kontakte zu

---

19 Beschluß über die Aushändigung der Anklageschrift vom 12. Juli 1941. In: Besedy na Lubjanke, a. a. O., S. 38.
20 Kopie des Verhörprotokolls von L. Rudas vom 11. Juli 1941. In: Besedy na Lubjanke, a .a. O., S. 55-57.

36 *Krokodil* Nr. 11, Juni 1940. Titelseite.   *Zeichnung: M. Scheremetjew.*
„Flieg weit weg von diesem Menschen. Er macht sonst einen Elefanten aus Dir."

Ministern der ungarischen Regierung oder zum österreichischen Finanzminister Josef Schumpeter und dem Mitarbeiter des Finanzministeriums Hermann Schwarzwald, nicht verschwiegen.

Da Pugatschow mit dem Fall nicht weiterkam, wurde die Untersuchung am 22. Juli Kirillow, einem neuen Untersuchungsführer, zur Nachuntersuchung übergeben. Einen halben Tag lang wehrte sich Lukács hartnäckig gegen die nachdrücklicher als in den Verhören zuvor erhobene Anschuldigung, „Spion im Dienste ausländischer Geheimdienste" zu sein. Die Tatsache, daß Lukács von der österreichischen oder ungarischen Polizei nicht verhaftet bzw. immer aus der Haft entlassen worden war, galt in diesem Fall nicht als Nachweis guter Tarnung, sondern als „Beweis" für Lukács' „Spitzeltätigkeit" für die ungarische Polizei.

Die längere Pause zwischen den Vernehmungen erklärt sich vielleicht aus den Eingaben, die Lukács' Frau an die Adresse von Stalins Stellvertreter, Wjatscheslaw Michailowitsch Molotow, schickte und aus der schnellen Reaktion auf die Verhaftung des Philosophen im Ausland. Am 1. August 1941 informierte Rákosi Dimitroff darüber, daß der ungarische Rundfunk über die Verhaftung von Lukács und Rudas berichtet hatte. „Die wenigsten Leute haben es gewagt, wenn jemand einmal verhaftet war, sich mit ihm solidarisch zu erklären. Um so höher schätze ich ein..., daß Becher zusammen mit Ernst Fischer und József Revai sich an Dimitroff gewendet hat, damit Dimitroff in dieser Sache interveniere."[21]

Am 5. August, Lukács wurde den ganzen Tag lang verhört, versuchte der Untersuchungsführer ein letztes Mal, Lukács auf Kontakte zu als „Spionen oder Trotzkisten entlarvten" Parteimitgliedern festzulegen und ihm „Fraktionstätigkeit" nachzuweisen. Lukács schildert ein Verhör und die Vorhaltungen des Verhörers wie folgt: „'Ich habe diese Sachen gelesen, ich sehe, daß Sie zur Zeit des III. Kongresses ein Ultralinker, also ein Trotzkist waren.' Daraufhin habe ich ihm gesagt: 'Also, Sie werden verzeihen, an dieser Behauptung stimmt lediglich, daß ich zur Zeit des III. Kongresses ein Ultralinker war, aber es stimmt

---

21 Ilse Siebert: Gespräch mit Georg Lukács. In: Sinn und Form, 1990, Heft 2, S. 328/29.

nicht, daß Trotzki damals ein Trotzkist gewesen wäre, weil Trotzki damals Lenin unterstützt hat.' Daraufhin fragte er mich, wer denn dann Trotzkist gewesen sei. Ich sagte ihm, ein Teil der italienischen Kommunisten, ein Teil der polnischen Kommunisten seien Trotzkisten gewesen, von den deutschen Kommunisten Maslow, Ruth Fischer, Thälmann. Als ich Thälmanns Namen ausgesprochen hatte wurde der Kerl rot, schlug mit der Faust auf den Tisch und sagte, ich würde lügen. Ich sagte ihm daraufhin, wir sollten nicht über Lüge und Wahrheit sprechen, ich würde ihm etwas empfehlen, in ihrer Bibliothek sei das *Protokoll des III. Kongresses* vorhanden. Er solle Thälmanns Rede lesen, er solle lesen, was Lenin daraufhin geantwortet habe, und er solle auch Trotzkis Reden lesen. Wir kamen auf diese Frage nicht mehr zurück." [22]

Stattdessen begann wieder der Versuch, Lukács aufgrund von Timars „Geständnissen" zu überführen: „Sie bemühen sich vergeblich, sich als Kommunist, als Marxist darzustellen. In der Theorie waren Sie Idealist, und auf dem Gebiet der Praxis - Opportunist und Fraktionsmacher. Einfach gesagt – Sie standen im Dienst ausländischer Nachrichtendienste, waren ein Spion." [23] Lukács gab noch einmal seine Fehler aus der Zeit bis 1929 zu, und beharrte darauf, seit 1930 auf Positionen des dialektischen Materialismus zu stehen und keine Fehler mehr begangen zu haben. Das alles sind nur Ausflüchte, bemerkte der Untersuchungsführer. Die von Lukács zugegebenen ständigen Fehler und Irrungen weisen darauf, daß es sich um ein „System falscher Anschauungen" handele und dieses die Grundlage aktiver Fraktionstätigkeit sei. Die von Lukács verfaßten Lebensläufe wurden während der Verhöre in der Lubjanka als „Beweise" herangezogen.

Da Lukács seine Fehler nie verheimlicht hatte, knüpfte die Untersuchung hier an und legte den Schwerpunkt auf den „nachweislichen Zusammenhang" theoretischer Fehler und praktisch-politischen Fehlverhaltens. Im Beschluß über die Einstellung des Verfahrens wurde de facto zugegeben, daß es nicht gelungen ist, die „Fehler auf dem Gebiet der Theorie" bis in die 40-er Jahre nachzuweisen. Am 20. August

---

22 Georg Lukács: Gelebtes Denken. Eine Autobiographie im Dialog, a. a. O., S. 161.
23 Protokoll des Verhörs von G. Lukács vom 5. August 1941. In: Besedy na Lubjanke, a. a. O., S. 53.

wurde das Verfahren eingestellt. Lawrenti Berija stimmte dem am 23. August zu, worauf Lukács am 26. August aus der Haft entlassen wurde. An diesem Tag erhielt er die beschlagnahmten Dokumente und Wertgegenstände zurück.

Seinen Anfang der 40er Jahre verhafteten Adoptivsohn Ferkó Jánossy sah Lukács allerdings erst 1946 wieder. Er hatte ihn „gewissermaßen beim Kartenspiel zurückgewonnen. 1945 war Lukács' sechzigster Geburtstag, und er wurde von der Partei gefragt, was er sich zu diesem Anlaß wünsche. Er holte tief Luft und sagte: 'Meinen Sohn.' 'Wir wollen es versuchen', antworteten sie. Ein ungarischer Ökonom, der Berater bei Stalin war, sagte bei der Gratulation: 'Hören Sie, Genosse Lukács, ich werde sehen, was sich in dieser Angelegenheit machen läßt. Ich spiele jede Woche mit Berija Bridge, ich versuche etwas für Sie zu erreichen.' Zwei Wochen später rief er an: 'Genosse Lukács, ich glaube die Sache ist erledigt, ich habe Lawrentij Pawlowitsch den ganzen Abend gewinnen lassen, das hat ihn in äußerst gute Laune versetzt, und da habe ich ihn bitten können, doch mal nach diesem Ferenc Jánossy zu sehen und ihn freizulassen. Das hat er mir dann auch mehr oder weniger versprochen.'"[24]

Georg Lukács war im wahrsten Sinne des Wortes „der Normalität entgangen".[25] Reinhard Müller vom Hamburger Institut für Sozialforschung, der einige der publizierten Dokumente im Februar 1999 zum erstenmal in Berlin vorstellte, knüpfte an Lukács' Autobiographie *Gelebtes Denken* an, in der Lukács in schriftlichen Abbreviaturen und in ausführlichen Interviews über seine Exiljahre 1931 bis 1933 in Berlin und über sein Moskauer Exil von 1933 bis 1945 berichtet. „Hier verschwindet das traumatische Klima hinter der allzu perspektivischen Totalität, die in Formeln wie 'Glück in Katastrophenzeit'[26] vorgestellt wird. In ihrer bürokratisch codierten Form als 'Kaderakte' liefern einige von Lukács in Moskau verfaßten 'Lebensläufe' und weitere

---

24 Agnes Heller: Der Affe auf dem Fahrrad. Eine Lebensgeschichte bearbeitet von János Köbányai. Aus dem Ungarischen von Ch. Polzin und I. Rübberdt. Wien 1999, S. 145.

25 Ralf Zwengel: Der Normalität entgangen. Neue Dokumente zur Verhaftung von Georg Lukács 1941. In: Frankfurter Allgemeine Zeitung, 24. 2. 1999.

26 Georg Lukács: Gelebtes Denken. Eine Autobiographie im Dialog, a. a. O., S. 272.

Dokumente aus dem Moskauer 'Kominternarchiv' nun hintergründige biographische Details über das doppelte Exil in Berlin und Moskau. Diese als Herrschafts- und Unterwerfungsdokumente zu dechiffrierenden Texte spiegeln sowohl die allgemeine Überwachungs- und Registraturpraxis des Komintern-Apparates, aber auch das individuelle Verhalten des mehrmals disziplinierten Häretikers Lukács wider, der innerhalb der stalinistischen Bürokratien gezwungen war, eine Art 'Partisanenkampf' für seine 'wissenschaftlichen Ideen' zu führen."[27]

Der letzte Vorsitzende der KPD in der Weimarer Republik, Ernst Thälmann – auch er hatte Stalin oft als den „Lenin von heute" und „großen Freund der Werktätigen des deutschen Volkes" gewürdigt –, wartete in der spannungsgeladenen Augustwoche des Jahres 1939 und im darauffolgenden Jahr 1940, dem Pakt-Jahr der Sowjetunion mit Deutschland, vergeblich auf seine Rettung aus dem faschistischen Gefängnis durch einen Schritt sowjetischer Machtpolitik. Stalin lagen Informationen von Ossip Pjatnitzki vor, aus denen hervorging, daß Ernst Thälmann Geld und das Nötigste erhält und in der Haft nicht geschlagen wird. Stalin hatte sie zur Kenntnis genommen und lediglich angeordnet, die Briefe des KPD-Vorsitzenden in seinem Privat-Archiv abzulegen. Thälmann wurde im August 1944 im KZ Buchenwald umgebracht.

Parallel zur Heimholung von Máthyás Rákosi wird der vom NKWD am 17. Januar 1933 angeworbene Informant Imre Nagy auf seine Landsleute im rettenden Exil angesetzt. Ihr eigentliches *Endspiel* liefern sich die beiden Kommunisten dann erst ein Jahrzehnt später, wieder in Ungarn, das dann nach dem Volksaufstand von 1956 für Imre Nagy tödlich ausgeht und für Rákosi wieder, nun ein letztes Mal, im sowjetischen Exil endet. Unter dem Tarnnamen 'Wolodja' lieferte Nagy 1937-1938 u. a. die Mitarbeiter des Instituts für Weltwirtschaft Eugen Varga, E. Neumann, Andor Gabor und Mihai Farkas ans Messer. 1939 benennt „Wolodja" seiner Ansicht nach geeignete Emi-

---

27 So im Rückblick 1957. Vgl. dazu Georg Lukács, Postscriptum zu: Mein Weg zu Marx. In: Revolutionäres Denken – Georg Lukács. Eine Einführung in Leben und Werk. Hg. von Frank Benseler. Darmstadt–Neuwied 1984, S. 82.

granten für die Mitarbeit in der 1. Unterabteilung der 1. Abteilung der 4. Verwaltung des NKWD; im April und Juni 1940 stellt er eine Liste von „antisowjetischen, terroristischen und unbelehrbaren Elementen" zusammen.[28]

Solche Listen wurden in allen Behörden, auch in der Komintern, erstellt. Als ein Sammelbecken für Ausländer war diese einst weltweit gefürchtete Institution des politischen Umsturzes und der Subversion inzwischen in der Sowjetunion selber hochverdächtig geworden. Allerdings – von ihren Mitgliedern und Sympathisanten wurde auch das ideelle Gegenbild zu jener realsozialistischen, gewalttätigen Tristesse geschaffen:

Mit uns kommt es, das Reich, das menschliche, Friede und Freude,
Und mit den Augen zu sehn, dort in dem freiesten Land,
Mehr als je wir erhofften und mehr als je wir auch ahnten,
Taten und Werke erstehn, zeugend davon, daß der Mensch
Schöpfer nun wird seiner Welt, und wie, durch die Welträume
                                                        stürmend
[...]
Wandelt er neu und gibt ihnen den tieferen Sinn.
Menschen, beneidenswert sind wir, gesegnet von künftigen Zeiten!
Unüberwindlich, denn wir schufen die Freiheit, das Glück![29]

Während der Fahrt mit der imposanten Moskauer Metro, die alle anderen Untergrundbahnen der europäischen Hauptstädte, die der Chefdolmetscher des deutschen Auswärtigen Amtes bisher zu sehen bekommen hatte, durchaus in den Schatten stellte, wurde Paul Schmidt sofort als Ausländer erkannt. „Schweigend blickten mich die umsitzenden Moskauer aus unbeweglichen Gesichtern forschend an, denn sie erkannten mich, wie mir meine Begleiterin erklärte, an meiner Kleidung, besonders aber an meinen Lederschuhen, sofort als Ausländer. Hätte ich meine weißen Strandschuhe von Norderney ange-

---

28 Agent „Volod'ja". In: Istočnik, 1993, 1, S. 72/73.
29 Der Glückssucher und die sieben Lasten. Ein hohes Lied von Johannes R. Becher. Moskau 1938, S. 5.

habt, wäre ich weniger aufgefallen, denn Segeltuchschuhe in grau oder weiß schienen damals in Moskau die große Mode zu sein."[30]

Sie mußten nicht daherkommen, wie der von Michail Bulgakow im Roman *Meister und Margarita* beschriebene Prof. Voland, jener „durchsichtige Mann von sehr merkwürdigem Aussehen", den der Vorschlag, Immanuel Kant auf die Gefängnisinsel Solowki zu schicken, förmlich entzückte. Neben prominenten Funktionären gab es einfache Parteimitglieder, die vor den Nationalsozialisten ins Vaterland der Werktätigen geflohen waren.

In den Jahren von 1932 bis 1936 schätzte die Deutsche Vertretung beim Exekutivkomitee der Komintern die Zahl der in der UdSSR lebenden deutschen politischen Emigranten auf vier- bis fünftausend. „Auch diese Zahl wird noch höher einzuschätzen sein, da zu den Emigranten weder die engere Führung der KPD noch diejenigen, die sich zur Schulung in der UdSSR aufhielten, hinzugezählt wurden."[31]

Oft lebten sie und die vor ihnen eingetroffenen Facharbeiter mit ihren Familien in der Sowjetunion. Viele von ihnen hatten kein Verständnis für die Unterzeichnung des Hitler-Stalin-Paktes. Erst Mitte 1940 hatte sich im offiziellen Sprachgebrauch der Moskauer KPD-Gruppe die Anerkennung der sowjetischen Politik durchgesetzt. „Wenn die Parteikader im Lande, wie auch in der Emigration nach einer gewissen Bestürzung den Kopf wieder fanden und nach und nach die Richtigkeit der Stalinschen Politik einsahen, so spricht das vor allem von der unendlichen Treue gegenüber dem Genossen Stalin. Bei früheren Gelegenheit hatte das ein Arbeiter im Ruhrgebiet drastisch so ausgedrückt: ‚Wenn wir nicht sofort alles das begreifen, was Stalin tut, so wissen wir doch von vornherein, es kann auf keinen Fall falsch sein.'"[32]

Betreffs der Verhaftung von Emigranten hatte sich Wilhelm Pieck am 28. Mai 1939 an Dimitri Manuilski gewandt: „Ich hatte am 5. April,

---

30 P. Schmidt: Statist auf diplomatischer Bühne 1923-1945. Erlebnisse des Chefdolmetschers im Auswärtigen Amt, a. a. O., S. 443.

31 C. Tischler: Flucht in die Verfolgung. Deutsche Emigranten im sowjetischen Exil 1933 bis 1945. Münster 1996, S. 26.

32 Bericht über die Arbeit der Partei von der Berner Konferenz bis zum Kriegsausbruch. In: Ebenda, S. 142.

im Einverständnis mit dem Genossen Dimitroff, an den Genossen Berija die schriftliche Bitte gerichtet, mir eine Unterredung mit ihm zu gewähren, in der ich ihm eine Reihe von Fällen verhafteter Emigranten vortragen wollte, von denen ich und die anderen verantwortlichen deutschen Genossen in der Komintern überzeugt sind, daß sie sich keiner verbrecherischen Handlung gegen die Sowjetunion schuldig gemacht haben. Ich hatte ihm eine Liste von Namen dieser Emigranten mit beigefügter Charakteristik übermittelt. Leider habe ich bis heute, obwohl nahezu zwei Monate verflossen sind, keine Antwort auf meine Bitte erhalten. Da ich bereits im vorigen Jahre Mitte April mit dem gleichen Ersuchen mich an Jeschow gewandt hatte und ebenfalls keine Antwort erhielt, so möchte ich mich in dieser Angelegenheit an den Genossen Stalin wenden. Aber vielleicht ist es besser, wenn Du zunächst erst mit dem Genossen Berija sprichst, ob er eine solche Unterredung mit mir machen will oder nicht. Die Angelegenheit ist sehr wichtig, und ich bitte um Deine Hilfe". [33]

Zu den ersten, die auf ihre Weise auf die von der sowjetischen Nachrichtenagentur TASS am 3. Mai 1939 verbreitete Meldung über die Absetzung des sowjetischen Außenministers Maxim Litwinow und die Übernahme des Außenministeriums durch Wjatscheslaw Molotow reagierten, gehörten Warschauer Bankiers. Viele begannen sofort, die polnischen Werte zu veräußern. „In Abwesenheit des Grafen von Schulenburg legt von Tippelskirch am 4. Mai 1939 folgende Lagebeurteilung aus Moskau vor: „Die Ernennung Molotows zum Außenkommissar unter Beibehaltung seines Amts als Vorsitzender des Rates der Volkskommissare wird als Ukas des Präsidiums des Obersten Sowjets vom 3. Mai von der Sowjetpresse in großer Aufmachung veröffentlicht. Die Entlassung Litwinows erscheint auf der letzten Seite unter 'Chronik.' Die deutsche Botschaft in Moskau meldet weiter: 'Der plötzliche Wechsel hat hier größte Überraschung hervorgerufen, da Litwinow sich mitten in Verhandlungen mit der englischen Delegation – zur Einkreisung Deutschlands – befand. Die Sowjetpresse

33 Zum Brief Wilhelm Piecks an Manuilski (1939). In: Neues Deutschland, 12. Januar 1989, S. 3.

enthält keine Kommentare. Das Außenkommissariat gibt den Presse-vertretern hier keine Erläuterungen." [34]

„Ein Jahr war seit meiner Verhaftung vergangen; bei dem Gedan-ken an die Erfahrungen der schrecklichen Wende in meinem Leben war ich voll widerstreitender Gefühle. Der Gedanke, diese Prüfungen bestanden, meine Ehre gewahrt zu haben, dem Unheil entflohen und am Leben geblieben zu sein, erfüllte mich mit Stolz und Glück." Jew-geni Alexandrowitsch Gnedin, Pressechef des sowjetischen Außen-ministers Litwinow, wurde am 10. Mai 1939 verhaftet und in den berüchtigten Moskauer Gefängnissen Lefortowo und Suchanowo gefoltert. Da es nicht gelang, ein Geständnis aus ihm herauszuprügeln, wurde die Todesstrafe in zehn Jahre Besserungsarbeitslager umge-wandelt. Erst nach 16 Jahren Haft wurde Gnedin entlassen und reha-bilitiert. [35]

Am 19. November 1940 wandte sich Wilhelm Pieck an Genossen Georgi Dimitroff und bat, zu überlegen, ob eine Aussprache mit Mit-gliedern des Politbüros des ZK der KPdSU(B) über die Freilassung unschuldig verhafteter deutscher Kommunisten zweckmäßig und der Sache dienlich sei. „Aber leider kommen eben nur zwei Genossen frei, während viele andere Genossen, für die wir uns ebenfalls verbürgen, im Gefängnis bleiben, oder in den Lagern früher oder später zugrun-de gehen. Die Schwierigkeiten, die von der Führung des NKWD in der Freilassung der Genossen gemacht werden, rufen den Eindruck hervor, daß für sie andere Gründe maßgebend sind, gegen die Frei-lassung zu sein, als eine korrekte Prüfung der Umstände, unter denen die Genossen verhaftet und verschickt wurden." [36]

Wer von den Politemigranten und Facharbeitern in die Fänge des NKWD geriet, war nicht dem Zufall überlassen. In der Regel lagen die auch von der Komintern mit vorbereiteten Verhaftungslisten immer bereit. Vom NKWD verhaftete Mitglieder der KPD wurden

---

34 W. Joost: Botschafter bei den Roten Zaren. Die deutschen Missionschefs in Moskau 1918 bis 1941. Wien 1967, S. 294.
35 Jewgenij Gnedin: Das Labyrinth. Hafterinnerungen eines Sowjetdiplomaten. Freiburg im Breisgau 1987, S. 161.
36 Neuer Brief Wilhelm Piecks aus dem Komintern-Archiv. In: Neues Deutschland, 27. Juli 1989, S. 3.

in der Regel mit Billigung und auf Veranlassung der deutschen Parteiführung umgehend ausgeschlossen. Die Angehörigen der Verhafteten hofften vergeblich auf Hilfe und Unterstützung von den ihren Genossen. Über Nacht waren aus Ehefrauen, Müttern und Kindern Unpersonen geworden. Bald darauf folgte die Entlassung, ihre alten Bekannten grüßten sie nicht mehr. Den Kindern wurde das Verhalten von Pawlik Morosow als beispielhaft vorgeführt. Der Junge hatte Anfang der dreissiger Jahre seinen Vater als 'Kulaken' denunziert und das war in der Presse groß herausgestellt worden.

Viele in die Sowjetunion emigrierte Deutsche wurden schließlich sogar nach Deutschland abgeschoben – so erging es z. B. Erwin Geschonneck, Gerhard Harig und Margarete Buber-Neumann – oder nach Anfrage von „deutschen Stellen" an der Grenze den deutschen Behörden übergeben. „Man teilte mir mit", erinnert sich E. Geschonneck, „innerhalb von drei Tagen müßte ich die Sowjetunion verlassen. Eine Begründung wurde nicht gegeben. Da ich inzwischen zum Vorsitzenden der Gewerkschaftsleitung des Theaters gewählt worden war und meinen Antrag auf Aufnahme in die KPdSU(B) aufrechterhielt, beriefen wir eine Gewerkschaftsversammlung ein und erhoben Einspruch beim NKWD. Ohne Erfolg. Ich fuhr, so schnell ich konnte, nach Moskau und ging sofort zu Gustav von Wangenheim... Aber er konnte mir ebensowenig helfen wie die Genossen vom Zentralkomitee unserer Partei, mit denen ich sprechen konnte. ...Ich fuhr wie 1934 mit dem Zug, nun allerdings in entgegengesetzter Richtung."[37] So geschehen im Jahr 1939 – Erwin Geschonneck gelang es nicht, eine „Fahrt nach Spanien" zu organisieren, wie er bis zuletzt gehofft hatte.

Friedrich Wolf hingegen, der am Bürgerkrieg in Spanien teilgenommen hatte, hoffte, aus dem französischen Internierungslager in die UdSSR entlassen zu werden. Ein Visum, ausgestellt vom Sowjet-Konsulat in Vichy hatte er schon in der Tasche. „Ich habe dort auch um Intervention und Aufklärung gebeten, weshalb ich, der ich seit dem 8. VI. 35 expatriiert bin, also apatride, weshalb ich also als 'Deutscher' hier zurückbehalten werde, weil den Deutschen die Ausfahrt aus

---

37 E. Geschonneck: Meine unruhigen Jahre. Berlin 1984, S. 74/75.

Frankreich ohne Genehmigung der Deutschen verweigert sei. Die deutsche Kommission, die vor einer Woche unser Lager besuchte, erklärte sich ausdrücklich an uns Juden, zumal denen über 50 Jahren, wie ich es bin, völlig desinteressiert."[38] So fuhren der Schauspieler und der Dichter aneinander vorbei. Im März 1941 war Friedrich Wolf wieder zu Hause in der Sowjetunion.

„Heute ist Samstag", notierte der ebenfalls in Frankreich internierte Kurt Stern am 22. Juni 1940 im Tagebuch, „neben meinem 'Arbeits-zimmer' halten die Juden ihren Sabbat-Gottesdienst ab. Ich höre ihre Gebete für das Glück und die Größe Frankreichs, und dafür, daß es seinen Rang unter den Nationen behält. Was mögen heute die Juden in Deutschland von ihrem Gott erbitten? Der Rabbiner nebenan predigt Optimismus, das was man früher 'das Vertrauen in Gott' nannte, 'denn', sagte er, 'wenn wir das Glück nicht mehr erblicken sollten, unsere Kinder werden es sehen'. Ein Trost, der durch die Jahrhunderte hindurch und in allen religiösen und politischen Bewegungen dazu gedient hat, die Geschlagenen zu trösten." Am darauffolgenden Tag unterzeichnete Frankreich die Kapitulation gegenüber Deutschland.

Margarete Buber-Neumann hat ihre Reise aus dem sowjetischen GULag ins deutsche Konzentrationslager in ihren Erinnerungen beschrieben. Im Januar 1940 traf sie mit einem Transport aus Sibirien im Butyrka-Gefängnis ein. In Moskau fanden Luftschutzübungen statt und „in den Gängen und Zellen der Butirka brannten dunkelblaue Glühbirnen, eine gespenstische Beleuchtung. Die Gesichter hatten die Farben von Wasserleichen. ...Es war gegen zehn Uhr abends, als wir... durch die vertrauten Gänge der Butirka geführt wurden... im gleichen Gang wie 1938 öffnete die Aufseherin eine Zelle, und im Dämmerlicht der Verdunklung sahen wir und wollten unseren Augen nicht trauen: Da, wo sich 1938 hundertzehn Frauen auf den Brettern gedrängt hatten, standen fünfundzwanzig schneeweiß bezogene Betten mit Decken und Kopfkissen. ...Da waren Roberta Gropper, Hilde Löwen, Zenzl Mühsam, Carola Neher, Vali Adler, Betty Olberg, lauter Deutsche, die man aus Zuchthaus, Untersuchungshaft oder Lager

---

38 Friedrich Wolf an Margit Strub, 25. 8. 1940. In: F. Wolf: Briefe. Berlin 1969, S. 180.

nach der Butirka zurückgebracht hatte."[39] Einige dieser Frauen wurden von dort an Nazi-Deutschland ausgeliefert. Margarete Buber-Neumann fand sich im KZ Ravensbrück wieder.

Früher, während der Untersuchungshaft 1937/1938 hatte sie sich die Finger wund geschrieben an Stalin, erinnert sich Erna K. Doch anstatt einer Antwort teilte man ihr das Urteil mit: Zwangsarbeit im Lager Mariinski in Sibirien. Irgendwann drangen Gerüchte von Verhandlungen zwischen Hitlerdeutschland und der Sowjetunion ins Lager. „Ende 1939 wurden einige Deutsche, die noch die deutsche Staatsbürgerschaft hatten, aufgerufen und gingen auf Etappe. Bei siebenundzwanzig Grad Frost bestiegen wir ein Lastauto und fuhren los. Wir wurden wieder nach Moskau gebracht, wieder in das Butyrka-Gefängnis. Aber unter ganz anderen Bedingungen. Jeder hatte ein Bett für sich und Bettwäsche. Wir bekamen Zivilkleider und konnten täglich zwei Stunden spazieren gehen. Aus der Bibliothek durften wir so viele Bücher wie wir wollten entleihen. Wir kriegten Fleischspeisen, Kaffee, Kakao. Für die Raucher gab es jeden Morgen Zigaretten und Streichhölzer. Einige Wochen ging das so gut weiter. Andererseits spürten wir die Feindseligkeit des Gefängnispersonals, die uns das alles bringen mußten und das selber gar nicht hatten. Da gab es eine ganz feine, ausgeklügelte Feindseligkeit. Wir wußten anfangs überhaupt nicht, wie uns geschah, was das zu bedeuten und was wir zu erwarten hatten."[40]

Werner Hirsch überlebte das Warten auf die Auslieferung im Butyrka-Gefängnis, den *Hexensabbat*[41], wie ihn Alexander Weißberg-Cybulski zu recht genannt hat, nicht. Hirsch, enger Mitarbeiter von Ernst Thälmann, wurde zusammen mit dem Vorsitzenden der KPD verhaftet und ein Jahr später aus der KZ-Haft entlassen. 1935 setzte eine Überprüfung durch die KPD ein. Hirsch war inzwischen in Moskau. 1936 begann das NKWD, sich mit ihm zu beschäftigen. Im

---

39 M. Buber-Neumann: Als Gefangene bei Stalin und Hitler. Berlin 1993, S. 164/65.

40 M. Stark (Hg.) „Wenn Du willst Deine Ruhe haben, schweige". Deutsche Frauenbiographien des Stalinismus. Düsseldorf, 1991, S. 122.

41 Unter dem Titel „Hexensabbat. Die Gedankenpolizei. Die große Tschistka" erschien 1951 die deutsche Originalausgabe des autobiographischen Berichts. Alexander Weißberg-Cybulski: Im Verhör. Ein Überlebender der stalinistischen Säuberungen berichtet, Wien 1993.

November 1937 wurde er wegen Zugehörigkeit zu der fiktiven „Wollenberg-Organisation"[42] vom Militärkollegium des Obersten Gerichts der UdSSR zu zehn Jahren Haft verurteilt. In der Haft auf den Solowki-Inseln trat er in den Hungerstreik. Seine letzte Station war das Butyrka-Gefängnis, in dem er auf seine Auslieferung an die Nazis wartend „an Herzversagen" starb.[43]

Die Rückführung in der Sowjetunion verhafteter deutscher Reichsangehöriger sowie der noch auf sowjetischem Gebiet befindlichen Volksdeutschen ehemals polnischer Staatsangehörigkeit „begegnet seitens der Sowjetregierung noch großen Schwierigkeiten", war einem Material für den Besuch von Wjatscheslaw Molotow in Berlin am 11. November 1940 zu entnehmen. „Die Regierung der Sowjetunion hatte sich bereit erklärt, die noch in sowjetischen Gefängnissen befindlichen deutschen Reichsangehörigen aus der Sowjetunion auszuweisen. Die Ausweisungsaktion geriet im März 1940 nach anfänglichen Erfolgen zum gänzlichen Stillstand. In der Zwischenzeit unternommene Schritte der Botschaft in Moskau blieben ohne Erfolg. Nach einer Notiz des Volkskommissars für Auswärtige Angelegenheiten vom 18.10.1940 konnten 128 von insgesamt 400 angeforderten Reichsdeutschen noch nicht ermittelt werden. Im Interesse der bisher nicht festgestellten Personen wäre die möglichste Beschleunigung der Suchaktion und der anschließenden Freilassung erwünscht."[44] 1941 spielte dieser Beweis „für die feindselige Haltung der Sowjets gegenüber dem Reich" eine außerordentliche Rolle.[45]

Einige Emigranten, die nicht ihre politische Überzeugung dort hielt, stellten von sich aus den Antrag auf Ausreise aus der Sowjetunion nach Deutschland, dem oft erst nach lange andauernder Prüfung stattgegeben wurde. Joseph Goebbels griff diesen Sachverhalt in seinen

42 Über die vom NKWD – wie häufig – frei erfundene „Wollenberg-Hoelz-Organisation" siehe: R. Müller/ N. Mussijenko: „Wir kommen alle dran." Säuberungen unter den deutschen Politemigranten in der Sowjetunion. In: Hermann Weber/Ulrich Mählert (Hrsg.): Terror. Stalinistische Parteisäuberungen 1936-1953, a.a.O. S.136ff.
43 R. Müller: Zenzl Mühsam und die stalinistische Inquisition. In: Frauen um Erich Mühsam: Zenzl Mühsam und Franziska zu Reventlow. Schriften der Erich-Mühsam-Gesellschaft. [Sechste Erich-Mühsam-Tagung in Malente, 12.-14. Mai 1995] Heft 11, S.35.
44 Sowjetstern und Hakenkreuz 1938-1941. Berlin 1990, S.277.
45 G. Döhrn: Das war Moskau, a.a.O., S.124.

Reden nach dem Überfall auf die Sowjetunion begierig auf, um den „Marschbefehl des Führers an die deutsche Wehrmacht in der Nacht zum 22. Juni als welthistorische Tat" anzupreisen: „Kurz nach unserer nationalsozialistischen Revolution kehrte eine Reihe wegen politischer Verbrechen aus Deutschland geflüchteter Kommunisten ins Reich zurück und stellte sich freiwillig den Gerichten mit der Erklärung, sie wollten lieber in einem deutschen Zuchthaus sitzen, als in der sogenannten Sowjetunion als sogenannte freie Bürger leben".[46]

Wem die Ausreise glückte, der wandte sich oft nachträglich über die Deutsche Botschaft an die sowjetische Führung mit der Bitte, ihm die zurückgebliebenen Gegenstände aus dem Privatbesitz auszuhändigen. Der österreichische Ingenieur für Spritzgußtechnik Bruno Sachs hatte sich nach einem Urlaubsaufenthalt 1931 in der UdSSR in einem Versuchslabor, in dem Dieselmotoren entworfen und konstruiert wurden, beworben. 1937 wurde er und der Leiter des Konstruktionsbüros, ein Deutscher, verhaftet. Ein Landsmann, der als Spitzel für das NKWD tätig war, hatte ihn denunziert.[47] Am 25. Juli 1937 hatte Nikolai Jeshow den Befehl über die Operation des NKWD gegen die in der Rüstungsindustrie beschäftigten Ausländer unterzeichnet. Der ÷sterreicher und der Deutsche hätten angeblich einer Gruppe von Spionen und Diversanten angehört, die sich zur Aufgabe gestellt habe, die Entwicklung der sowjetischen Automobilindustrie zu sabotieren. Am 29. Dezember 1937 wurde Bruno Sachs zur Ausweisung verurteilt. Als er endlich an die Grenze verbracht werden sollte, existierte Österreich nicht mehr. Im April 1938 in Wien eingetroffen, schrieb Sachs in die Sowjetunion und bat um die Rückgabe seines Eigentums, denn im Urteil war nicht von Beschlagnahme des Eigentums die Rede.

Zu den Gegenständen aus seinem Besitz gehörte ein Automobil der Marke „Chevrolet", ein Koffer mit Sachen und eine Schreibmaschine Marke „Underwood". Bruno Sachs wollte nur die Schreibmaschine zurück.[48] Am 7. März 1939 ging ein entsprechendes Schreiben im

46 J. Goebbels: Die Zeit ohne Beispiel. Reden und Aufsätze aus den Jahren 1939/40/41. München 1941, S. 521.
47 B. McLoughlin: Der Chevrolet erweckte den Neid des Denunzianten. In: Die Welt, 23. 5. 1998, S. G 4.

Butyrka-Gefängnis ein. Die Suche nach dem „Beweismittel" begann. Das Außenministerium hatte die Anfrage an das NKWD weitergereicht und die Moskauer Zentrale, deren Leitung Berija übernommen hatte, das Schreiben an das zuständige Gefängnis weitergeleitet. In der Butyrka konnte man ein halbes Jahr lang nichts finden – angeblich weil der Name anders geschrieben war, denn im Russischen gibt es ein hartes und ein weiches „S". Vielleicht wäre der Vorgang im bürokratischen Sumpf untergegangen, wenn nicht Wjatscheslaw Molotow und eine deutschlandfreundliche Politik die außenpolitische Linie Maxim Litwinows abgelöst hätte. Jetzt war es nicht mehr ohne weiteres möglich, eine Bitte der deutschen Seite zu ignorieren. Am 20. Juli 1939 wiederholte das NKWD die Anfrage bezüglich der Schreibmaschine an die Gefängnisverwaltung. Im Oktober 1940 kümmerte sich gar Andrej Wyschinski selbst – er war jetzt Stellvertreter des Volkskommissars für Auswärtige Angelegenheiten – um diese Angelegenheit. Außer der Schreibmaschine hatte sich nun auch der als „vermißt gemeldete", von Bruno Sachs jedoch nicht zurückgeforderte, Koffer angefunden. Im die Schreibmaschine betreffenden Briefwechsel, der mittlerweile umfangreicher war, als die Strafakte von Sachs, ist ein Brief der Gefängnisverwaltung mit der Bitte um Anweisungen, wie mit dem Koffer verfahren werden soll, abgelegt. Der Wert der im Koffer befindlichen gebrauchten Kleidungsstücke und der Schreibmaschine wurde mit 5 042 Rubeln angegeben. Die Leitung des NKWD holte ihrerseits Erkundungen beim Außenministerium ein. Gen. Puschkin vom Referat Zentral-Europa versprach, bei der Deutschen Botschaft vorstellig zu werden. Auch das dauerte und erst der Krieg machte der Angelegenheit ein Ende.

Die von ausländischen Spezialisten in der Sowjetunion entwickelten Technologien wurden in zahlreichen Fällen von den sowjetischen Arbeitskollegen zum Patent eingereicht – und manchmal mit Stalinpreisen geehrt. Die stillschweigende Aneignung fremden geistigen Eigentums beschränkte sich nicht auf Spitzentechnologien.

---

48 A. Vatlin: Priključenija pisuščej mašinki. [Übers. d. Sacht.: Die Abenteuer einer Schreibmaschine.] In: Nezavisimaja gazeta, 9. 8. 1997, S. 8.

Auch Liedtexte standen hoch im Kurs. Wassili Lebedew-Kumatsch z. B. eignete sich den Text des Liedes *Der heilige Krieg* an, dessen Schöpfer der im Januar 1939 verstorbene Alexander Bode war. Er hatte das Lied im Mai 1916 gedichtet.[49] Sogar Stalin machte hier keine Ausnahme. Er hatte öfter „Anleihen" bei seinem Erzfeind Trotzki aufgenommen. So gehen zwei in dieser Zeit Stalin zugeschriebene Äußerungen eigentlich auf Trotzki zurück. Der vielzitierte Vergleich der Partei der Bolschewiki mit dem japanischen „Schwertträgerorden" findet sich in Leo Trotzkis *Rede auf dem VII. Gesamtrussischen Sowjetkongreß* vom 7. Dezember 1919.[50] In derselben Rede sagte Trotzki auch, daß sich ein Kommunist im Kriegsfall nicht in Gefangenschaft begibt. Einen Satz wie: „Ein Kommunist, der in Gefangenschaft gerät, stirbt unwiderruflich"[51], legte Stalin auf seine Weise aus. Für ihn gab es keine kriegsgefangenen Rotarmisten, natürlich auch dann nicht, wenn es sich dabei um seinen Sohn Jakow Allilujew handeln sollte. Der stirbt schließlich im KZ Sachsenhausen, unbeachtet und verlassen wie unzählige seiner kriegsgefangenen Kameraden.

49 V. Ševcenko: „Svjašennaja vojna" – echo dvuch epoch. [Übers. d. Sacht.: Der Krieg im Norden - Echo zweier Epochen.] In: Nezavisimaja gazeta, 8. 5. 1998, S. 16.
50 L. Trockij: Sočinenija. T. XVII: Sovetskaja respublika i kapitalističeskij mir. [Übers. d. Sacht.: Werke. Bd. 17: Die Sowjetrepublik und die kapitalistische Welt.] Cast' 2. Moskva–Leningrad 1926, S. 326.
51 Ebenda, S. 326.

Ausblick 1941

Vor den geladenen Absolventen von 16 Militärakademien und neun Militärlehrstühlen staatlicher Universitäten, den Hochschullehrern dieser Bildungseinrichtungen und Mitgliedern der Armeeführung verdammte Stalin im Frühling 1941 – die Rede wird erst 1995 veröffentlicht werden – angeblich sich ausbreitende „germanophile Tendenzen". Sie könnten zum Nachlassen der Wachsamkeit führen. Natürlich: „darüber spricht man nicht, aber Sie müssen es wissen", wandte er sich an die Anwesenden.[1] Doch diese Absolventen hatten in den Jahren 1937 und 1938 studiert, die in der Armee tiefe Spuren einer ganz anderen Schwächung hinterlassen hatten. Viermal wechselten die Chefs des Generalstabes, neun stellvertretende Volkskommissare für Verteidigung wurden hingerichtet, 40 000 Offiziere von denen jeder vierte rehabilitiert und wieder in die Truppe aufgenommen wurde, waren Opfer der Repressalien. Insgesamt dienten in der Armee und Flotte 579 000 Offiziere, von denen nur 7,1 Prozent Hochschulbildung hatten. 55,9 Prozent hatten Mittelschulbildung, 24,6 Prozent hatten Fortbildungskurse absolviert, 12,4 Prozent hatten überhaupt keine militärische Ausbildung.

In seiner (nicht im Wortlaut, sondern nur als Niederschrift veröffentlichten) Rede wies Stalin darauf hin, daß geschlagene Armeen genauso gut lernen wie geschlagene Nationen. Er zeichnete ein nicht der Wirklichkeit entsprechendes Bild vom Fortschritt der Modernisierung und Umgestaltung der Roten Armee. Dabei fehlte es der

---

1 „Sovremennaja armija – armija nastupatel'naja". Vystuplenija I. V. Stalina na prieme v Kremle pered vypusknikami voennych akademij. Maj 1941. [Übers. d. Sacht.: Die moderne Armee ist eine Angriffsarmee.] In: Istoričeskij Archiv, 1995, 2, S. 24.

Parteiführung nicht an den Tatsachen weitgehend nahekommenden Berichten, die u.a. das NKWD verfaßte.

Im Falle der Mobilisierung, so geht es aus einem am 17. Januar 1941 für Stalin, Molotow und Kaganowitsch verfaßten Bericht hervor, war die Sowjetische Staatsbahn nicht in der Lage, die notwendigen Kontingente zu transportieren. Der Fuhrpark war veraltet, die Durchlaßfähigkeit der Knotenpunkte gering, in den seltensten Fällen lagen aktualisierte Transportpläne vor, die auch die unterschiedlichen Spurweiten berücksichtigten. Der im Juni 1940 auf Drängen des Volkskommissariates für Verkehrswesen vom Generalstab vorgelegte Mobilisierungsplan wurde in diesem Bericht als „nicht real" eingeschätzt. [2] So sollten nach der Generalstabsplanung in der Westukraine und Bjelorußland 12 bis 48 Züge täglich fahren, während die reale Kapazität bei vier bis neun Zügen lag.

Als der Große Krieg dann begann, häuften sich hier die Havarien. Der Bericht des Militärstaatsanwaltes der Roten Armee über die Urteile gegen Eisenbahner in den ersten drei Kriegsmonaten weist 2524 Urteile aus. [3]

Am 10. September 1940 ordnete der Volkskommissar für Verkehrswesen an, die Vorbereitung der Eisenbahn auf die Mobilisierung zu verbessern. Die im Jahresplan für 1940 vorgesehenen Neubauten und Rekonstruktionsarbeiten waren erst zu 30 bis 60 Prozent realisiert. Ebenso war es um die erforderlichen Reserven bestellt. Von den im Plan fixierten Schwellen, Weichen, Telefonkabeln, Raupenschleppern, provisorischen Brücken und Elektrostationen standen, wenn sie überhaupt funktionstüchtig waren, nur 10 Prozent zur Verfügung. Am 1. Dezember 1940 wurde ein überarbeiteter Plan für die Mobilisierung vorgelegt.

Wenn schon die Logistik für eine Front, die Westfront, so brüchig war, dann versteht es sich fast von selbst, warum Stalin in der Rede vor den Absolventen der Militärakademien die Gefahr eines Zweifron-

2 NKVD o mobpodgotovke železnodorožnogo transporta. [Übers. d. Sacht.: Das NKWD über die Vorbereitung zur Mobilisierung des Transportwesens.] In: Istoričeskij Archiv, 1995, 5-6, S. 104.
3 „Rost količestva osuždennych budet očevidnym." [Übers. d. Sacht.: Die Zunahme der Verurteilten wird offensichtlich sein.] In: Istočnik, 1994, 5, S. 107-112.

38 *Ogonjok* Nr. 19, 6. Juli 1941. Titelblatt.
„Das Staatliche Komitee der Verteidigung: Molotow, Malenkow, Stalin, Woroschilow, Berija."
Obere Zeile: „Die dritte Woche des Heiligen Vaterländischen Krieges."

tenkrieges betonte. Er sinnierte über strategische Varianten während er die eigenen taktischen Notwendigkeiten übersah. In der ihm vorgelegten Übersetzung der Rede von Hitler im Reichstag hatte Stalin die Worte unterstrichen: „Die Wehrmacht wird sich ständig in den Verlauf der Ereignisse einmischen, wann und wo es notwendig sein wird." Im Anschluß an den Festakt, im Verlauf des Empfanges brachte Stalin drei Trinksprüche aus. Jetzt müßte, verbesserte er den schon zitierten Generalmajor der Panzertruppe, der die Friedenspolitik der UdSSR gewürdigt hatte, von der Verteidigung zum Angriff übergangen werden.[4] Damit war aber nicht, wie die Anhänger der Präventivkriegsthese unter Berufung auf eine 1994 veröffentlichte Rede Stalins vom 19. August 1939 im Politbüro des ZK der KPdSU(B)[5] meinen, ein unmittelbar gegen Deutschland zu führender Angriffskrieg, sondern die Umstellung der Militärdoktrin gemeint. Im April und Mai 1941 äußerten sich mehrere führende sowjetische Politiker, unter ihnen Andrej Shdanow, Alexander Schtscherbakow, Michail Kalinin und Kliment Woroschilow über den Krieg als Möglichkeit, die Einflußsphäre des Kommunismus auszudehnen.

Als die deutschen Panzerverbände im Juli 1941 vor Minsk standen, befahl Stalin General Pawlow, den Kommandierenden der Westfront, zu erschießen. D. G. Pawlow war es, der Stalin eine Woche vor Kriegsbeginn, am 21. Mai vorgeschlagen hatte, die Panzerarmeen in Alarmbereitschaft zu versetzen und in ihre Bereitstellungsräume in der Nähe der Grenze zu verlegen. Im Generalstab hatte Boris Michailowitsch Schaposchnikow D. G. Pawlows Vorschläge unterstützt. Weder er noch andere Generalstäbler wagten, Josef Stalin an seinen Fehler zu erinnern.

Innerhalb von drei Wochen war die Wehrmacht bis zu 600 Kilometer weit ins Land vorgedrungen. Die Rote Armee mußte sich

---

4 „Sovremennaja armija – armija nastupatel'naja". Vystuplenija I. V. Stalina na prieme v Kremle pered vypusknikami voennych akademij. Maj 1941. In: a. a. O., S. 30.

5 Tekst reči Stalina na zasedanii Politbjuro CK VKP(b) 19 avgusta 1939 goda. [Übers. d. Sacht.: Rede Stalins in der Sitzung des Politbüros vom 19. August 1939.] In: Drugaja vojna 1939-1945. Moskva 1996, S. 73-75.

39 *Ogonjok* Nr. 23, 3. August 1941. Titelseite.   *Foto: K. Kusnezow.*
Obere Zeile: „Die siebte Woche des Heiligen Vaterländischen Krieges."
Untertext: Auf dem Moskauer Swerdlow-Platz sehen Tausende Bürger ein deut-
sches Flugzeug, das vor Moskau abgeschossen wurde.

zurückziehen und verlor während der Kämpfe 3500 Flugzeuge, 6000 Panzer und mehr als 20000 Geschütze. Über 100 Divisionen, das waren drei Fünftel der in Grenznähe zum Westen stationierten Truppen, hatten starke Verluste.

Stalins Sohn, Jakow Dshugaschwili, der gleich 1941 in deutsche Kriegsgefangenschaft geriet, teilte dieses stalingemachte Schicksal mit sehr vielen sowjetischen Soldaten der Westfront. Bis Ende 1941 gerieten hier 3,8 Millionen Rotarmisten in deutsche Gefangenschaft. Stalin sprach von 378000 Gefangenen. Erst ein von Boris Jelzin erlassener Ukas bestätigte – „nach nicht vollständigen Angaben" – die Zahl von über vier Millionen (5734528)[6] sowjetischen Kriegsgefangenen und 4,8 Millionen zivilen Zwangsarbeitern. Der Befehl Nr. 270 vom 16. August 1941 enthielt Stalins Entscheidung: „Kriegsgefangene sind Vaterlandsverräter".

Im August 1941 hatte Hitler einer Delegation des Roten Kreuzes gestattet, ein Lager für sowjetische Kriegsgefangene bei Hammerstadt aufzusuchen. Stalins Befehl 270 war die Antwort auf das Angebot an die sowjetische Seite, ihre in Gefangenschaft geratenen Soldaten durch Lebensmittellieferungen zu unterstützen. Gründe hierfür gab es mehr als genug. Die Rote Armee verlor in den Monaten August und September an Toten und Kriegsgefangenen in den Kämpfen um Bialostok 323000, um Uman 103000, um Smolensk 348000, um Gomel 30000 Mann.[7]

Von den am 4. Juni 1940 zu Generälen beförderten 966 Offizieren gerieten über 50 im ersten Kriegsjahr in Gefangenschaft. Einer der begabtesten von ihnen, Andrej Wlassow, Held der Sowjetunion und 1940 Kommandeur der 99. Schützendivision, „die er binnen kurzer Zeit in die beste aller 300 Divisionen der Roten Armee verwandelte"[8], organisierte dann in deutscher Gefangenschaft Formen militärischen Widerstandes gegen das Sowjetregime. Ein Lehrer an der Frunse-Militärakademie, Prof. Pjotr Grigorenko, bezeugt, daß, „1940 kein

6 Po tu storonu fronta. [Übers. d. Sacht.: Auf der anderen Seite der Front.] In Moskovskie novosti, 13. 5. 1990.
7 Ebenda, S. 8
8 V. Suworow: Der Tag m. Stuttgart 1995, S. 290.

40 *Ogonjok* Nr. 1, 10. Januar 1941. 3. Umschlagseite.   *Zeichnung: L. Brodaty.*
„Das neue Jahr über Europa."

Tag verging, an dem nicht die Armee-Zeitung *Krasnaja Swesda* voll des Lobes für die 99. Division war, die Wlassow kommandierte."[9]

Für jene, die sich nach ihrer Befreiung auf die Rückkehr in der Heimat freuten, begann ein zweiter Leidensweg. „3,6 Millionen Zwangsarbeiter und 1,8 Millionen Kriegsgefangene wurden in 116 Lagern überprüft, ein Drittel von ihnen für schuldig befunden: 660 000 Repatriierte kamen in Berijas Speziallager, 1,2 Millionen wurden unter der 'Obhut' des Staatlichen Verteidigungskomitees in sogenannte Arbeitsbataillone gleichfalls dem Gulag-System eingegliedert."[10]

Doch daran war 1940 noch nicht zu denken. Die Publizisten wandten sich jetzt noch anderen Schlachten zu. Die bevorzugten Sujets waren der Sieg des von Alexander Newski geführten Heeres über den deutschen Ritterorden am 5.(11.) April 1242 auf dem Eise des Peipussees oder die sogenannte Grünwaldschlacht von 1410. Auch an Napoleon wurde erinnert, dessen „Große Armee" die von Michail Kutusow geführten russischen Truppen 1812 vernichtend schlagen konnten. Im Frühjahr 1941 änderte sich die Situation. Nach Stalins Rede vor den Absolventen der Militärakademien wurde die Botschaft der Filme als Warnung an Deutschland ausgelegt.[11] Das blieb eine interne Auslegung, denn nach außen wurde die Einhaltung des Vertrages mit Deutschland demonstriert.

In der Silvesternacht von 1940 auf 1941 war im Haus des Marineattachés der UdSSR im Grunewald in Berlin „das Rundfunkgerät auf Radio Moskau eingestellt. Wenige Minuten vor Zwölf beglückwünschte Michail Iwanowitsch Kalinin die Sowjetmenschen zum neuen Jahr... Sektkorken knallten. In diesen Minuten schienen Alltag und Sorgen vergessen zu sein. Es wurde gescherzt und unbeschwert gelacht. Wir beglückwünschten uns gegenseitig zum neuen Jahr und stießen darauf an, daß das kommende Jahr für unsere Heimat ein weiteres Friedensjahr sein möge."[12]

---

9 P. Grigorenko: Erinnerungen, München 1980, S. 172.

10 K.-H. Gräfe: Aus Nazi-Lagern in Berijas Gulag. In: Neues Deutschland, 21.9.1996, S. 11.

11 V. A. Nevezin: Metamorfozy sovetskoj propagandy v 1939-1941 godach. [Übers. d. Sacht.: Die Metamorphosen der sowjetischen Propaganda.] In: Voprosy Istorii, 1994, 8, S. 164-171.

12 Valentin M. Bereshkow: Erlebte Geschichte 1940 – 1943. Dolmetscher und Diplomat gegen Faschismus und Krieg. Frankfurt am Main 1986, S. 53..

Schluß

Wir werden nie mehr glücklich sein können.
Roger Vailland (1956).

Der „Große Vaterländische Krieg" gegen Hitler und der nachfolgen-
de „Kalte Krieg" brachten die Sowjetunion ununterbrochen in gigan-
tische wirtschaftliche, politische, militärische, kulturelle und mentale
Belastungen und Turbulenzen. Dafür waren schon 1945 ganz neue
Seh- und Denkweisen, effiziente Entscheidungs- und Verantwortungs-
formen erforderlich – und auch solche von weltkultureller und welt-
politischer Dimension. Dieses Niveau aber war der überkommenen
Herrschaftskultur des alten Stalin ganz fremd. Im Herrschaftsalltag
des Kremls führte das zu einem Dauerstreß für die Obrigkeit, [1] so daß
„im Kreml immer Licht" sein mußte.

„1940", schreibt Nikolai Bajbakow, „verbrachte ich oft drei bis vier
Tage hintereinander im Volkskommissariat... Gegen vier oder fünf
Uhr morgens rief Poskrebyschew die Politbüromitglieder an und teilte mit, daß Stalin sich zur Ruhe begeben hat." Dann erst konnte Bajbakow nach Hause gehen. Die Arbeit war das Privatleben und nahm
alle Funktionäre völlig in Anspruch. In diesem Jahr wurde er zum
erstenmal zum Bericht bei Stalin vorgeladen. Nikolai Bajbakow kann
sich an viele Einzelheiten der Begegnung gut erinnern. Am 7. Oktober wurde in Stalins Kabinett u.a. die Situation in der Erdölindustrie
beraten. „Ein guter Chosjain muß seine Vorräte bis ins Detail kennen",

---

[1] Alexander Bek hat das 1965 in seinem letzten, in dt. Sprache 1972 posthum veröffentlichten
(Dokumentar)Roman Nowoje Nasnatschenije [dt.: Die Ernennung] genau beobachtet: „Anders
als in den Vorkriegsjahren empfing Stalin Minister und andere zum Vortrag Bestellte nicht mehr
im Sitzungssaal und diktierte seine Entscheidungen nicht mehr in Gegenwart von Politbüro-
mitgliedern - selbst diese Formalität hatte er aufgegeben. Auf seine alten Tage ungesellig
geworden duldete er in seinem Arbeitszimmer, so wie jetzt, außer den Herbestellten nur noch
zwei, drei Vertraute." (A. Bek, Die Ernennung, Berlin 1988, S. 50.)

verwarnte Stalin S. Aprjatkin, als dieser eine Frage des Hausherrn nicht zur Zufriedenheit beantworten konnte.[2] Nikolai Bajbakow war von seinem Vorgesetzten Lasar Kaganowitsch besser auf die Audienz vorbereitet worden. Stalin war mit ihm zufrieden.[3]

Der Flugzeugkonstrukteur Jakowlew charakterisiert die Leitungs- ebenso wie die Produktionskultur durch eine seiner Erinnerungen: „1939 bekam ich eine neue Wohnung im Hause unseres Volkskom- missariats bei den Patriarchen-Teichen. Dort wohnten nun auch Ilju- schin und Polikarpow. Das Haus war neu, nur Polikarpow, der ein Stockwerk tiefer wohnte, hatte Telefon. Jedesmal, wenn ich in Stalins Auftrag angerufen wurde, ging ich zu Polikarpow, was mir sehr pein- lich war. Als Polikarpows Haushälterin einmal zu mir gelaufen kam und sagte, ich möchte sofort Poskrebyschew, das heißt Stalin anrufen, ging ich, um Polikarpow nicht zu stören, ins benachbarte Geschäft und telefonierte von einem Automaten. Stalin fragte unter anderem, warum die Verbindung so lange gedauert habe. So sagte ich denn, daß ich aus einem Geschäft sprach. Er war sehr verwundert: ‚Wieso haben Sie denn kein Telefon?‘ Als ich am nächsten Abend von der Arbeit kam, stand in meiner Wohnung ein Telefon... Beim nächsten Gespräch interessierte sich Stalin für einige Einzelheiten der Bewaffnung eines neuen Flugzeugs und stellte eine Frage, die ich eigentlich so nicht beantworten durfte. ‚Nein, Genosse Stalin, ich muß die Antwort ver- weigern.‘ ‚Warum das?‘ ‚Solche Fragen dürfen nicht telefonisch besprochen werden.‘ ‚Ach so, richtig, daran habe ich nicht gedacht. Haben Sie in Ihrer Wohnung keine Direktleitung?‘ ‚Natürlich ncht.‘ ‚So weit haben Sie es also noch nicht gebracht?‘ lachte Stalin. ‚Also, gute Nacht.‘ Ebenso wie im ersten Fall, fand ich am nächsten Tag auf meinem Schreibtisch einen weiteren Apparat vor. Das war eine Direkt-

2 Bajbakow beschreibt das Auftreten von zwei seiner Kollegen, die (dem veröffentlichten Besu- cherbuch von Stalins Kabinett nach) am 23. Dezember 1940 zum Bericht bei Stalin (Istoričeskij Archiv, 1996, 2, S. 36) weilten. Den Sekretären in Stalins Vorzimmer unterlief ein Fehler und sie schrieben Bajbakows Namen falsch: Bajmakow. – Dieser Fehler ist im kommentierten Per- sonenregister zum Besucherbuch (Istoričeskij Archiv, 1998, 4, S. 25) nicht richtiggestellt wor- den.

3 Poslednij narkom. [Übers. d. Sacht.: Der letzte Volkskommissar.] In: Sovetskaja Rossija, 25. 10. 1997, S. 3.

verbindung zur Regierung. Im Unterschied zum Moskauer Ortsnetz, bei dem man die erforderliche Nummer zuerst in der Zentrale durchgeben mußte, war im Kreml die erste automatische Wählstation Moskaus aufgestellt, allerdings nur für eine sehr beschränkte Zahl von Abonnenten."[4]

„Über den Roten Platz donnerten die Kanonen. In ohrenbetäubendem Lärm setzten die Tanks zur Parade an. Schwerfällige Flugzeuge formierten sich just über dem Lenin-Mausoleum zu einem unordentlichen Sowjetstern, und der organisierte Jubel des Publikums brandete zu den sowjetischen Regierungsmitgliedern, die vom Mausoleum aus die militärische November-Parade, wie immer so auch in diesem Jahre, zur Erinnerung an die Oktober-Revolution abhielten. Die Diplomaten- und die Pressetribünen waren dicht gefüllt und die eleganten Engländerinnen und Amerikanerinnen reckten sich fast die Hälse aus, um die Proletarische Division zu bewundern. ...Die Militärattachés der großen und der kleinen Nationen standen unbeweglich in ihren Uniformen in der ersten Reihe, und kein Zucken in ihrem Gesicht verriet, welchen Eindruck die Schau der Waffen auf sie machte. Die Parade dauerte viele Stunden und endete mit einer Demonstration der bolschewistischen Massen."[5] So hatte Gisela Döhrn, die Moskauer Korrespondentin des *Hamburger Tageblattes*, von der Gästetribüne am Roten Platz aus die letzte militärische Machtdemonstration Stalins vor dem Jahr seiner tiefsten Erniedrigung beschrieben.

Wie jener Tag – und jene Zeit – von unten, d.h. aus der Perspektive der Demonstranten wahrgenommen wurde, hat Anatoli Rybakow geschildert: „In zwei Strömen, links und rechts am Historischen Museum vorbei, ergossen sich die Kolonnen auf den Roten Platz, schlossen auf, schritten schneller und schneller aus und hetzten, von den Reihen der Schulter an Schulter stehenden Rotarmisten getrennt, fast im Laufschritt über den Platz. ...Auf den Tribünen standen viele Menschen, Militärattachés in operettenhaft anmutenden Uniformen, aber niemand schaute zu ihnen hin, alle Augen waren aufs Mausoleum

---

4   Alexander Jakowlew: Ziel des Lebens. Moskau 1982, S. 196/197.
5   G. Döhrn: Das war Moskau, a.a.O., S. 30.

gerichtet, alle bewegte nur ein Gedanke: ob Stalin da war, ob sie ihn sehen würden. Sie sahen ihn. Das schnurrbärtige Gesicht, das von den zahllosen Bildnissen und Statuen herabgestiegen zu sein schien. Er stand da, bewegungslos, mit einer tief in die Stirn gezogenen Schirmmütze. Das Stimmengewirr verstärkte sich. Stalin! Stalin! Im Vorbeigehen starrte Sascha ebenso wie die anderen unverwandt zu ihm hin und schrie: Stalin! Stalin! ...In diesem Augenblick erreichte der brausende Lärm auf dem Platz seinen Höhepunkt und hallte wie ein Donnerschlag bis zum Kai hinunter: Stalin hatte die Hand erhoben, um die Demonstranten zu grüßen. Stalin! Stalin!"[6]

Es gab dann wohl für Stalin zwischen seinem Sechzigsten und Siebzigsten Jahr gelegentlich noch Augenblicke der Genugtuung, aber nie wieder ein so glückliches Jahr wie 1940. Da ging es ihm wie der Traktoristin Pascha Angelina, die in jenem Jahr von einer Begegnung mit *Ihm* berichtete: „Und wenn ich nach Hause komme, mein altes Mütterchen besuche und ihr vom Kreml, von Genossen Stalin erzähle, und sie bewegt langsam die Lippen und murmelt verklärten Angesichts 'Stalin – unser teurer Vater', dann kann ich nicht an mich halten und vergieße Tränen der Freude und des Glücks ..."[7]

41 *Wetschernaja Moskwa*, 31. August 1936: Pascha Angelina.

6 A. Rybakow: Die Kinder vom Arbat. Köln 1988, S. 55/56.
7 Begegnungen mit dem Genossen Stalin. Moskau 1940, S. 183.

Will man die kulturelle Differenz zwischen Stalins Eudämonie und den glücklichen Verläufen anderer, auch radikaler, sozialer Umwälzungen bestimmen, dann ist auf dreierlei zu verweisen.

Erstens. *Macht* wird in allen ursprünglich stalinistisch geformten kommunistischen Umwälzungen exklusiv als *Gewalt* verstanden und praktiziert.

Es gehört zu den Konstitutionsfehlern des Kommunismus, die – zuerst und klassisch von Lenin – als „Kinderkrankheiten"[8] kleingeredet wurden, daß er, um das Geschäft der Umwälzung auch wirklich radikal zu betreiben, Machtergreifung und Machtsicherung ausschließlich mit und auf Gewalt begründete. Auf diese Weise trennten sich hier von Anfang an Macht und Recht. Macht aber, die zum Entwurf von Ordnung taugen soll, muß Gewalt „domestizieren", d. h. diese zur instrumentellen, geregelten *Amtsgewalt* werden lassen.

Stalin Auffassung von Machtsicherung dagegen kommt einmal zugespitzt in einem Toast zum Ausdruck, den er aus Anlaß des 20. Jahrestages der Oktoberrevolution ausbrachte: „Wir werden sie alle vernichten, mögen sie alte Bolschewiken sein oder nicht, wir werden sie mit Kind und Kegel vernichten. Jeder, der durch seine Taten oder Gedanken – ja, auch durch seine Gedanken – die Einheit des sozialistischen Staates gefährdet, wird vernichtet. Auf die Vernichtung aller Feinde, ihrer selbst und ihrer Sippschaft, bis zum völligen Ende!"[9]

Nun ist es aber so, wie schon Immanuel Kant wußte, daß „der Besitz der Gewalt das freie Urteil der Vernunft unvermeidlich verdirbt."[10] Was folgt daraus? Unter anderem dies: Die kalkulable Dimension der Vernunft, d.h. ihre Fähigkeit etwas fürs Künftige zu entwerfen, wird stillgelegt. Denn: Die Zeitform von Gewalt ist die Gegenwart. Der polnische Schriftsteller Alexander Wat hat dies selber so empfunden: „Reine Vergangenheit oder reine Zukunft hingegen gibt es in der Lubjanka nicht."[11]

8 W. I. Lenin: Der „Radikalismus", die Kinderkrankheit des Kommunismus, in: Lenin, Sämtliche Werke, Band XXV, Wien – Berlin 1930, S. 201-307.
9 G. Dimitroff: Tagebuch. Eintrag v. 7. November 1937, a. a. O., S. 129.
10 I. Kant: Zum ewigen Frieden. Hg. v. St. Dietzsch, Leipzig 1984, S. 37.
11 A. Wat: Jenseits von Wahrheit und Lüge. In: Sinn und Form, 52 (2000), H. 4, S. 552.

In dem Maße wie in der Sowjetunion nach Stalins Tod 1953 und dann vor allem nach 1956, nach dem 20. Parteitag der KPdSU, die innere Gewalt beschränkt wurde, wurde auch das System wieder gewissermaßen dynamisiert – bis es dann vom Strom der Zeit überhaupt verschlungen wurde.

Zweitens. *Geschichte* wird, wie im Kommunismus der Lenin-Zeit, so auch im „zweiten Bolschewismus" unter Stalin in einer universellen *Vergegenwärtigung* als aufgehoben gedacht und behandelt, d.h. sie wird beendet.

Durch die Zentralstellung der Gewalt zu einer alltäglichen Verkehrsform erklärt sich sowohl die ostentative Parteinahme der Stalin-Gesellschaft für das „Hier und Jetzt", für das Realexistierende, als auch ihre gründliche Abneigung gegen das Vergangene. In Krisensituationen jener Gesellschaften hieß es deshalb immer: „Jetzt keine Fehlerdiskussionen!"

Die Vergangenheit, die Geschichte war in jener Neuen Welt nur ein Rohstoff, ein Material, daß zu Gegenwart erst noch umgearbeitet werden muß. Das Vergangene selber hat kein spezifisches Eigengewicht mehr. Die jeweilige Gegenwart verfügt über das ehedem Gewesene.

Auf diese Weise vergegenwärtigt sich der Kommunismus immer mehr. Der geschichtliche Prozeß verliert seine *Zeitrichtung.* Der Kommunismus hebt die ehemals drei Äonen Vergangenheit, Gegenwart, Zukunft auf in einer höheren „zweiten Natur". Seine Gesellschaft ist, mit den Worten von Karl Marx: „der durchgeführte Naturalismus des Menschen und der durchgeführte Humanismus der Natur"[12].

Drittens. *Identität* und *Zusammenhalt* in der „Neuen Sowjet-Welt" werden nach diesem Abschluß der „Vorgeschichte der Menschheit" als *Reinheit* begriffen.

Die kulturelle Differenz zwischen der kommunistischen und anderen Revolutionen wird augenfällig am Begriff der *Tschistka.* Er bezeichnet „Säuberung", „Reinigung" – und zwar gleichermaßen von Institutionen wie auch von Personen. Es ist dies ein regelmäßig sich wiederholender Vorgang. Es gibt nicht die ultimative Säuberung.

---

12 Karl Marx: Ökonomisch-philosophische Manuskripte (1844), in: MEGA, 1. Abt., Bd. 3, Berlin 1932, S. 116.

Das ideologisch fixierte Ziel ist die – approximative – Näherung der Sowjetgemeinschaft an eine von aller Herkunft und sozialer wie nationaler Differenz entbundene Natürlichkeit, Einfachheit und Reinheit.

Identität müßte dort dann nicht mehr und von niemandem gestiftet werden, sondern wäre ein wunderbar zeitenthobenes Resultat, das wahre Glück „nach dem letzten Gefecht".

* * * * *

Der französische Schriftsteller Roger Vailland beschrieb in seinem *Tagebuch* einmal das unglückliche Bewußtsein derer, die sich dem „charme universel d'octobre" nicht entziehen können. „Im Juni 1940, bei der Zerschlagung meines Landes vergoß ich nicht eine Träne, eher verspürte ich Genugtuung. – Aber... in ein und derselben Nacht weinte ich um Meyerhold, der von Stalin umgebracht worden war, und um Stalin, Meyerholds Mörder."[13]

Das Problem sozialer Revolutionen im 20. Jahrhundert ist von allem Anfang an ein tragisches und faßt sich in dem Diktum zusammen: „Die Illusion der Revolution besteht darin zu glauben, daß die Opfer der Gewalt, da sie unschuldig sind an den aufgetretenen Greueltaten, mit der Gewalt gerecht umgehen werden, wenn man sie ihnen in die Hand gibt."[14]

13 R. Vailland: Tagebuch-Eintrag 1956. Zit. nach: I. Ehrenburg: Menschen. Jahre. Leben. Bd. 4, Berlin 1990, S. 66.
14 S. Weill: Aufzeichnungen 1942. In: Sinn und Form, 48 (1996), H. 1, S. 95.

Chronik des Jahres 1940

Januar 1940

8. Januar	Beschluß des Politbüros des ZK der KPdSU(B) „Über die vierte Ausgabe der Leninwerke".
12. Januar	Andrej Sergejewitsch Bubnow, Volkskommissar für Volksbildung der RSFSR, erschossen.
13. Januar	*Bolschewik* Heft 2, 1940 in Druck. Enthält Artikel von Georgi Dimitroff und Andrej Wyschinski.
	Georgi Dimitroff informiert Wjatscheslaw Molotow über die von der Kommunistischen Partei Deutschlands vorgenommene Revision ihrer „Politischen Plattform".
16. Januar	Das EKKI bestätigt die Direktive der Kommunistischen Partei Schwedens „Über den Sowjetisch-Finnischen Krieg" vom 23. Oktober 1939.
17. Januar	Beschluß des Rates der Volkskommissare und des ZK der KPdSU(B) „Über die Planung der Aussaat von Getreidekulturen in den Kolchosen".
20. Januar	Versammlungen und Kundgebungen zum Gedenken an W. I. Lenin im ganzen Land.
22. Januar	Israil Jakowlewitsch Dagin, Mitarbeiter im Zentralen Apparat des NKWD, erschossen.
	Der sowjetische Historiker Wladimir Petrowitsch Potemkin schreibt an der *Geschichte der Diplomatie.*
23. Januar	W. L. Gerson, bis 1926 Sekretär von Feliks Edmunowitsch. Dzierzynski, erschossen.
24. Januar	Semjon Borissowitsch Shukowski, 1931 Stellvertretender Leiter der Handelsvertretung der UdSSR in Deutschland, erschossen.
25. Januar	Alexander Pawlowitsch Radsiwilowski, seit März 1938 Leiter der Abteilung Transport und Verkehr im NKWD, erschossen.
	Bolschewik Heft 3, 1940 in Satz. Enthält u.a. Artikel von Mark Borissowitsch Mitin über den literarischen Nachlaß von Lenin; Pawel Fjodorowitsch Judin über die Entwicklung der Theorie des wissenschaftlichen Sozialismus durch Stalin, einen Bericht wie die Werktätigen in

den kapitalistischen Staaten den 60. Geburtstag von Stalin begehen, einen Beitrag von G. A. über „Weiß-Finnland – das Land des Terrors und der Unterdrückung der Völker". Der Leitartikel ist der Roten Armee, „dem mächtigen Bollwerk des Sowjetvolkes" gewidmet.

27. Januar	Isaak Babel erschossen.
	Das EKKI bestätigt die Direktive für die KP Hollands.
29. Januar	Das Sekretariat des EKKI beschließt die Übersetzung und Propagierung der "Fragen des Leninismus" von Stalin in zwölf Sprachen.
30. Januar	Das EKKI bestätigt die von der Führung der Kommunistischen Partei Deutschlands vorgelegte „Politische Plattform" und die „Direktiven zur Arbeit unter der Jugend".
31. Januar	Das EKKI bestätigt die Direktive für die Kommunistische Partei Österreichs.

Februar 1940

1. Februar	M. A. Trilisser erschossen.
	Nikolai Iwanowitsch Jeshow wird die Anklageschrift ausgehändigt.
	Georgi Dimitroff informiert Kliment Woroschilow über das Referat von Tschou En-Lai im Präsidium des EKKI und bittet um die Übermittlung der diesbezüglichen Vorschläge von Stalin.
2. Februar	Michail Jefimowitsch Kolzow und Wsewolod Emiljewitsch Meyerhold erschossen.
	Die *Prawda* veröffentlicht eine kurze Notiz, in der sich Stalin für die Glückwünsche zum 60. Geburtstag bedankt.
3. Februar	Das EKKI legt den Bericht über die Arbeit der Abteilung Presse und Agitation vor.
4. Februar	Nikolai Iwanowitsch Jeshow erschossen.
	Mikola Galaktionowitsch Nikolajew-Shurid und Sinowij Markowitsch Uschakow (Uschimirskij), beide Mitarbeiter im Zentralen Apparat des NKWD, zum Tode verurteilt.
5. Februar	Der deutsche Kommunist Hans Bloch (richtig: Arnold Klein), Redakteur der *Deutschen Zentral-Zeitung*, aus der UdSSR ausgewiesen.
8. Februar	Betty Olberg (geb. Siemann) vom NKWD an die deutschen Behörden ausgeliefert.
9. Februar	Artikel von Walter Ulbricht in der *Welt* über den „Kampf der deutschen Arbeiterklasse unter den neuen Bedingungen".
11. Februar	*Bolschewik* Heft 4, 1940 in Satz. Enthält u.a. Artikel über die Wahl der Parteiorgane; Stalin und die sowjetische Intelligenz. Der Ökonom A. Leontjew schreibt über die Entwicklung der Arbeitsproduktivität im dritten Fünfjahrplan.

12. Februar	Stanislaw Franzewitsch Redens, Mitarbeiter des NKWD, verheiratet mit Anna Sergejewna, der Schwester von Stalins Frau, erschossen.
16. Februar	A. Furmanowa schreibt an Stalin.
20. Februar	Mark Mitins Artikel mit einer Kritik der Ansichten des Genetikers Nikolai Iwanowitsch Wawilow wird in der Zeitung *Sozialistische Landwirtschaft* nachgedruckt.
	Der Leiter der Verwaltung Kriegsgefangene im NKWD, P. K. Soprunenko unterbreitet Lawrenti Pawlowitsch Berija den Vorschlag, die Lager Starobelsk und Koselsk „zu entlasten".
23.-25. Febr.	Tagung der Exekutive der Sozialistischen Arbeiter-Internationale in Brüssel. Am 3. April findet die letzte Tagung des Büros der SAI statt. Es wird eine „Kommission zur Ausarbeitung eines internationalen Friedensprogramms" gewählt, die ihre Arbeit aber nicht aufnimmt. Die SAI zerfällt im Mai 1940.
25. Februar	Das Sekretariat des EKKI beschließt den Arbeitsplan der Redaktion der Zeitschrift *Kommunistische Internationale*.
28. Februar	Klement Gottwald legt Georgi Dimitroff den Entwurf einer Direktive für die Kommunistische Partei der Tschechoslowakei vor

März 1940

3. März	Die Zensurbehörde Glawlit legt den Bericht über die 1939 geleistete Arbeit vor.
5. März	Lawrenti Pawlowitsch Berija berichtet Stalin über die polnischen Kriegsgefangenen in der Westukraine und in Belorußland.
	Bolschewik Heft 5/6, 1940 in Satz. Der Leitartikel ist dem neuen „Sieg der sowjetischen Friedenspolitik" gewidmet. Weitere Artikel: Über den Abschluß des Friedensvertrages zwischen der UdSSR und Finnland; Über den 50. Geburtstag von Molotow: „Das Präsidium des Obersten Sowjets gratuliert dem treuen Kampfgefährten Lenins und Stalins"; Michail Kalinin: „Ein Beispiel für bolschewistische Parteilichkeit"; Andrej Wyschinski: „Ein Staatsfunktionär von Lenin-Stalin-schem Typ".
8. März	Michail Petrowitsch Frinowskij, Stellvertreter des Volkskommissars für Inneres, erschossen.
9. März	Wjatscheslaw Molotow feiert seinen 50. Geburtstag.
	Nadeshda Michailowna Lukina, von 1911 bis 1920 mit N. I. Bucharin verheiratet, erschossen.
	Das Sekretariat des EKKI legt die politische Linie der skandinavischen Kommunistischen Parteien fest.
10. März	Michail Bulgakow verstorben.

12. März	Friedensvertrag UdSSR – Finnland unterzeichnet.
14. März	Das Sekretariat des EKKI bestätigt die Vorschläge der Kommunistischen Partei Deutschlands für ihre Auslandsagitation und die Direktive für die Arbeit der Kommunistischen Partei Ungarns in den von Ungarn besetzten Gebieten der Karpato-Ukraine.
17. März	Das Sekretariat des EKKI bestätigt die Direktive für die Kommunistische Partei Indiens und die Kommunistische Partei Mexikos.
18. März	Direktive des EKKI an die Kommunistischen Parteien Belgiens, Frankreichs, Englands, der Schweiz, der USA und Schwedens im Zusammenhang mit dem Abschluß des sowjetisch-finnischen Friedensvertrages.
26. – 28. März	Plenum des ZK der KPdSU(B).
28. März	Kommission zur Dokumentation des Finnischen Krieges gebildet.
31. März	Beschluß des Rates der Volkskommissare und des ZK der KPdSU(B) „Über die Planung der Aussaat von Getreidekulturen in den Kolchosen".

April 1940

4. April	Das Sekretariat des EKKI beschließt die Losungen zum 1. Mai.
5. April	Beschluß des Rates der Volkskommissare „Über die Organisationsstruktur der Organe der Versorgung der Volkskommissariate für Wirtschaft".
7. April	Beschluß des ZK der KPdSU(B) und des Rates der Volkskommissare über „Veränderungen in der Politik der Aufbereitung und des Ankaufs von landwirtschaftlichen Produkten".
9. April	Überfall des faschistischen Deutschlands auf Dänemark und Norwegen.
15. April	*Bolschewik* Heft 7, 1940 in Satz. Aus dem Inhalt: Wjatscheslaw Molotow: Die Außenpolitik der Regierung; Andrej Shdanow: Die Umgestaltung der Karelischen Autonomen Sozialistischen Sowjetrepublik in die Karelisch-finnische Sowjetische Sozialistische Republik.
17. April	Alexei Nikolajewitsch Kossygin, Michail Georgijewitsch Perwuchin und Wjatscheslaw Alexandrowitsch Malyschew zu Stellvertretern des Vorsitzenden des Rates der Volkskommissare ernannt.
20. April	Beschluß des Rates der Volkskommissare und des ZK der KPdSU(B) „Über die weitere Verbesserung der Getreidewirtschaft in den Kolchosen und Sowchosen der Ostgebiete der UdSSR".
20. April	Brief der Zensurbehörde Glawlit an die Kaderabteilung Presse und Verlage des ZK der KPdSU(B): „Über die Bestätigung von Zensoren in der Nomenklatur leitender örtlicher Parteiorgane".
25. April	*Bolschewik* Heft 8, 1940 in Satz. Aus dem Inhalt: Leitartikel: „Der

Kampf für den Frieden, gegen den imperialistischen Krieg"; Auszüge aus Lenins *Zwei Taktiken der Sozialdemokratie;* Konsultation: Mark Moisejewitsch Rosental: „Notwendigkeit und Zufall"; Internationale Umschau: „Der Krieg und die kleinen Staaten"; „Der Skandinavische Kriegsschauplatz"; Kritik und Bibliographie: „Landwirtschaftswissenschaft und Praxis".

28. April   Vortrag von Akademiemitglied A. E. Fersman auf der Vollversammlung der Akademie der Wissenschaften der UdSSR anläßlich des 70. Geburtstages von W. I. Lenin: „Lenin und die Entwicklung der Produktivkräfte der UdSSR".

Mai 1940

7. Mai   Kliment E. Woroschilow zum Stellvertreter des Vorsitzenden des Rates der Volkskommissare ernannt.

10. Mai   Überfall des faschistischen Deutschlands auf Belgien, die Niederlande und Luxemburg. Deutsche Truppen marschieren in Frankreich ein.

14. Mai   *Bolschewik* Heft 9, 1940 in Satz. Aus dem Inhalt: Leitartikel über die weitere Entwicklung der Kolchosen; Eugen Varga über die Aufteilung der Welt; Rubinstejn über Englands Außenpolitik; E. Leontjewa über das *Lehrbuch Neuere Geschichte.*

15. Mai   Kapitulation der Niederlande.

16. Mai   Der Präsident der USA, Franklin Roosevelt, verkündet die Annahme eines Aufrüstungsprogrammes.

20. Mai   Der Direktor des Marx-Engels-Lenin-Instituts schreibt an Stalin und bittet um Unterstützung bei der Beschaffung von Dokumenten von Marx und Engels.

22. Mai   Georgi Dimitroff schlägt Josef Stalin und Wjatscheslaw Molotow einen Maßnahmeplan der Kommunistischen Partei Bulgariens nach einem möglichen Beistandspakt zwischen der Sowjetunion und Bulgarien vor.

23. Mai   Der Leiter der Politverwaltung der Roten Armee, Lew Mechlis, legt die Bilanz des seit 1938 in der Armee geführten Kampfes gegen die Gefolgsleute der „Verschwörer in der Armeeführung" vor.
Die Erklärung der Kommunistischen Partei Frankreichs „Wir klagen an!" wird Andrej Shdanow vorgelegt.

24. Mai   Erklärung der Kommunistischen Partei Deutschlands zur politischen Lage in Deutschland und Europa.

27. Mai   *Bolschewik* Heft 10, 1940 in Satz. Aus dem Inhalt: Leitartikel über die Anhebung der bolschewistischen Propaganda auf das höchste Niveau; Sautin über: "Die Bevölkerung der UdSSR"; Internationale Übersicht: A. Erusalimskij, K. Petrowski, A. Golubew schreiben über

die Ziele des zweiten imperialistischen Krieges, die japanisch-amerikanischen Widersprüche und die neue Etappe des Krieges in Europa.
Beschluß des Rates der Volkskommissare und des ZK der KPdSU(B) „Über die Erhöhung der Rolle des Meisters in Betrieben des Schwermaschinenbaus".

28. Mai   Kapitulation von Belgien.

Juni 1940

4. Juni   966 Offiziere der Roten Armee zu Generälen befördert.

5. Juni   Beschluß des Rates der Volkskommissare und ZK der KPdSU(B) „Über die Produktion von T-34 Panzern im Jahre 1940".

8. Juni   Das Sekretariat des EKKI beschließt die Direktive für die Kommunistische Partei Hollands.

9. Juni   Japan unterzeichnet den Vertrag über den Grenzverlauf im Gebiet des Flusses Chalchin Gol.

10. Juni   Italien erklärt Frankreich den Krieg.

14. Juni   Okkupation der baltischen Staaten Estland, Lettland und Litauen durch die UdSSR.
Die Deutschen rücken in die „offene Stadt" Paris ein.

16. Juni   Frankreich lehnt den Vorschlag Großbritanniens ab, eine britisch-französische Union zu bilden.

17. Juni   „Volksregierung" in Litauen.
Reynaud-Regierung tritt in Frankreich zurück, Bildung der Pétain-Regierung.

21. Juni   Nikolai Nikolaijewitsch Suchanow erschossen.
„Volksregierung" in Lettland und Estland.

22. Juni   Das Sekretariat des EKKI beschließt die Direktive für die Kommunistische Partei Frankreichs.
Frankreich unterzeichnet an diesem Tag die Kapitulationsurkunde.
Manifest der Kommunistischen Partei Englands veröffentlicht.

26. Juni   Erlaß des Präsidiums des Obersten Sowjet der UdSSR: „Über den Übergang zum 8-Stundentag, zur 7-Tage-Arbeitswoche und über das Verbot des eigenwilligen Verlassens des Arbeitsplatzes durch Arbeiter und Angestellte in Betrieben und Einrichtungen".

26. bis 30. Juni   Die Bukowina und Bessarabien von Rumänien getrennt.

27. Juni   De Gaulle wird von Großbritannien als Führer der „Bewegung Freies Frankreich" anerkannt.

28. Juni   Erklärung der Kommunistischen Partei Italiens zur Lage.

29. Juni   Plenartagung des ZK der KPdSU(B) berät über die Verschärfung des Gesetzes gegen die Arbeitsbummelanten.

Juli 1940

1. Juli	Beschluß des Rates der Volkskommissare der UdSSR über die gesundheitsschädigenden Berufe, für die der 6-Stunden-Arbeitstag gilt.
5. Juli	Die *Prawda* kommentiert die deutschen Weißbücher über die französischen Dokumente. Englisch-französische Militäraktionen zur Unterstützung der finnischen Truppen.
	Die Vichy-Regierung bricht die diplomatischen Beziehungen zu Großbritannien ab.
9. Juli	Stalin teilt Bolschakow seine Vorschläge zur Gestaltung des Drehbuchs des Films „Suworow" mit.
10. Juli	Kommunistische Partei Frankreichs ruft im „Manifest an das Französische Volk" zum geeinten nationalen Widerstand gegen die faschistischen Okkupanten und das Pétain-Regime auf.
12. Juli	Stellungnahme des Sekretariats des EKKI zur Tätigkeit der Kommunistischen Partei Finnlands in den letzten Monaten.
13. Juli	Beschluß des ZK der KPdSU(B) „Über die Arbeit des Staatsverlages und den thematischen Publikationsplan der schöngeistigen Literatur für 1940".
	Beschluß des Sekretariats des EKKI im Zusammenhang mit dem Jahrestag des Beginns des zweiten imperialistischen Krieges.
15. Juli	*Bolschewik* Heft 13, 1940 in Satz. Aus dem Inhalt: „Für eiserne Arbeitsdisziplin und hohe Produktionskultur"; „Sowjetmacht im Baltikum"; Konsultationen: „Die moralisch-politische Einheit der Sowjetgesellschaft"; Antwort auf Leserfragen zum Thema: „Nation und Volk".
	Ferner: „Auf Bitten der Genossen K. Efimow aus der Sowchose Roter Bauarbeiter, M. Kurtowo aus Iwanow und N. Markow aus der Staniza [Station] Osnowa der Südeisenbahn erläutern wir den Ausspruch von Hegel: Alles Wirkliche ist vernünftig; alles Vernünftige ist wirklich".
26. Juli	Das Sekretariat des EKKI beschließt die Einrichtung eines zeitweiligen Auslandsbüros der Kommunistischen Partei Italiens in Moskau.
29. bis 31. Juli	Plenum des ZK der KPdSU(B).
29. Juli	Ilja Ehrenburg kehrt aus Frankreich zurück.
30. Juli	Georgi Dimitroff schreibt an Georgi Maximiljanowitsch Malenkow und schlägt vor, eine Kommission einzusetzen, die die Fälle der aus den befreiten Gebieten der Westukraine und Weißrußlands deportierten ehemaligen polnischen Kommunisten prüft.
31. Juli	Mark Borissowitsch Mitin, Direktor des IMEL, informiert die Zensurbehörde Glawlit über die Ordnung der Veröffentlichung von Lenin-Dokumenten.

August 1940

1. August	Die *Prawda* berichtet über die zu Ende gegangene Plenartagung des ZK der KPdSU(B) und den bestätigten Bericht von Molotow über die Außenpolitik der UdSSR.
	Sitzung des Obersten Sowjets, Referat Wjatscheslaw Michailowitsch Molotow: „Das Volk muß ständig im Zustand der Mobilisierung gehalten werden".
	Bolschewik Heft 14 (Juli), 1940 in Satz. Aus dem Inhalt: Leitartikel „Die 7. Session des Obersten Sowjets"; Wjatscheslaw Molotow schreibt über die Außenpolitik der UdSSR; A. Grizenko skizziert die „wichtigsten wirtschaftlich-politischen Aufgaben". Konsultation: Lewina „Über Lenins Analyse der kapitalistischen Landwirtschaftsentwicklung"; Internationale Umschau zum Thema „Krieg".
2. August	Wiedervereinigung Bessarabiens und der Nordbukowina mit der UdSSR.
6. August	Nikolai Iwanowitsch Wawilow verhaftet.
	Joachim von Ribbentrop protestiert bei Sowjetbotschafter Alexander Schkwartzew gegen von der sowjetischen Führung tolerierte „Hetzartikel", die „Ausfälle gegen die Deutsche Regierung" enthalten.
5. August	Direktive des Sekretariats des EKKI für die Kommunistische Partei Frankreichs.
10. August	Erlaß über den Schutz der öffentlichen Ordnung.
15. August	Redaktioneller Artikel in der *Prawda* „Ein verlogener Film".
16. August	Entschließung des EKKI „Über die Lage in Ungarn und die Aufgaben der Kommunistischen Partei Ungarns".
19. August	Michail Scholochow wendet sich mit der Bitte an Stalin, ihn zu empfangen. Die Begegnung fand am 23. August 1940 von 22.40 bis 24.00 in Stalins Kabinett im Kreml statt.
20. August	Mordanschlag auf Leo Trotzki. Am 21. August 1940 stirbt Trotzki an den Folgen des Attentats.
	Beschluß des ZK der KPdSU(B) „Über die Rayonzeitungen".
28. August	Gulag-Häftlinge beginnen im Kuybischewer Gebiet mit dem Bau von Flugzeugwerken.
31. August	*Bolschewik* Heft 15/16, 1940 in Satz. Aus dem Inhalt: Leitartikel: „Junge Kommunisten im Geiste der kämpferischen Traditionen der bolschewistischen Partei erziehen"; „Schluß mit der Produktion in schlechter Qualität"; Nikolai Michailowitsch Schwernik schreibt über Gewerkschaftsarbeit; Michail Dawydowitsch Kammari über proletarischen Internationalismus und sowjetischen Patriotismus; Eugen Varga über Bessarabien; Internationale Umschau: „Italien und der Balkan".

Das EKKI beschließt die Einrichtung einer Schule zur Qualifizierung führender Funktionäre der Bruderparteien.

September 1940

2. September	Abkommen zwischen den USA und Großbritannien über amerikanische Lieferungen im Austausch gegen acht britische Stützpunkte.
6. September	Anweisung des Bevollmächtigten des Rates der Volkskommissare der UdSSR zur Wahrung der Staats- und militärischen Geheimnisse, daß Programmankündigungen, Werbeplakate etc. erst nach Genehmigung durch die Zensurbehörde Glawlit gedruckt werden dürfen.
	Erlaß des Präsidiums der Obersten Sowjets „Über die Gründung des Volkskommissariats für Staatliche Kontrolle der UdSSR".
	Errichtung der faschistischen Diktatur unter Antonescu in Rumänien.
7. September	Beschluß des Rates der Volkskommissare der UdSSR und des ZK der KPdSU(B) „Über die Organisation von Nebenwirtschaften zur Aufzucht von Gemüse und Viehhaltung in Betrieben, in Städten und ländlichen Gegenden".
9. September	Beratung im ZK der KPdSU(B) über den Film von Awdejenko „Das Gesetz des Lebens".
10. September	Der Volkskommissar für Verkehrswesen ordnet an, die Vorbereitung der Eisenbahn auf die Mobilisierung zu verbessern.
	Stellungnahme der KP Rumäniens zur Errichtung der faschistischen Diktatur.
13. September	Italien beginnt den Angriff gegen Ägypten.
16. September	Lew Sacharowitsch Mechlis wird zum Stellvertreter des Vorsitzenden des Rates der Volkskommissare ernannt.
	Das Orgbüro des ZK der KPdSU(B) verbietet das Stück von Leonid Leonow *Der Schneesturm*.
21. September	Menachim Begin verhaftet.
22. September	Einmarsch japanischer Truppen in Nord-Indochina.
27. September	Abschluß des Dreimächtepaktes zwischen Deutschland, Italien und Japan.

Oktober 1940

8. Oktober	Beschluß des Politbüros des ZK der KPdSU(B) „Über die Parteiorganisationen Litauens, Lettlands und Estlands".
11. Oktober	Beschluß des Rates der Volkskommissare der UdSSR über die Genehmigung des Arbeitsplatzwechsels von Ehefrauen von Militärangehörigen.

16. Oktober	Direktive des EKKI an die Führung der Kommunistischen Partei Österreichs.
19. Oktober	Weisung des Präsidiums des Obersten Sowjets der UdSSR „Über die Ordnung der Versetzung von Werktätigen von einem Betrieb in einen anderen".
22. Oktober	Wjatscheslaw Molotow überreicht Friedrich von der Schulenburg das Schreiben Josef Stalins an Joachim von Ribbentrop.
	Willi Münzenbergs Leiche im Wald von Caugnet bei Montagne (südöstlich von Lyon) gefunden.
24. Oktober	Aufruf des EKKI zum 23. Jahrestag der Großen Sozialistischen Oktoberrevolution.
28. Oktober	Überfall des faschistischen Italiens auf Griechenland.
29. Oktober	Innerhalb des NKWD der UdSSR wird die „Hauptverwaltung Örtliche Luftabwehr des NKWD der UdSSR" gebildet.
	Beschluß des Sekretariats des ZK der KPdSU(B) „Über die Ausgabe der Gedichte von Anna Achmatowa".

November 1940

1. November	Jerusalimski legt Stalin das Vorwort zur russischen Ausgabe von Bismarcks *Erinnerungen und Gedanken* zur Redaktion und Freigabe vor.
2. November	Die Kommunistische Partei Griechenlands ruft das griechische Volk zum bewaffneten Aufstand gegen die faschistischen Eroberer auf.
11. November	Material für den Besuch Wjatscheslaw Molotows in Berlin genehmigt: „Die Rückführung in der Sowjetunion verhafteter deutscher Reichsangehöriger sowie der noch auf sowjetischem Gebiet befindlichen Volksdeutschen ehemals polnischer Staatsangehörigkeit".
12./13. Nov.	Wjatscheslaw Molotow in Berlin.
14. November	Anweisungen des Reichspropagandaministers für die Berichterstattung über den Besuch Molotows in Berlin.
	Die faschistische deutsche Luftwaffe bombardiert Coventry.
16. November	Beschluß des Politbüros des ZK der KPdSU(B): „Über die tägliche Information über die Produktion von Motoren und Flugzeugen".
18. November	Die Kommunistische Partei der USA annulliert ihre Mitgliedschaft in der Komintern.
19. November	Wilhelm Pieck schreibt an Georgi Dimitroff und erkundigt sich, ob eine Aussprache mit Mitgliedern des Politbüros des ZK der KPdSU(B) über die Freilassung unschuldig verhafteter deutscher Kommunisten zweckmäßig ist.
20. November	Ungarn tritt dem Dreimächtepakt zwischen Deutschland, Italien und Japan bei.

21. November	Premiere der Oper *Walküre* im Moskauer Bolschoi Theater.
23. November	Rumänien tritt dem Dreimächtepakt zwischen Deutschland, Italien und Japan bei.
25. November	Josef Stalin unterrichtet Georgi Dimitroff über den Vorschlag der UdSSR an Bulgarien, einen Beistandspakt zu schließen.
	Die Slowakei tritt dem Dreimächtepakt zwischen Deutschland, Italien und Japan bei.

Dezember 1940

1. Dezember	Ein überarbeiteter Plan für die Mobilisierung liegt vor.
2. Dezember	Beschluß des ZK der KPdSU(B) „Über Literaturkritik und Bibliographie".
10. Dezember	Der im Bucharinprozeß verurteilte Arzt Dmitrij Dmitrijewitsch Pletnew schreibt an Lawrentij Pawlowitsch Berija aus dem Gefängnis in Wladimir und schildert ihm die Verhörmethoden.
13. Dezember	Artikel in der Zeitung *Leningradskij Universitet*: Der Vorlesungszyklus von Prof. G. D. Karpetschenko habe dazu beigetragen, „den Lehrstuhl in einen Hort reaktionärer genetischer Lehren zu verwandeln".
17. Dezember	Jan Leopoldowitsch Larri schickt Stalin unter einem Pseudonym sein Manuskript der utopischen Erzählung *Der himmlische Gast*.
18. Dezember	Beschluß des Rates der Volkskommissare der UdSSR „Über die Ausübung der staatlichen Kontrolle der ausgestrahlten künstlerischen Radiosendungen durch die Organe von Glawlit".
20. Dezember	Lawrentij Berija und Wsewolod Nikolajewitsch Merkulow berichteten Stalin über das Ergebnis der Überprüfung der von dem Schriftsteller Michail Scholochow beanstandeten Vorgehensweise des NKWD.
28. Dezember	Beschluß des Rates der Volkskommissare der UdSSR und des ZK der KPdSU(B) „Über die staatlichen Arbeitskräftereserven der UdSSR".
	Das Sekretariat des EKKI bestätigt die Direktive für die Kommunistische Partei der Tschechoslowakei.
29. Dezember	Beschluß des RVK der UdSSR und des ZK der KPdSU(B) „Über die Entwicklung des Metallschmiede- und Pressenbaus in der UdSSR".

Abkürzungen

ADW	Akademie der Wissenschaften
ASSR	Autonome Sozialistische Sowjetrepublik
Dalstroij	Baustellen (des NKWD) im Fernen Norden
DDR	Deutsche Demokratische Republik
DNB	Deutsches Nachrichten Büro
DZZ	Deutsche Zentral-Zeitung (in der UdSSR)
EKKI	Exekutivkomitee der Kommunistischen Internationale
FSB	Föderativer Sicherheitsdienst (der Russischen Föderation)
Gestapo	Geheime Staatspolizei
Glawlit	Hauptverwaltung Literatur und Verlage
GULag	Hauptverwaltung Lager (des NKWD der UdSSR)
GURK	Staatliches Komitee für Kunstangelegenheiten
HA	Hauptabteilung
HV	Hauptverwaltung
IMEL	Marx-Engels-Lenin-Institut
IRH	Internationale Rote Hilfe
IRP	Institut der Roten Professur
ITK	Besserungsarbeitslager
ITL	Besserungsarbeitskolonie
Komsomol	Kommunistischer Jugendverband
KPD	Kommunistische Partei Deutschlands
KPdSU	Kommunistische Partei der Sowjetunion
KPdSU(B)	Kommunistische Partei der Sowjetunion (Bolschewiki)
Litfond	Staatlicher Literaturfond (für die soziale Betreuung der Schriftsteller)
NKWD	Volkskommissariat für Innere Angelegenheiten
Osawiachim	Gesellschaft zur Förderung der Verteidigung, des Flugwesens und des Chemie-Aufbaus
RKKA	Westfront der Roten Armee
RSFSR	Russische Föderative Sowjetrepublik
RVK	Rat der Volkskommissare
SAI	Sozialistische Arbeiter-Internationale
SDAPR	Sozialdemokratische Arbeiterpartei Russlands
SED	Sozialistische Einheitspartei Deutschlands
SSR	Sozialistische Sowjetrepublik
TASS	Staatliche Sowjetische Nachrichtenagentur
TP	Tagesparole (des DNB)
Uchtpetschlag	Lager (des NKWD) bei den Flüssen Uchta und Petschora
UdSSR	Union der Sozialistischen Sowjetrepubliken
VDI	Verband Deutscher Ingenieure
Wjatlag	Lager (des Gulag) an der Wjasma
ZEK	Zentrales Exekutivkomitee
ZK	Zentralkomitee
ZKK	Zentrale Kontrollkommission (der KPdSU)

Verzeichnis der 1940 von Stalin in seinem Arbeitszimmer im Kreml empfangenen Personen

1998 wurde die 1994 in der Zeitschrift *Istoričeskij archiv* begonnene Veröffentlichung der Eintragungen über die von Stalin in seinem Kabinett im Kreml von 1924 bis 1953 empfangenen Besucher abgeschlossen. Das im April 1998 veröffentlichte Register weist die Namen von über 3000 Personen aus. Auf der Grundlage dieser Quellen wurde die Liste der von Stalin 1940 Empfangenen erarbeitet, die hier in alphabetischer Reihenfolge einschließlich der ermittelbaren Lebensdaten und Funktionsbereiche aufgeführt sind.

Das Jahr 1940 markiert eine Zäsur. Nach den Jahren des anhaltenden und immer wieder modifizierten Terrors, der auch unter Berija weiterging, tritt eine Atempause ein. Bis 1939 war es fast der Regelfall, daß staatliche und politische Leitungen auf Unionsebene von 1929 an bis zu fünfmal ausgetauscht wurden. Die in den Statuten der KPdSU(B) enthaltenen Festlegungen über die kollektive Führung des Vortrupps der Arbeiterklasse wurden von Stalin und seinen Getreuen im Führungszirkel ignoriert. Von Fall zu Fall wurden Kommissionen, denen ausgewählte Politbüromitglieder und auserwählte Experten angehörten, zwecks Vorlage von Beschlüssen eingesetzt. Kollegien und Räte als Gremien der operativen Wirtschaftsleitung spielten nur bis zum Großen Terror, danach kaum noch eine Rolle. Ein Drittel bis die Hälfte der Funktionäre wurde in den Jahren des Großen Terrors umgebracht. In dieser „Opfergruppe" waren die Jahrgänge 1880-1890 stark vertreten. Die neuen, seit 1939 eingesetzten Funktionsträger waren zwischen 1902-1911 geboren.

Stalin empfing 1940 an 223 Tagen 110 Vertreter der Wirtschaft, 95 Militärs, 23 Parteifunktionäre unterschiedlicher Ebenen, 18 Diplomaten und 14 Führungsmitglieder des NKWD aus der Hauptverwaltung Lager (GULag).

Von 1929-1941, während der Fünfjahrpläne, empfing Stalin eine große Zahl von Wirtschaftsfunktionären. Insgesamt 301 „Wirtschaftskader" aus ca. 40 Volkskommissariaten traten im Kreml zum Rapport an. Von diesen in den Jahren 1929 bis 1941 empfangenen Wirtschaftsfunktionären waren:

	A	B	C	D	E	F	G	H
Gesamt	022	086	059	004	035	026	024	018
vor 1929 im Amt	003	009	009	–	004	–	001	005
die ganze Zeit über im Amt	–	–	–	–	–	–	–	–
Opfer des Großen Terrors	008	041	016	002	006	004	010	012
Amtszeit nach dem Großen Terror	011	042	033	002	014	010	004	003

A= Direktoren
B= Stellvertretende Volkskommissare
C= Volkskommissare
D= Chefingenieure

E= Leiter von Hauptverwaltungen
F= Bauleiter
G= Mitglieder von Kollegien, Räten
H= Staatliche Plankommission

AFANASJEW, A. D. (1896-?) – 1937 bis 1941 Chef des Lushskower ITL.

AKOPOW, S. A. (1899-1958) – Von Februar 1939 bis Mai 1940 Erster Stellvertreter des Volkskommissars für Schwermaschinenbau, von Mai 1940 bis Oktober 1940 Stellvertretender Volkskommissar für mittleren Maschinenbau.

ALABYSCHEW, A. F. – Direktor des Leningrader Polytechnischen Instituts.

ALECHIN, D. I. – stellvertretender Volkskommissar für örtliche Industrie der RSFSR.

ALEKSEJEW, P. A. Chef der Hauptverwaltung Versorgung der Luftwaffe der Roten Armee.

ALIMANOW, W. W. [ohne Angabe]

AMBURDINOW, W. A. [ohne Angabe]

ANDREJEW, A. A. (1895-1971) – Sekretär des ZK der KPdSU(B).

ANISCHTSCHENKO [ohne Angabe]

ANISOW, A. F. (1899-1942) – Stellvertretender Leiter der operativen Abteilung des Generalstabes.

ANTILA – Funktionär aus der Karelisch-Finnischen SSR(?).

APANASENKO, I. R. (1890-1943) – Kommandeur des Fernostmilitärbezirkes.

APRJATKIN, S. S. (1911) – Direktor des Majkoper Erdölkombinats.

ARCHANGELSKI, A. A. (1892-1978) – Flugzeugkonstrukteur.

ARSHANUCHIN, F. K. (1902-1941) – Chef der Militärfliegerakademie.

ASTACHOW, F. A. (1892-1966) – Stellvtr. Stabschef der HV Luftstreitkräfte.

BABARIN, E. I. (1907) Stellvertreter des Leiters der Handelsvertretung in Deutschland.

BABURIN [ohne Angabe]

BAGIROW, M. A. (1895-1956) – Seit den 30-er Jahren Erster Sekretär des ZK der KP Aserbajdshans.

BAJBAKOW, N. K. (1911) – Von September 1940 bis März 1946 Erster Stellvertreter des Volkskommissars der Erdölindustrie.

BAJMAKOW [ohne Angabe]

BAJUKOW, W. A. (1901-?) – Stellvertreter des Leiters der HV Hinterland der Roten Armee.

BAKRADSE, W. M. (1901-?) – seit 1937 Vorsitzender des Ministerrates Georgiens.

BALANDIN, W. P. (1904-1973) – 1938 bis 1946 Direktor der Maschinenbaufabrik in Ufa.

BARANOW, L. S. (1909-1953) – Sekretär des Gebietskomitees der KPdSU(B) in Tscheljabinsk.

BATSCHKOW [ohne Angabe]

BELJAKOW, M. [ohne Angabe]

BELKIN – In der Spionageabwehr der Roten Armee tätig.

BELOW, W. P. – Im Volkskommissariat für Verteidigung tätig.

BENEDIKTOW, I. A. (1902-1983) – Seit Oktober 1938 Volkskommissar für Landwirtschaft der UdSSR.

BERDNIKOW, N. W. – Kapitän des Eisbrechers „Malygin".

BERESIN, M. E. (1906-1950) – Konstrukteur für Flugzeugbewaffnung.

BERIJA, L. P. (1899-1953) – Seit 1938 Volkskommissar des Innern.

BIRJUKOW, N. I. (1901-1980) – Militär, Kommandeur der Panzertruppen.

BOGATYREW, W. W. (1899-1968) – Von April 1940 bis August 1941 Volkskommissar für Elektroindustrie.

BOGOMOLOW, A. E. (1900-1969) – Berater der Handelsvertretung in Frankreich.

BOLDIN, P. I. (1900-1942) – Kommandeur im Stab der Südwestfront.

BOLJATKO, W. A. – Ingenieur im Volkskommissariat für Rüstungsindustrie.

BOLSCHAKOW, I. G. (1902-1980) – Seit Juni 1939 Vorsitzender des Komitees für Kinematographie beim Rat der Volkskommissare der UdSSR.

BORISOW, P. A. – Leiter der HV Landmaschinenbau.

BOTSCHKOW, W. M. (1900-1981) – Von August 1940 bis November 1943 Staatsanwalt der UdSSR.

BUDENNYJ, S. M. (1883-1973) – Stellvertretender Volkskommissar für Verteidigung.

BULGANIN, N. A. (1895-1975) – Von September 1938 bis Mai 1944 Stellvertreter des Vorsitzenden des RVK, 1940 Führungsmitglied der Staatsbank der UdSSR.

BUTUSOW, W. P. – Chefingenieur des Betriebes Nr. 19 des Volkskommissariats für Flugzeugindustrie.

CHELTWIS, G. A. – Chefgeologe der HV Erdölindustrie der UdSSR.

CHMELNITZKI, G. M. – Chefingenieur der Projektierung der Gorkilinie der Moskauer Metro.

CHOLOPZEW [ohne Angabe]

CHRAPTSCHENKO, M. B. (1904-1986) – Literaturwissenschaftler und Kritiker; von Dezember 1939 bis Januar 1948 Vorsitzender des Komitees für Kunstangelegenheiten beim Ministerrat der UdSSR.

CHRENOW, A. F. (1900-?) – Leiter der HV Ingenieurwesen der Roten Armee.

CHRJUTIN, T. T. (1910-1953) – Kommandeur der Luftstreitkräfte der 14. Armee.

CHRULEW, A. W. (1892-1962) – Chefinspekteur der Armee.

CHRUSCHTSCHEW, N. S. (1894-1971) – Erster Sekretär der Moskauer Parteiorganisation.

CHUDAJ-BERGENOW, Ajtbaj – Vorsitzender des RVK der Turkmenischen SSR.

CHUDJAKOW, S. A. (1901-1950) – Kommandeur in den Luftstreitkräften.

DANILIN, P. G. – Stellvertreter des Leiters der Verwaltung Bewaffnung im Volkskommissariat für Verteidigung.

DECHTJAREW, S. I. – Volkskommissar der Brennstoffindustrie in der Ukraine.

DEKANOSSOW, W. G. (1898-1953) – Botschafter der UdSSR in Deutschland.

DEMENTJEW, P. W. (1907-1977) – Von 1938 bis 1941 Chefingenieur und Direktor eines Flugzeugwerkes, danach Erster Stellvertreter des Volkskommissars für Flugzeugbau.

DENISOW, M. F. (1902-1973) – Von Januar 1939 bis Februar 1942 Volkskommissar für Chemieindustrie der UdSSR.

DIMITROFF, G. (1882-1949) – Generalsekretär der Komintern.

DOLLESHAL, N. A. (1899) – Konstrukteur im Chemiemaschinenbau.

DONTSCHENKO, Ja. I. (1900-1969) – Stellvertretender Volkskommissar für Erdölindustrie.

DRABKIN, E. I. – Mitarbeiter Dalstroj NKWD.

DUBOW, W. M. – Direktor des Betriebes Nr. 24 des Volkskommissariats für Flugindustrie.

DYMAN [ohne Angabe]

EFREMOW, A. I. (1904-1951) – Von April 1940 bis Juni 1941 Volkskommissar für Schwerindustrie.

EMELJANOW, W. S. (1901-?) – Spezialist auf dem Gebiet der Elektrometallurgie und Atomenergie.

EREMENKO, W. S. – Leiter des Kombinates Ukraineöl.

ERMOLAJEW, A. S. (1904-1977) – Konstrukteur schwerer Panzer.

ERUSSALIMSKI, A. S. (1901-1965) – Historiker; Spezialist für deutsche Außenpolitik.

EWSEJENKO, M. A. (1908-1985) – Seit Oktober 1939 Stellvertreter des Volkskommissars für Erdölindustrie.

FADIN, I. A. (1901-1981) – Stellvertretender Vorsitzender der Moskauer Stadtverwaltung.

FEDORENKO, Ja. N. (1896-1947) – Leiter der Verwaltung gepanzerte Fahrzeuge der Roten Armee.

FEDOROW, W. T. (1902-1989) – Leiter Flugplatzbau NKWD.

FILIN, A. I. (1903-?) – Testpilot, Leiter des Forschungsinstitutes der Luftstreitkräfte.

FONIN, M. M. (1905-1974) – Erster Sekretär der KP Turkmenistans.

FRENKEL, N. A. (1883-1960) – Leiter der HV Lager Eisenbahnbau des NKWD.

FROLOWSKI [ohne Angabe]

GAJLIT, Ja. P. (1894-?) – Bis 10. 8. 1937 Kommandeur des Militärbezirkes Ural.

GALLER, L. M. (1883-1950) – Stellvertreter des Volkskommissars der Flotte.

GALUNOW, D. P. – Kommandeur der 21. Luftlandedivision.

GARKUSCHA [ohne Angabe]

GAWRILIN, M. N. – Seit November 1939 Leiter der HV Erdöl- und Erdgasindustrie der UdSSR.

GERASSIMENKO, W. F. (1900-1961) – Kommandeur des Wolga-Militärbezirkes.

GERASSIMOW, W.G. – Seit 1939 Leiter der HV Petrolchemie der Brennstoffindustrie.

GOLIKOW, F.I. (1900-1980) – Seit Juli 1940 Stellvertreter des Stabschefs des Generalstabes und Leiter Aufklärung.

GOLOWKO, A.G. (1906-1962) – 1940-1946 Kommandeur der Nordflotte.

GOLYNSKI, M.S. – Parteisekretär des ZK im Aluminiumwerk im Ural.

GORBATSCHOW, M.W. – Seit Juli 1940 Stellvertretender Vorsitzender des Präsidiums des Obersten Sowjets der Karelisch-Finnischen SSR.

GORELKIN, N.W. – Seit 1939 Leiter Handelsvertretung bzw. Botschafter in Italien.

GORJUNOW, S.K. (1899-1962) – Leiter der Kaderabteilung der Luftstreitkräfte.

GORKIN, A.F. (1897-1988) – Seit Januar 1938 Sekretär des Präsidiums des Obersten Sowjets.

GRENDAL, W.D. (1884-1940) – Militärtheoretiker, Befehlshaber der 13.Armee.

Grischin, G.A. – Seit Juni 1940 Leiter Erdölgewinnung im Wolgagebiet.

GROMOW, M.M. (1899-1985) – Kommandeur von Luftarmeen an der Kalininer Front.

GRÜNWALD/GRENWALL – Finnischer General.

GUSEW, A.I. – Stellvertretender Leiter der Verwaltung Luftstreitkräfte.

GWOSDETZKI – Belorussischer Wirtschaftsfunktionär.

IGNATJEW, W.L. – Seit Oktober 1939 Mitglied des Allunionskomitees für Radiofizierung beim RVK.

ILJUSCHIN, S.W. (1894-1977) – Flugzeugkonstrukteur.

IOFFE, A.F. (1880-1960) – Direktor des Leningrader physikalisch-technischen Instituts der AdW.

ISAKOW, I.S. (1894-1967) – Erster Stellvertreter des Volkskommissars für Kriegsmarine.

IWANOW, G.S. – Seit Januar 1939 Stellvertretender Volkskommissar für Baumaterialien.

IWANOW, Petr, S. – Kommandeur der Winniza-Gruppe der Truppen des Kiewer Militärbezirkes.

JAKOWLEW, A.S. (1906-1989) – Flugzeugkonstrukteur.

JUDIN, P.F. (1899-1966) – Direktor des Philosophie-Instituts der AdW und der Vereinigten Staats-Verlage der RSFSR.

JUMASCHEW, I.S. (1895-1972) – Kommandeur der im Stillen Ozean stationierten Flotte.

KAFTANOW, S.W. (1905-1978) – Seit Dezember 1937 Vorsitzender des Allunionskomitees für Hochschulwesen beim RVK und Vorsitzender der Staatlichen Plankommission.

KAGANOWITSCH L.M. (1893-1991) – Volkskommissar für Erdölindustrie, Stellvertretender Vorsitzender des RVK.

KAGANOWITSCH M.M. (1888-1941) – Volkskommissar für Luftfahrtindustrie.

KAJUKOW, M.M. – Mitarbeiter des Volkskommissariats für Verteidigung.

KALAMKAROW, W.A. (1906-1992) - Von 1940 bis 1942 Leiter der technischen Abteilung im Volkskommissariat für Erdölindustrie der UdSSR.

KALININ, M.I. (1875-1946) – Vorsitzender des Präsidiums des Obersten Sowjets.

KARACHANOW [ohne Angabe]

KARATSCHEWSKIJ [ohne Angabe]

KORJAGIN, I. D. – Seit August 1940 Leiter der Planungs- und ökonomischen Abteilung des Kollegiums des Volkskommissariats für Erdölindustrie.

KASAKOW, N. S. (1900-1970) – Von 1938 bis 1941 Direktor des Ishorsker Werkes des Volkskommissariats für Schiffbau.

KASATSCHENKO, K. G. – Seit dem 20. Mai 1938 Leiter der Politabteilung der Taschkenter Eisenbahn.

KASCHIRIN, A. W. – Von Mai 1938 bis April 1942 Leiter des Zentralinstitutes für Flugzeugmotoren.

KINASOSCHWILI, R. S. – Abteilungsleiter im Institut für Flugzeugmotorenbau des Volkskommissariats für Luftfahrtindustrie.

KLIMOW, W.Ja. (1892-1962) – Konstrukteur für Flugzeugtriebwerke.

KNJASEW, A. F. – Seit Februar 1939 Kommandeur der Verwaltung Ausrüstung der Luftstreitkräfte.

KOBELEW, P. P. – Seit Januar 1939 Vorsitzender des ZK des Osoawiachim.

Kobsarew, A.A. –Leiter des Flugforschungsinstitutes des Volkskommissariats für Luftfahrtindustrie.

KOKOREW, W.Ja. - Seit Januar 1939 stellvertretender Volkskommissar für Fleisch- und Milchwirtschaft der UdSSR.

KOLOBJAKOW, A. F. (1896-1958) – Seit Dezember 1939 Mitglied des Militärrates des Odessaer Militärbezirkes.

KOMARITZKI, I.A. – Konstrukteur des Werkes Nr. 8 des Volkskommissariats für Verteidigung.

KONEW, I. S. (1897-1973) – Seit 1940 Armeebefehlshaber.

KONONENKO, Ja. L. – Ingenieur, Mitglied des technischen Rates des Werkes für Motorenbau Nr. 29.

KORMILIZIN, M.I. – Seit dem 12.7.1940 Stellvertretender Volkskommissar für Erdölindustrie.

KOROBKOW, B.M. (1900-1971) – Leiter der Verwaltung Panzerabwehrtechnik.

KOROBOW, W.I. – Konstrukteur des Werkes Nr. 522 des Volkskommissariats für Bewaffnung der UdSSR.

KOROLEW, G.N. – Mitglied des Rates im Volkskommissariat für Schwerindustrie.

KOROTKOW, I.I. (1885-1949) – Leiter der Abteilung Organisation des ZK der KPdSU(B).

KOSLOW, M.S. – Seit Januar 1940 Stellvertreter des Volkskommissars für Erdölindustrie.

KOSSYGIN, A.N. (1904-1980) – Stellvertretender Vorsitzender des RVK.

KOTIN, Sh.Ja. (1908-1978) – Panzerkonstrukteur.

KOTSCHERGOW, W.N. – Seit Juni 1940 Leiter des Erdölkombinates in Grosny.

KOWALEW, A.A. (1899-1942) – Leiter der HV Grenztruppen des NKWD.

KRAWTSCHENKO, A.A. (1906-1956) – Leiter des besonderen technischen Büros des NKWD der UdSSR.

KRAWZOW, - Zensor der HV Kartographie beim RVK der UdSSR.

KRUTIKOW, A.A. (1902-1962) – Von 1940 bis 1948 Stellvertretender Volkskommissar für Außenhandel.

KULIK, G.I. (1890-1950) – Stellvertretender Volkskommissar für Verteidigung und Chef der Verwaltung Artillerie.

KULIKOW, W.I. – Direktor des Betriebes Nr. 5 des Volkskommissariats für Bewaffnung.

KUPRIJANOW, N.G. (1905-1979) – Sekretär des ZK der KP der Karelischen ASSR.

KURDJUMOW, W.N. (1875-1970) – Armeekommandeur im Finnischen Krieg.

KUROTSCHKIN, P.A. (1900-1989) – Armeebefehlshaber.

KUSNEZOW, N.G. (1902-1974) – Volkskommissar der Kriegsflotte.

KUSNEZOW, W.P. – Seit März 1940 Stellvertretender Volkskommissar für Luftfahrtindustrie und Leiter Versuchsmotorenbau.

KUUSINEN, O.W. (1881-1964) – Vorsitzender des Obersten Sowjets der Karelisch-Finnischen SSR.

LAWRENTJEW, A.I. (1904-1984) – Seit September 1939 Botschafter der UdSSR in Bulgarien.

LEBEDEW, A.W. – Inspekteur im Volkskommissariat für Chemieindustrie.

LEONTJEW, A.A. (1901-1974) – Ökonom, Leiter des Autorenkollektivs zur Erarbeitung eines Lehrbuches der Politischen Ökonomie.

LEPIN [ohne Angabe]

LETKOW, A.I. (1903-1942) – Seit April 1940 Volkskommissar für Elektrokraftwerke.

LEWIN, W.A. – Seit 1932 Stellvertretender Volkskommissar für Leichtindustrie.

LEWTSCHENKO, G.I. (1897-1981) – Seit 28.4.1939 Stellvertreter des Volkskommissars der Kriegsflotte.

LICHATSCHEW, I.A. (1896-1956) – Vom 5.2.1939 bis 2.10.1940 Volkskommissar für mittleren Maschinenbau.

DR. LIPEZ [ohne Angabe]

LJUBIMOW, A.W. (1898-1967) – Von Januar 1939 bis März 1948 Volkskommissar für Handel der UdSSR.

LJUGER [ohne Angabe]

LOKTIONOW, A.D. (1893-1941) – Von 1937 bis 1939 Chef der Luftstreitkräfte, seit 1939 stellvertretender Volkskommissar für Verteidigung.

LOMAKO, P.F. (1904-1990) – Von 1939 bis Juli 1940 Stellvertreter, von Juli 1940 bis März 1946 Volkskommissar für Buntmetallurgie der UdSSR.

LOMBAK, I.Ja. – Mitarbeiter des Volkskommissariats des Inneren.

LOSJUKOW, P.A. – Militäringenieur.

LOSOWSKIJ, A. (1878-1952) – Von 1939 bis 1946 Stellvertreter des Volkskommissars für Auswärtige Angelegenheiten.

LUKIN, M.M. (1905-1961) – Direktor von Fabriken für Flugzeugmotoren.

LYSENKOW, I.F. – Verwaltungsleiter im Volkskommissariat für Sicherstellung.

MAKAROW, I.G. (1888-1949) – Seit Januar 1937 Chef von Glawspezstal, seit Mai 1938 stellvertretender Volkskommissar für Schwerindustrie.

MALENKOW, G.M. (1902-1988) – Von März 1939 bis Mai 1946 Sekretär des ZK der KPdSU(B).

MALOW, S.I. (1904-1951) – Sektorenleiter in der Abteilung Leichtindustrie des ZK.

MALYSCHEW, W.A. (1902-1957) – Seit Februar 1939 Volkskommissar für Schwermaschinenbau der UdSSR, von April 1940 bis Mai 1944 Stellvertretender Vorsitzender des Rates der Volkskommissare der UdSSR.

MASLENNIKOW, I.I. (1900-1954) – Seit 1939 Stellvertreter des Volkskommissars des Inneren.

MASTEROW, N.P. – Mitarbeiter des Volkskommissariats für Lebensmittelindustrie.

MATWEJEW, W.A. – Seit November 1939 Leiter der HV Kohlegas der Kohlenindustrie.

MECHLIS, L.S. (1889-1953) – Von Dezember 1937 bis September 1940 stellvertretender Verteidigungsminister und Chef der Politischen Hauptverwaltung der Roten Armee.

MELNIKOW, P.G. (1899-1977) – Chef der militär-chemischen Verteidigung der Roten Armee.

MERETZKOW, K.A. (1897-1968) – Chef des Generalstabs.

MERKULOW, W.N. (1895-1953) – Erster Stellvertreter des Volkskommissars des Inneren.

MGELADSE, A.I. (1910) – Leiter des Trusts Grusneft.

MIKOJAN, A.I. (1895-1978) - Seit November 1938 Volkskommissar für Außenhandel.

MIKULIN, A.A. (1895-1985) – Konstrukteur von Flugzeugmotoren.

MIRONOW, P. I. – Leiter des Kombinats für Erdölförderturmbau.

MOLOTOW, W. M. (1890-1986) – Von 1930 bis 1941 Vorsitzender des Rates der Volkskommissare und des Rates für Arbeit und Verteidigung; seit 1925 Mitglied des Politbüros des ZK der KPdSU(B).

MOSGOW [ohne Angabe]

MOSKATOW, P.G. (1894-?) – Von 1937 bis 1940 Sekretär im Dachverband der Gewerkschaften

NAUMENKO, N.F. – Kommandeur der Luftstreitkräfte im Leningrader Militärbezirk.

NEKISCHOW, I.F. (1894-1957) – Seit Juli 1940 Chef von Dalstroj des NKWD.

NEKITOW [ohne Angabe]

NESTERENKO, Maria (1917-?) – Kommandeur in den Luftstreitkräften.

NEWJASHSKIJ, Ja.I. – Chefingenieur des Betriebes Nr. 7 im Volkskommissariat für Schwermaschinenbau.

NIFONTOW, I.P. – Seit Juni 1940 Leiter des Kasachstaner Erdölkombinats.

NIKISCHIN, S.I. (1911) – Mitarbeiter des Volkskommissariats für Äußeres.

NIKITIN, A.W. (1900-1973) – Seit Februar 1940 Leiter der Ersten Verwaltung der HV Luftstreikräfte.

NIKOLAENKO, E.M. – Seit Juli 1940 Kommandeur der Luftstreitkräfte.

NIKOLSKIJ, M.I. (1907) – Leiter der HV Gefängnisse des NKWD.

NOSENKO, I.I. (1902-1956) – Von Mai 1940 bis März 1946 Volkskommissar für Schiffbau.

OGALZOW, F.A. (1900-1980) – Mitglied des revolutionären Kriegsrates der Luftstreitkräfte.

OKTJABRSKIJ, F.S. (1899-1969) – Von 1939 bis 1943 Befehlshaber der Tschernomorsker Front.

OKULOW, W.A. – Seit März 1932 Direktor des Betriebes Nr. 22, seit April Mitglied des Kollegiums des Volkskommissariats für Flugzeugindustrie.

ORLOWSKIJ, B.I. – Seit Juli 1940 Stellvertreter des Volkskommissars für Buntmetallurgie.

PAJAWZEW [ohne Angabe]

PARUSINOW, A.F. – Seit Juli 1938 Kommandeur der Odessaer Armeegruppe.

PAWLOW, D.G. (1897-1941) – Seit 1937 Leiter der HV Panzerfahrzeuge der Roten Armee.

PERWUCHIN, M.G. (1904-1978) – Von 1940 bis 1944 Stellvertretender Vorsitzender des RVK.

Petrow, F. F. (1902-1978) – Konstrukteur von Artilleriewaffen.

Petuchow, P. D. – Seit Juni 1940 Leiter der HA Erdölabsatz im Volkskommissariat für Erdölindustrie.

Petuchow, W. E. – Seit 1940 Leiter der HA Erdölmaschinenbau.

Plotnikow, W. A. – Seit September 1939 Bevollmächtigter der UdSSR in Jugoslawien.

Poletow [ohne Angabe]

Ponomarenko, P. K. (1902-1984) – Von 1938 bis 1947 Erster Sekretär des ZK der KP Belorußlands.

Popow, M. N. – (1902-?) Seit August 1940 Leiter der Verwaltung Industriebau und Stellvertreter des Leiters Gulag NKWD.

Popow, G. M. (1906-1968) – Zweiter Sekretär des Moskauer Stadtparteikomitees.

Posdnjakow, N. G. (1900-1948) – 1940 Bevollmächtigter des ZK der KPdSU (B) und RVK UdSSR in Litauen.

Pospelow, P. N. (1898-1979) - Mitglied des ZK und der Kommission für Parteikontrolle; von 1937 bis 1940 Stellvertreter bzw. Leiter der Verwaltung Propaganda und Agitation des ZK der KPdSU(B).

Potemkin, W. P. (1874-1946) – Akademiemitglied, von 1937 bis 1940 stellvertretender Volkskommissar für Auswärtige Angelegenheiten.

Prokkonen, P. S. (1909-1979) – Von 1940 bis 1947 der Vorsitzende des Ministerrates der Karelisch-Finnischen SSR.

Pronin, W. P. (1905-1993) – Seit April 1939 Vorsitzender der Exekutive des Mossowjet.

Proskurow, I. I. (1907-1941) – Seit 1940 Kommandeur der Luftstreitkräfte im Militärbezirk Fernost.

Pumpur, P. I. (1900-1942) – Kommandeur der Luftwaffe.

Purkajew, M. A. (1894-1971) – Seit 1938 Stabschef des besonderen Militärbezirkes West.

Rapoport, Ja. D. (1898-1962) – Stellvertreter des Chefs GULag; seit 1940 Chef der HV Hydrotechnische Bauten des NKWD.

Repin, A. K. (1903-1976) – Seit Mai 1940 Mitglied des Wirtschaftsrates für Rüstungsindustrie beim RVK.

Rogow, I. M. (1899-1949) – Leiter der Politverwaltung der Kriegsflotte.

Romanow, F. N. – Seit Juni 1940 Generalmajor.

Rowinski, L. Ja. (1900-?) – Von 1941 bis 1944 Chefredakteur der Regierungszeitung Iswestija.

Rtischtschew [ohne Angabe]

Rumjanzew, W. I. (1896-1960) – Seit 1938 Leiter der Verwaltung der Ersten Verwaltung der HV Staatssicherheit des NKWD.

Rytschagow, P. W. (1911-1941) – Seit 1940 Stellvtr. des Chefs Luftstreitkräfte.

Saakow, Ch. M. – Leiter des Trust Woroschilow-Öl.

Sacharow, P. A. (1905-1974) – Seit 1940 Stellvertreter Gulag NKWD und Leiter Bergbau und Metallurgie.

Sakrier, I. F. – Leiter der Verwaltung Luftstreitkräfte der Roten Armee.

Salzman, I. M. (1905-1988) – Direktor der Kirowwerke.

Saporoshez, A. I. (1899-1959) – Leiter der HV Politpropaganda der Roten Armee.

SAWTSCHENKO, G.K. – Seit 1937 Leiter der HV Artillerie der Roten Armee.

SBYTOW, N. – Kommandeur der Luftstreitkräfte des Moskauer Militärbezirkes.

SCHACHURIN, A.I. (1904-1975) – Von Januar 1940 bis Januar 1946 Volkskommissar für Luftfahrtindustrie.

SCHAKRAER [ohne Angabe]

SCHAPOSCHNIKOW, B.M. (1882-1945) – Seit 1937 Chef des Generalstabes.

SCHEJKELSON [ohne Angabe]

SCHELKOW, M.S. (1908-?) – Seit Juni 1939 Leiter der Abteilung Brennstoffe des GULag.

SCHIBANOW, W.Ja. – Seit November 1939 Stellvertretender Volkskommissar für Bewaffnung.

SCHIRSCHOW, P.P. (1905-1953) – Polarforscher, von 1939 bis 1942 Erster Stellvertreter des Chefs des Nördlichen Seeweges beim RVK.

SCHKIRJATOW, M.F. (1883-1954) – Seit 1939 stellvertretender Vorsitzender des Komitees für Parteikontrolle.

SCHOLOCHOW, M.A. (1905-1984) – Schriftsteller.

SCHPAGIN, G.S. (1897-1952) – Waffenkonstrukteur.

SCHPITALNYJ, B.G. (1902-1972) – Konstrukteur für Flugzeugbewaffnung.

SCHTSCHADENKO, E.A. (1885-1951) – Stellvertretender Volkskommissar für Verteidigung.

SCHTSCHERBAKOW, A.S. (1901–1945) – Von 1938 bis 1945 Erster Sekretär des Moskauer Gebietskomitees und der Stadtleitung der KPdSU(B).

SCHWERNIK, N.M. (1888-1970) – Von Januar 1938 bis März 1946 Vorsitzender des Nationalitätenrates.

SEDIN, I.K. (1906-1972) – Von Juli 1940 bis November 1944 Volkskommissar für Erdölindustrie.

SELICH, Ja.G. (1892-1967) – Von 1937 bis 1941 Chefredakteur der *Iswestija*.

SERGEJEW, I.P. (1897-1942) – Von Januar 1939 bis März 1941 Volkskommissar für Waffenreserven.

SERKIN, I.O. – Seit Mai 1936 Stellvertreter des Leiters der Politverwaltung der HV Nördlicher Seeweg.

SHDANOW, A.A. (1896-1948) - Seit 1939 Mitglied des Politbüros des ZK der KPdSU(B).

SHUK, S.Ja. (1892-1957) – 1937 Chefingenieur des Kujbyschewer Wasserkraftwerkes.

SHUKOW, G.K. (1896-1974) – Seit Januar 1941 Chef des Generalstabes.

SHURIN, W.D. (1891-?) – Seit September 1940 Leiter des Besserungsarbeitslagers an der Wolga.

SIDORENKO, E.Ja. – Seit August 1940 Vorsitzender des ZK der Gewerkschaft der Arbeiter in Elektrokraftwerken.

SIMONOW, B.M. - Seit Mai 1933 Stabsoffizier.

SINJAKOW, W.M. [ohne Angabe]

SKLISKOW, S.O. – Seit Februar 1940 Leiter der Verwaltung Schützenbewaffnung im Volkskommissariat für Verteidigung.

SKWORZOW, N.A. (1899-1974) – Von Mai 1938 bis Mai 1945 Erster Sekretär des ZK der KP(B) Kasachstans.

SMOKATSCHOW, P.E. – Seit März 1939 Mitglied des Militärrates des besonderen Militärbezirkes Weißrußland.

SMORODINOW, I.W. (1894-1953) – Seit November 1938 Stellvertretender Chef des Generalstabes.

SMUSCHKEWITSCH, J. W. (1902-1941) – 1940 Generalinspekteur der Luftwaffe der Roten Armee.

SOBOLEW, A. A. (1893-1964) – Mitarbeiter des Volkskommissariats für Auswärtige Angelegenheiten.

SOKOLOW, G. G. (1904-1973) – Seit März 1939 Leiter der Verwaltung Grenztruppen des NKWD.

SOKOLOW, N. K. (1896-1941) – Von April bis Oktober 1940 Vorsitzender der Leitung der Staatsbank.

SOLDATOW, A. G. – Betriebsdirektor.

SOLJAKOW, P. W. – Seit Oktober 1937 Vorsitzender des RVK der Karelisch-Finnischen SSR.

STEFANOWSKIJ, P. M. (1903-1976) – Testpilot.

STEPANOW, G. A. (1890-1957) – Seit 1939 Chef der Akademie der Kriegsmarine.

STERN, G. M. (1900-1941) – Kommandeur im Krieg gegen Finnland.

STUKOW, G. I. – Seit Oktober 1939 Vorsitzender des Allunions-Rundfunkkomitees.

STUPIN, I. T. [ohne Angabe]

SUCHOWOLSKIJ, M. L. – Seit Januar 1940 Stellvertretender Volkskommissar für den Bau von Erdölförderanlagen.

SUPRUN, S. P. (1907-1941) – Kommandeur eines Jagdfliegerregiments der Roten Armee.

TARASEWITSCH, B. N. – Technischer Direktor des Betriebes Nr. 22 des Volkskommissariats für Flugzeugbau.

TARASOW, W. I. – Seit November 1940 Leiter der Vierten HV im Volkskommissariat für Flugzeugbau.

TARMOSIN, F. G. – Intendantendienst der Armee.

TAUBIN, A. A. – Ingenieurartillerist.

TEWOSJAN, I. F. (1902-1958) – Von 1940 bis 1948 Volkskommissar für Schwarzmetallurgie.

TIMOSCHENKO S. K. (1895-1970) - Von 1933 bis 1940 Kommandierender verschiedener Militärbezirke.

TJULENEW, I. W. (1892-1978) – Seit 1938 Kommandeur des Kaukasischen bzw. Moskauer Militärbezirkes.

TRETJAKOW, A. T. (1899-1978) – Direktor des Flugzeugwerkes Nr. 1.

TRUBETZKOI, N. I. (1890-1941) – Chef Militärkommunikation.

TUMANOW, A. T. – Leiter des Allunionsforschungsinstitutes für Flugzeugmaterial.

TSCHAGIN, P. I. (1898-1967) – Direktor des Verlages Schöngeistige Literatur.

TSCHARNKO, E. W. – Waffenkonstrukteur.

TSCHERKWIJANI, K. N. (1907-?) – Von 1938 bis 1952 Erster Sekretär des ZK der KP Georgiens.

TSCHERNYSCHEW, W. W. (1896-1952) – Seit 1939 Leiter GULag im NKWD.

URMIN, E. W. – Motorenkonstrukteur.

UTKIN, A. I. – Volkskommissar für Leichtindustrie der RSFSR.

WACHRUSCHEW, W. W. (1902-1947) – Seit 1939 Volkskommissar für Kohleindustrie.

WAKULENKO, P. G. – Stellvertreter des Handelsvertreters der UdSSR in Japan.

WANNIKOW, B. L. (1897-1962) – Von 1939 bis 1941 Volkskommissar für Rüstungsindustrie.

WASCHUGIN, N. N. (1900-1941) – Kommandeur im besonderen Kiewer Militärbezirk.

WASSILEWSKAJA, W. (1905-1964) – Schriftstellerin.

WASSILEWSKIJ, A.M. (1895-1977) – Seit August 1941 Stellvertretender Generalstabschef.

WASSIN, I.F. – Stellvertretender Volkskommissar für Landwirtschaft der UdSSR.

WATTUCHA [ohne Angabe]

WATUTIN, N.F. (1901-1944) – Seit 1940 Leiter der operativen Verwaltung des Generalstabes.

WICHARKIN [ohne Angabe]

WLASIK, N.S. (1896-1967) – Chef der Wache Stalins.

WOROBJEW, M.P. (1896-1957) – Truppeninspekteur.

WORONIN, P.A. – Stellvertretender Volkskommissar für Flugzeugbau.

WORONOW, N.N. (1899-1968) – Chef der Artillerie.

WOROSCHILOW, K.E. (1881-1969) – Volkskommissar für Verteidigung; seit 1940 Stellvertreter des Vorsitzenden des RVK.

WOSKRESENSKI [ohne Angabe]

WOSNESENSKIJ, N.A. (1903-1950) – Seit April 1940 Vorsitzender des Rates für Rüstungsindustrie.

WYSCHINSKIJ, A.J. (1883-1954) – Seit 1940 Erster Stellvertretender Außenminister der UdSSR.

Personenregister

Das Register verzeichnet die Personen im Haupttext; Anmerkungen und Literatoren sind nicht erfaßt.

ACHMATOWA (eigentlich Gorenko), Anna (1889-1966) – Dichterin. Von 1922 bis 1940 zog sich Achmatowa als Autorin zurück. 1940 kehrte sie mit dem Auswahlband *Aus sechs Büchern* kurzfristig in die literarische Öffentlichkeit zurück. 126, 128

ADLER, VALI (Wally) (eigentlich Adler, Valentine) (Pseud.: Dina Schreiber) (1898-1942) – 1931 Übersiedlung von Wien nach Berlin, Referentin im Internationalen Frauensekretariat, Mitarbeit an der Herausgabe der Werke von Franz Mehring, Tätigkeit in der Handelsvertretung der UdSSR in Berlin. (W. Adler hatte 1920/21 an der staatswissenschaftlichen Fakultät der Universität in Wien studiert.) 1930 bis 1933 in Österreich und in der UdSSR; am 30. Dezember 1933 zusammen mit ihrem Ehemann Emigration in die UdSSR. Arbeit als Redakteurin im Verlag Ausländischer Arbeiter. Am 2. Februar zusammen mit ihrem Mann 1937 verhaftet, 1942 verstorben. 168

ADORATSKI, Wladimir Wiktorowitsch (1878–1945) – Von 1931 bis 1938 Direktor des Marx-Engels-Instituts in Moskau; bis 1939 Direktor des Instituts für Philosophie der AdW der UdSSR. Von 1938 bis 1941 und 1944 bis 1945 Mitherausgeber der Werke von Marx, Engels und Lenin. 31

AGNIASCHWILI – georgischer Publizist. 13

AGRANOW (Sorendson), Jakow (Jankel) Saulowitsch (1893-1938) – Am 10. Juli 1934, nach der Bildung des NKWD 1. Stellvertreter des Volkskommissars des Inneren, Kommissar der Staatssicherheit 1. Ranges. Seit April 1937 Leiter der Geheimen politischen Abteilung der OGPU, seit Mai 1937 in Saratow. Am 20. Juli 1937 verhaftet, am 1. August 1938 zum Tode verurteilt und erschossen. 38

ALEKSANDROW, Aleksander Wassiljewitsch (1883-1946) – Leiter des nach ihm benannten Ensembles. 42

ALLILUJEWA, Nadeshda Sergejewna (1901-1932) – Josef Stalins zweite Frau. 12, 55

ALMAS - Deckname für einen geheimen Mitarbeiter des NKWD im Ausland. 48

ANDREJEW, Andrej Andrejewitsch (1895-1971) – Von 1931 bis 1935 Volkskommissar für Nachrichtenwesen; von Februar 1935 bis März 1946 Sekretär des ZK der KPdSU(B). 110 f., 117 f.

ANDROPOW, Juri Wladimirowitsch (1914-1984) – 1940 bis 1944 Erster Sekretär des ZK des Komsomol der Karelo-Fin-

nischen Republik. Seit 1944 Partei-
funktionen. 1953 bis 1957 Botschafter
in Ungarn. Von 1967 bis 1982 Vorsitzender des KGB. Von November 1982
bis Februar 1984 Generalsekretär der
KPdSU. 90

ANGELINA, Pascha (Praskowja) Nikitit-
schna (geb.1912) – Seit 1930 Brigadierin
einer Traktoristinnenbrigade der MTS
ihres Heimatdorfes Staro-Beschewo des
Gebietes Stalino (früher Jusowka) in der
Ukraine. P. Angelina hatte sich auf dem
II. Unionstag der Stoßarbeiter 1936 der
Kolchosen verpflichtet, 1 200 ha zu pflü-
gen. Für ihre Leistungen – sie schaffte
1600 ha – wurde sie mit dem Lenin-
orden ausgezeichnet. Studierte 1939/
1940 an der agrarwissenschaftlichen
Timirjasew-Akademie in Moskau. Seit
1937 Parteimitglied. 184

ANTAIOS – Sohn des Zeus mit Gaia in der
griech. Mythologie. 24, 125

ANTONOW-OWSEJENKO, [auch Owsejen-
ko (Antonow)], Wladimir Alexandrowitsch (1883-1938) – Leitete in der
Oktoberrevolution die Einnahme des
Winterpalais. In der Armee und im
diplomatischen Dienst tätig. In der
Nacht vom 11. zum 12.10.1937 verhaftet, am 10. Februar 1938 erschossen.
36, 106

APRJATKIN, S. S. (geb. 1911) – Direktor
des Erdölkombinates Majkop. Am
23. Dezember 1940 zum Vortrag bei
Stalin. 182

ASEW, Ewno (1896-1918) – Leiter der
Kampforganisation der Partei der
Sozialrevolutionäre. Agent der zaristi-
schen Geheimpolizei Ochrana. 14

ASSEJEW, Nikolai Nikolajewitsch (1889-
1963) – Schriftsteller. Für die umfang-

reiche Verserzählung *Majakowski beginnt*
(1937/40) mit dem Stalinpreis 1. Klasse
ausgezeichnet. 87

AWDEJENKO, Alexander Ostapowitsch
(1908-1996) – Schriftsteller und Dreh-
buchautor. 1933 erschien sein Erstlings-
werk *Ich liebe*, das die eigene Entwicklung vom Verwahrlosten zum Mitglied
des Kollektivs darstellte. 86 f.

BABEL, Isaak (1894-1940) – Sowjetischer
Schriftsteller. Am 16. Mai 1939 verhaftet, im Suchanowka-Gefängnis inhaftiert und drei Tage hintereinander von
Kuleschow und Schwarzmann verhört.
Der zu diesem Zeitpunkt bereits erschossene Boris Pilnjak und der Leiter
der Abteilung Kultur und Propaganda
des ZK der KPdSU(B), Stetzki, hatten
ihn durch ihre „Aussagen" als Trotzkisten belastet. Am 10. Juni wird er in
das Innere Gefängnis der Lubjanka
überführt. Babel war mit Jeshows Frau,
der Chefredakteurin der Zeitschrift
SSSR na stroike (UdSSR im Bau) be-
freundet. Jeshow saß seit dem 10. April
1939 im Suchanowka-Gefängnis. Babel
wird in das Untersuchungsgefängnis
der HV Staatssicherheit des NKWD
verlegt. Am 26. Januar 20-minütige Verhandlung der Troika im Butyrkagefängnis; am 27. Januar wird das Todesurteil
vollstreckt. 36, 38, 44, 52, 54

BAGRITZKI (eigentlich Dsjubin), Eduard
Georgijewitsch (1895-1934) – sowjetischer Lyriker. 55

BAJBAKOW, Nikolai Konstantinowitsch
(geb. 1911) – Von September 1940 bis
November 1944 Stellvertreter, von
November 1944 bis März 1946 Volkskommissars für Erdölindustrie. 181 f.

BALANDIN, Wassili Petrowitsch (1904-1973) – Von 1938 bis 1946 Direktor des Werkzeugmaschinenwerkes in Ufa, seit 1939 stellvertretender Volkskommissar für Flugzeugindustrie. 50

BARBUSSE, Henri (1873-1935) – Französischer Schriftsteller, 1933 Präsident des Weltkomitees gegen Faschismus und Krieg. Während eines Besuches in der Sowjetunion verstorben. 12, 106 f.

BARDACH, Janusz – (geb. 1924) polnisch-jüdischer Arzt, 1940 vom NKWD verhaftet, bis Kriegsende in Kolyma; dann in Polen, seit 1972 in den USA. 52, 54

BARSOWA, Waleria Wladimirowna (1892-1967) – Solistin am Bolschoi-Theater. 42

BASAROW – Brigadekommissar der Grenztruppen. 150

BECHER, Johannes R. (1891-1958) – deutscher Schriftsteller; 1933 Emigration. 1935 bis 1945 Chefredakteur der Zeitschrift *Internationale Literatur / Deutsche Blätter* in Moskau. 158, 162

BEGIN, Menachem Wolfowitsch (1913-1992) – Israelischer Politiker, Ministerpräsident 1977-1982. Am 21. September 1940 in Vilnius verhaftet, als Zionist am 8. März 1941 von der Sonderberatung des Volkskommissariats für Staatssicherheit der Litauischen SSR zu acht Jahren Haft verurteilt. Am 22. September 1941 als polnischer Staatsangehöriger entlassen. 98 f.

BEK, Alexander (1903-1972) – Sowjetischer Schriftsteller. 35, 103, 181

BERESHKOW, Walentin Michailowitsch (geb. 1916) – Seit 1940 Mitarbeiter des sowjetischen Außenministeriums, 1. Sekretär der Botschaft der UdSSR in Deutschland. 179

BERIJA, Lawrenti Pawlowitsch (1899-1953) – Von 1932 bis 1938 Erster Sekretär der KP(B) Georgiens. Seit dem 7. Dezember 1938 Stellvertreter, dann Leiter NKWD, 1939 Kandidat des Politbüros, am 23. 12. 1953 zum Tode verurteilt. 12, 35, 48, 51, 61 f., 66, 98, 110, 112, 122 f., 125, 138, 142, 160, 164, 171, 179

BLOCHIN, Wassilij Michailowitsch (1895-1955) – Seit Juni 1938 Leiter der Kommandantur des NKWD. 52

BLOCK, Alexander Alexandrowitsch (1880-1921) – Russischer Dichter. 124

BLÜCHER, Wassili Konstantinowitsch (1889-1938) – Marschall der Sowjetunion. 98

BODE, Alexander (1865-1939) – Russischer (deutschstämmiger) Gymnasiallehrer; am 19. 1. 1939 verstorben. 172

BOGDANOW (eigentlich Malinowski), Alexander Alexandrowitsch (1873-1928) – Arzt. Bis 1909 Vorsitzender der SDAPR(B), zog sich aus der Politik zurück und widmete sich der wissenschaftlichen Arbeit. Kam bei einem Selbstversuch im Institut für Bluttransfusion ums Leben. 106

BOLSCHAKOW, Iwan Grigorjewitsch (1902-1980) – 1940 Vorsitzender des Komitees für Film beim Rat der Volkskommissare. 79, 84

BONDARENKO, Alexander Stepanowitsch (1883-1941) – 1936 bis 1937 Direktor des Instituts für Zuckerrübenanbau der Akademie der Landwirtschaftswissenschaften. Am 8. Februar 1941 verhaftet, am 27. Juli 1941 erschossen. 114

BOTSCHKOW, Wiktor Michailowitsch (1900-1981) – August 1940 bis November 1943 Staatsanwalt der UdSSR. 154

BRECHT, Bertolt (1898-1956) – deutscher Schriftsteller und Regisseur. 1931, 1932 und 1941 Reisen in die Sowjetunion. 40

BRONSTEIN siehe Trotzki

BUBER-NEUMANN, Margarete (1901-1989) – ging 1931 als Delegierte der KPD nach Moskau. 1937 mit Heinz Neumann verhaftet. 1940 wurde sie an die Nazis ausgeliefert und bis 1945 im KZ Ravensbrück festgehalten. 166 ff.

BUBNOW, Andrei Sergejewitsch (1884-1938) – 1929-1937 Volkskommissar für Volksbildung der RSFSR. Auf dem Januarplenum 1938 des ZK der KPdSU(B) von seinen Funktionen im Staatsapparat entbunden, am 1. August 1938 erschossen. 35

BUCHARIN, Nikolai Iwanowitsch (1888-1938) – Vom 21. Februar 1934 bis 27. Februar 1937 Chefredakteur der *Iswestija*. Auf dem Februar/März-Plenum 1937 aus dem ZK und der KPdSU(B) ausgeschlossen. Im dritten Moskauer Schauprozeß im März 1938 zum Tode verurteilt. 14, 35, 54, 61, 116

BUDJONNY, Semjon Michajlowitsch (1883-1973) – Seit 1934 Mitglied des ZK der KPdSU(B), 1938 Mitglied des Präsidiums des Obersten Sowjets der UdSSR. Von 1934 bis 1937 Inspekteur der Kavallerie, 1937 bis 1941 Kommandeur des Moskauer Militärbezirks. 44, 52

BULGAKOW, Michail (1891-1940) – Sowjetischer Schriftsteller, Autor von *Meister und Margarita*. 22, 163

BULGAKOWA, Jelena Sergejewna (1893-1970) – Michail Bulgakows dritte Frau; in ihrer vorigen Ehe: Schilowskaja. 22

CANETTI, Elias (1905-1994) – Schriftsteller. Nobelpreisträger. 28

CARMEN – Deckname eines geheimen Mitarbeiters des NKWD im Ausland. 48

CHARMS (eigentlich Juvacev), Daniil (1906-1942) – Sowjetischer Dichter. Am 23. August 1941 verhaftet. 148

CHMELNITZKIJ, Bogdan (1595-1657) – Ukrainischer Kosakenataman. Führer des nationalen ukrainischen Befreiungskampfes gegen die polnische Herrschaft. 78

CHWAT, A. G. – Untersuchungsführer im NKWD. 112

DAWYDOW, Michail (1899-1941) – Major der Staatssicherheit, hatte von 1937 bis 1938 das Kirow-Werk in Leningrad geleitet und war 1938 zum Stellvertreter des Vorsitzenden des Volkskommissariats für Maschinenbau ernannt worden. Am 4. September 1939 übernahm er für kurze Zeit die Leitung des Besonderen Konstruktionsbüros. Einen Monat später, am 8. Oktober 1939 wurde er verhaftet, am 7. Juli 1941 verurteilt und am 27. August 1941 erschossen. 66 f.

DEKANOSSOW, Wladimir Georgijewitsch (1898-1953) – 1940 bis Juni 1941 Botschafter in Berlin. Mit Berija erschossen. 48

DEMENTJEW, P. W. (1907-1977) – sowjetischer Flugzeugkonstrukteur; 1938 bis 1941 Chefingenieur und Direktor eines Flugzeugwerkes, danach stellvtr. Volkskommissar für Flugzeugbau. 50

DEUTSCHER, Isaak (1907-1967) – jüdisch-polnischer Historiker und Publizist. Bis 1932 in der polnischen KP aktiv. Parteiausschluß wegen Stalinismus-Kritik.

Seit 1939 in England lebend. Biograph Trotzkis, Stalins, Lenins. 65, 126

DIMITROFF, Georgi (1882-1949) – Bulgarischer Kommunist. Von 1935 bis zur Auflösung der Komintern 1943 ihr Generalsekretär. 77, 116, 118, 149-152, 156, 158, 164 f.

DMITRIJEW, L. D. – Richter. 62

DÖHRN (Pörzgen), Gisela – Von 1937 bis 1941 als Korrespondentin des *Hamburger Tageblatts* in Moskau. Ging nach dem Tode von Arthur Just zusammen mit Hermann Pörzgen als Korrespondent der *Frankfurter Zeitung* nach Moskau. 28, 104, 183

DOSTOJEWSKI, Fjodor Michailowitsch (1821-1881) – Russischer Schriftsteller. 56

DOWSHENKO, Alexander Petrowitsch (1894-1956) – sowjetischer Regisseur. 76

DSHAMBUL, Dshafajew (1846-1945) – Kasachischer Volksdichter; von Stalin verehrt. 35, 73, 107

DSHUGASCHWILI siehe Stalin.

DSHUGASCHWILI, Jakow Iosifowitsch (1907-1944) – Stalins Sohn aus erster Ehe mit J. S. Swanidse. Absolvent der Militärakademie, Oberleutnant der Artillerie. Am 16. Juli 1941 bei Witebsk in deutsche Kriegsgefangenschaft. Im KZ Sachsenhausen umgekommen. 172, 178

DSIGAN, Efim Lwowitsch (1898-1981) – sowjetischer Regisseur. 83

DUBROWINSKI, Iosif Fjodorowitsch (1877-1913) – Mitglied der SDAPR, 1905 einer der Führer des Moskauer Aufstandes. 1907 ins ZK gewählt. In der Turuchansker Verbannung ums Leben gekommen. 61

DUKELSKIJ, Semjon Semjonowitsch – Von März 1938 bis Juni 1939 Vorsitzender des Komitees für Kinematographie, danach Volkskommissar für Schiffahrt. 120, 122

DYBENKO, Pawel Jefimowitsch (1889-1938) – Vom 26. Oktober 1917 bis März 1918 Mitglied der Sowjetregierung, ihres Komitees für Militär und Marine. Am 29. Juli 1938 erschossen. 36

DZIERZYNSKI, Feliks Edmundowitsch (1877-1926) – Seit 1917 Vorsitzender der Tscheka; Seit 1924 Vorsitzender des Obersten Volkswirtschaftsrates der UdSSR. 14, 38, 47

EFRON, Ariadna Sergejewna (1912-1975) – Tochter von M. Zwetajewa. 1937 Rückkehr in die UdSSR. Am 27. August 1939 verhaftet. Vom 26. Februar 1941 bis 1957 in einem Lager in der ASSR der Komi. 125, 128

EFRON, Georgi Sergejewitsch (1925-1944) – Sohn von M. Zwetajewa. Im Sommer 1944 an der Front gefallen. 128

EFRON-ANDREJEW, Sergej Jakowlewitsch (1893-1941) – 1912 Ehe mit M. Zwetajewa. 1926 bis 1931 in der Bewegung der Eurasier aktiv. In Paris hatte er sich dem von der GPU unterstützten „Bund der Rückkehrer in die Sowjetunion" angeschlossen. Am 10. Oktober 1937 Rückkehr in die UdSSR; am 10. Oktober 1939 verhaftet. 125, 128

EHRENBURG, Ilja (1891-1967) – Sowjetischer Schriftsteller. 78, 80, 83, 123, 149

EICHE, Robert Indrikowitsch (1890-1940) – Kandidat des Politbüros, Erster Sekretär des Westsibirischen Parteikomitees; seit Oktober 1937 Volkskom-

GARAI, (geb. Wennreich) Dodo (Dorothea) – Im August 1928 Einreise in die UdSSR, Mitarbeiterin am Marx-Engels-Institut. Im April 1937 vom NKWD verhaftet, Arbeitslager in Kolyma; 1955 Rückkehr in die DDR. 152

GARAI, Karl (Kürschner) (1899-1942) – 1933 Emigration in die UdSSR. Seit Juni 1936 Redakteur, seit 1937 Chefredakteur der *Deutschen Zentral-Zeitung*. Im Februar 1938, nach einer Denunziation durch den Parteisekretär von den Organen des NKWD verhaftet. Im März 1940 nach Einstellung des Verfahrens durch den Staatsanwalt des Moskauer Militärbezirkes aus dem Gefängnis entlassen. Am 10. Juli 1940 wurde er erneut verhaftet und im Oktober 1940 von der Sonderberatung des NKWD zu 8 Jahren Besserungsarbeitslager verurteilt. Am 20. März 1942 im Wjatlag ums Leben gekommen. 152

GAUS, Friedrich (1881-1955) – Seit 1923 Leiter der Rechtsabteilung des deutschen Auswärtigen Amts, Unterstaatssekretär. 73

GERASSIMOW, Sergei W. (1885-1964) – sowjetischer Maler und Graphiker, von 1940 bis 1951 Vorsitzender des sowjetischen Künstlerverbandes. 79

GESCHONNECK, Erwin (geb. 1906) – deutscher Schauspieler. 1933 Emigration in die UdSSR. 1939 Auslieferung an die Gestapo, 1939 bis 1945 in den KZ Sachsenhausen, Dachau und Neuengamme. Überlebender des am 3. Mai 1945 in der Kieler Bucht versenkten KZ-Schiffes „Cap-Arkona". Seit 1949 am Berliner Ensemble. 166

GIDE, André (1869-1951) – französischer Schriftsteller, Nobelpreisträger. 1936 Reise in die Sowjetunion. 79

GNEDIN, Jewgenij Alexandrowitsch (geb. 1898) – Pressechef des sowjetischen Außenministers Litwinow. Am 10. Mai 1939 verhaftet, bis 16. April 1940 Untersuchungshaft im Gefängnis Lefortowo. Am 25. Juni 1940 in das Gefängnis Suchanowo „entlassen". Zum Tode verurteilt, dann zu zehn Jahren Besserungsarbeitslager „begnadigt". 1955 aus der Haft entlassen und rehabilitiert. 165

GOEBBELS, Joseph (1897-1945) – Seit 1933 deutscher Reichsminister für Volksaufklärung und Propaganda. 25, 32, 34,170

GORBATSCHOW, Michail (geb. 1931) – Im März 1985 zum Generalsekretär der KPdSU gewählt. Am 24. August 1991 Rücktritt. 26

GORKI (eigentlich Peschkow, Alexei Maximowitsch), Maxim (1868-1936) – russisch-sowjetischer Schriftsteller, 1917 Mitherausgeber der revolutionskritischen Zeitschrift *Nowaja Shisn*. Am 18. Juni 1936 an der Kreml-mauer beigesetzt. 101, 106, 124

GRANIN, Daniil Alexandrowitsch (eigentlich German) (geb. 1918) – sowjetischer Schriftsteller. 103

GRIGORENKO, Piotr – Professor, Lehrer an der Frunse-Militärakademie. 178

GROPPER, Roberta (Paula Brenner) (1897-1993) – Reichstagsabgeordnete der KPD. März 1935 Emigration in die UdSSR. Im November 1937 verhaftet, dreieinhalb Jahre U-Haft. Nach ihrer Entlassung rehabilitiert. 1947 Rückkehr in die DDR, Mitglied der Volkskammer. 168

JAGODA, Genrich (geb. 1929) - Sohn von Genrich Georgijewitsch und Ida Leonidowna Jagoda. 57

JAGODA, Genrich Georgijewitsch (1891-1938) – sowjetischer Funktionär, seit 1922 im Apparat der Tscheka. Vom 10. Juni 1934 bis 26. September 1936 Volkskommissar des Innern der UdSSR. Am 23. April 1937 bittet das ZEK das Politbüro um die Bestätigung des Ausschlusses von Jagoda als Mitglied des ZEK und um entsprechende Umbe-nennungen von Einrichtungen und Objekten, die nach Jagoda benannt sind. 1938 im dritten Moskauer Schauprozeß zum Tode verurteilt. 37, 57

JAGODA, Ida Leonidowna – Ehefrau von G. G. Jagoda, Nichte von J. M. Swerdlow. Verhaftet, im Lager umgekommen. 57

JAKOWLEW, Alexander S. (1906-1989) – Flugzeugkonstrukteur, seit 1940 Stellvertretender Volkskommissar für Flugzeugindustrie. 30, 50, 182

JÁNOSSY, Ferenc (geb. 1914) – Stiefsohn von Georg Lukács, lebte von 1920-1930 in Österreich, von 1930 bis 1933 in Deutschland, von 1933 bis 1945 in der Sowjetunion, davon drei Jahre in einem sibirischen Lager. Seit 1946 in Budapest. Er arbeitete als Schlosser, Dreher, Maschinenkonstrukteur, dann als stellvertretender Direktor des ungarischen Büros für technische Planung der Schwerindustrie; 1954 bis 1956 Oberabteilungsleiter des Staatlichen Planungsamts; bis zu seiner Pensionierung 1974 wissenschaftlicher Mitarbeiter. 160

JAROSLAWSKI, Jemeljan (1878-1943) – Parteihistoriker, Mitglied der ZKK der

KPdSU(B) und der AdW der UdSSR. 13

JASTREB – Deckname für einen Informanten des NKWD im Ausland. 48

JEFIMOW (Fridland), Boris Jefimowitsch (geb. 1900) – sowjetischer Karikaturist, Bruder von Michail Kolzow. 123

JEGOROW, Alexander I. (1883-1939) – Chef des Generalstabes, 1937-1938 Erster Stellvertreter des Volkskommissars für Verteidigung der UdSSR. 49, 77

JELZIN, Boris Nikolajewitsch (geb. 1931) – Juli 1991 bis Dezember 1999 Präsident der Russischen Föderation. 178

JENUKIDSE, Awel (1877-1937) – 1922 bis 1935 Sekretär des Präsidiums des ZEK der UdSSR. 13

JESHOW, Nikolai Iwanowitsch (1895-1940) – seit 10. Februar 1934 Stellvertreter und seit 28. Februar 1935 Vorsitzender der ZKK und Mitglied des Orgbüros und des ZK der KPdSU(B), seit 1935 Mitglied des EKKI, von 26. September 1936 bis 25. November 1938 Volkskommissar des Innern, seit 1937 Generalkommissar für Staatssicherheit. Bis zu seiner Verhaftung am 10. April 1939 Kandidat des Politbüros. Am 2. Februar 1940 zum Tode verurteilt, am 4. Februar 1940 erschossen. 42, 51, 56, 62, 164, 170

JESUS CHRISTUS – Zentralgestalt des Neuen Testaments. 56

JEWTUSCHENKO, Jewgeni Alexandrowitsch (geb. 1933) – sowjetischer Dichter. 86

JOFFE, Adolf Abramowitsch (1883-1927) – Russischer Kommunist. Mitarbeiter der Wiener *Prawda* ab 1912, ZK-Mitglied seit 1917; Sowjetbotschafter in

Berlin, Wien, Tokio; Freund Trotzkis, nach dessen Parteiausschluß Freitod. 36

JUTKEWITSCH, Sergej Iosifowitsch (1904-1985) – Regisseur. 61

KAGANOWITSCH, Lasar Moissejewitsch (1893-1991) – Von 1934 bis 1935 Vorsitzender der Parteikontrollkommission, 1935 bis 1937 Volkskommissar für Transportwesen, 1937 bis 1939 Volkskommissar für Schwerindustrie. 51, 110, 120

KAGANOWITSCH, Michail Moissejewitsch (1888-1941) – Von 1927 bis 1934 Mitglied der ZKK der KPdSU(B). Von 1934 bis 1941 Mitglied des ZK der KPdSU(B). Von 1932 bis 1936 stellvertretender Volkskommissar für Schwerindustrie, von 1936 bis 1939 stellvertretender Volkskommissar für Rüstungs-industrie, von 1939 bis 1940 stellver-tretender Volkskommissar für Flugzeugindustrie. Nach der Absetzung Direktor eines Flugzeugwerkes. Selbstmord. 30, 174, 182

KALININ, Michail Iwanowitsch (1875 - 1946) – seit 1922 Vorsitzender des ZEK der UdSSR, 1938 Vorsitzender des Präsidiums des Obersten Sowjets der UdSSR. Kalinins Ehefrau war zu Arbeitsbesserungslager verurteilt. 51, 176, 179

KAMENEW, Lew Borissowitsch (eigentl. Rosenfeld) (1883-1936) – Sowjetischer Politiker, am 16. Dezember 1934 verhaftet und am 16. Januar 1935 in der Strafsache des „Moskauer Zentrums" zu 5 Jahren verurteilt. Am 27. Juli 1935 wurde das Urteil aufgehoben und Kamenew nunmehr zu 10 Jahren in der sog. „Kreml-Sache" verurteilt. 1936

folgte die Verurteilung im ersten Moskauer Schauprozeß. 14, 46, 130

KANT, Immanuel (1724-1804) – deutscher Philosoph. 163, 186

KARPETSCHENKO, G. D. – Prof. an der Leningrader Universität, im Dezember 1940 verhaftet. 112

KATHARINA die Große (1729-1796) – deutscher Herkunft; Frau Peters III., nach dessen Sturz 1764 Alleinherrscherin. 8

KIO (eigentlich Renard, Emil Teodorowitsch) (1894-1965) – Zauberkünstler. 42

KIRILLOW – Untersuchungsführer im Inneren Gefängnis der Lubjanka des NKWD. 158

KISLOWSKIJ – Solist am Bolschoi-Theater. 92

KOESTLER, Arthur (1905-1983) – deutscher Schriftsteller; 1931 bis 1937 Mitglied der KPD. Berichterstatter im spanischen Bürgerkrieg, Internierung. Seit 1940 in England. 7, 58

KOLZOW (Fridland), Michail Jefimowitsch (1898-1940) – sowjetischer Journalist Mitarbeiter der *Prawda*. Am 12. Dezember 1938 verhaftet. Am 2. Februar 1940 erschossen. 36, 38 f., 42, 52, 123

KON, Aleksander Feliksowitsch (1897-1941) – Wirtschaftswissenschaftler, seit 1935 Mitarbeiter am IMEL; fiel bei der Verteidigung Moskaus an der Front. 31

KOPLENIG, Johann (1891-1968) – Vorsitzender der Kommunistischen Partei Österreichs. 118

KRAUSS, Werner (1900-1976) – Romanist. 1940 bis 1942 in der deutschen Widerstandsgruppe „Rote Kapelle"; schrieb in der Gestapo-Haft den Roman *PLN. Die Passionen der halykoni-*

schen Seele. Seit 1947 Professor in Leipzig; AdW der DDR. 94, 96

KREBS, Hans (1898-1945) – Dezember 1940 bis Mai 1941 Stellvertreter des deutschen Militärattachés in Moskau. 33

KRIWITZKY, Walter G. (1899-1941) – General der Roten Armee. Leiter der sowjetischen Aufklärung in Westeuropa; 1937 politisches Asyl in Frankreich. Im Februar 1941 in Washington erschossen aufgefunden. 130

KROPOTKIN, Pjotr Alexejewitsch (1842-1921) – russischer Volkstümler, Theoretiker des Anarchismus. 55

KRYLENKO, Nikolai Wassiljewitsch (1885-1938) – Volkskommissar für Justiz seit 1930. Am 1. Februar 1938 verhaftet, am 29. Juli 1938 zum Tode verurteilt und erschossen. 36

KUN, Bela (1886-1938 oder 1939) – Gründer und Führer der KP Ungarns; seit 1921 Mitglied des EKKI, 1924 bis 1936 Führungsmitglied der Komintern. Am 28. Juni 1937 vom NKWD verhaftet. 152

KURELLA, Alfred (1895-1975) – Seit 1934 Gehilfe des Generalsekretärs der Komintern, seit 1941 Stellvertretender Cheflektor der Verlagsgenossenschaft Ausländischer Arbeiter in der UdSSR. 148

KURELLA, Heinrich (1905-1937) – Mitarbeiter der Presseabteilung des EKKI. Im Juli 1937 als „Mitglied der Neumanngruppe" verhaftet, am 28. Oktober 1937 zum Tode verurteilt und erschossen. 148

KUSMITSCH, Frol – Arbeiter 118

KUTUSOW, Michail Illarionowitsch (1745-1813) – Russischer Feldherr, Generalfeldmarschall. 179

KUUSINEN, Otto Wilhelmowitsch (1881-1964) – Mitbegründer der KP Finnlands, von 1921 bis 1939 Sekretär des EKKI, von 1940 bis 1956 Vorsitzender des Präsidiums des Obersten Sowjets der Karelo-Finnischen SSR. Von 1957 bis 1964 Sekretär des ZK der KPdSU. 90

LARINA-BUCHARINA, Anna Michajlowna (1914-1996) – Nikolai Bucharins dritte Ehefrau. 61 f.

LARRI, Jan Leopoldowitsch (1900-1977) – Arbeiterschriftsteller. 103 f., 106

LEBEDEW-KUMATSCH, Wassili Iwanowitsch (1898-1949) – sowjetischer Dichter. Viele seiner Texte wurden vertont. 172

LEMESCHOW, Sergej Jakowlewitsch (1902-1977) – Solist am Bolschoi-Theater. 42

LENIN (eigentlich Uljanow), Wladimir Iljitsch (1870-1924) – Vorsitzender des Rates der Volkskommissare, der ersten Regierung der UdSSR. 14, 23, 25 f., 46 f., 87, 102, 103, 109, 126, 155, 159, 185

LEONHARD, Wolfgang (geb. 1921) – deutscher Publizist; von 1935 bis 1945 Exil in der Sowjetunion. 140

LEONHARD, Susanne (1895-1984) – Politisches Exil in der UdSSR. Am 26. Oktober 1936 verhaftet und im Butyrkagefängnis inhaftiert. Am 5. Juni 1937 zu Besserungsarbeitslager verurteilt; 1948 nach Ost-Berlin entlassen. 140

LEONOW, Leonid Maximowitsch (1899-1994) – sowjetischer Schriftsteller. 87

LEPESCHINSKAJA, Olga Wassiljewna (geb. 1916) – Tänzerin am Bolschoi-Theater. 42

MALENKOW, Georgi Maximiljanowitsch (1902-1988) – von 1934 bis 1939 Abteilungsleiter im ZK der KPdSU; gehörte zu Stalins persönlichem Sekretariat; 1953 sein Nachfolger. 110, 133, 145

MALINOWSKI, Roman (1876-1918) – Mitglied des ZK der SDAPR und Dumaabgeordneter. Polizeispitzel. Nach seiner Rückkehr aus der Kriegsgefangenschaft vom Revolutionstribunal in der Nacht vom 5. zum 6. November 1918 zum Tode verurteilt und erschossen. 14

MALYSCHEW, W. A. (1902-1957) – Seit Februar 1939 Volkskommissar für Schwermaschinenbau der UdSSR, seit 1940 Stellvertreter des Vorsitzenden des Rates der Volkskommissare und Volkskommissar für mittleren Maschinenbau. 1941 bis 1942 Volkskommissar für Panzerproduktion. 23, 65

MAMULOW, Stepan Solomonowitsch (1902-1906) – 1939 Leiter des Sekretariats des NKWD der UdSSR, von 1939 bis 1946 Stellvertretender Minister des Innern der UdSSR. 66

MANDELSTAM, Ossip Emiljewitsch (1891-1938) – russischer Dichter. Am 17. Mai 1934 verhaftet, am 28. Mai 1934 zu drei Jahren Verbannung in Woronesh verurteilt, 1937 Rückkehr nach Moskau. Erneute Verhaftung am 30. April 1938, am 2. August 1938 zu fünf Jahren Verbannung verurteilt, am 27. Dezember 1938 verstorben. 26, 42

MANUILSKI, Dmitri Sacharowitsch (1883-1959) – von 1928 bis 1943 Sekretär des EKKI. 164

MAO Tse Tung (1893-1976) – Mitbegründer der KP Chinas. Seit 1.10.1949 Regierungschef der Volksrepublik China. 21

MARX, Karl (1818-1883) – Mitbegründer der I. Internationale, deutscher Philosoph und Ökonom. 18, 20, 31, 187

MASLOW, Arkadij (1891-1941) – russisch-deutscher Kommunist; Publizist und Übersetzer, 1933 Emigration aus Deutschland nach Frankreich. Zusammen mit R. Fischer auf der Flucht nach Portugal. Am 25. November 1941 auf Kuba unter ungeklärten Umständen ums Leben gekommen. 130, 132, 159

MATSCHOSS, Conrad (1871-1942) – deutscher Ingenieur; Technikhistoriker. Direktor des VDI. 146

MATSUOKA, Yosuke (1880-1946) – japanischer Diplomat; 1940 bis 1941 Außenminister Japans. 33

MATUSSOW – Untersuchungsführer des NKWD, Mitarbeiter der 4. Abteilung der HV Staatssicherheit. 62

MECHLIS, Lew Sacharowitsch (1889-1953) – Von 1930 bis 1937 Chefredakteur der *Prawda*, Dezember 1937 – September 1940 stellvertretender Verteidigungsminister und Chef der Politischen HV der Roten Armee. 49, 92

MEJRANOWSKI, Grigori M. (geb. 1899) – Biochemiker und Arzt, 1938 in die Forschungsgruppe der 7. Abteilung der 2. Spezialabteilung des NKWD der UdSSR. 1940 verteidigte er seine Dissertation, in der er die Wechselwirkung von Yperit mit der Hautoberfläche untersuchte. 66

MERCADER, Ramon (1897-1979) – Spanischer Kommunist, Mörder Trotzkis. In Mexiko zu 20 Jahren Gefängnis verurteilt. Nach der Haft Ausreise in die UdSSR, von dort aus nach Kuba. 109 f.

MERKULOW, Fedor Alexandrowitsch (1900-1956) – Seit Januar 1939 Leiter der HV metallurgische Industrie im Volkskommissariat für Brennstoffindustrie, Volkskommissar für Schwarzmetallurgie. 123, 150, 154

MERKULOW, Wsewolod Nikolajewitsch (1895-1953) – Dezember 1938 bis Februar 1941 Erster Stellvertreter des Volkskommissars des Inneren und Chef der HV Staatssicherheit des NKWD der UdSSR. 156

METALIKOW, Michail – im Frühjahr 1931 Leiter der Sanitätsabteilung des Kreml. 104

MEYERHOLD, Wsewolod Emiljewitsch (1874-1940) – russisch-sowjetischer Regisseur und Schauspieler. Das von ihm 1920 gegründete Theater wurde 1938 wegen „Formalismus" geschlossen. Am 20. Juni 1939 verhaftet, im Butyrka-Gefängnis inhaftiert, am 27. Oktober 1939 angeklagt, am 1. Februar 1940 zum Tode verurteilt und am 2. Februar 1940 erschossen. 36, 39 ff., 52, 98, 188

MIKOJAN, Anastas Iwanowitsch (1895-1978) – sowjetischer Politiker. Seit 1923 im ZK; von Juli 1934 bis Januar 1938 Volkskommissar für Lebensmittelindustrie. 51, 110, 117

MITIN, Mark Borisowitsch (1901-1987) – von 1938 bis 1945 Direktor des Marx-Engels-Lenin-Instituts. 31, 111

MOISEJEW, Igor Aleksandrowitsch (geb. 1906) – 1937 Solist am Bolschoi-Theater und Leiter des Volkstanzensembles der UdSSR. 42

MOLOTOW (eigentlich Skrjabin), Wjatscheslaw Michailowitsch (1890-1986) – sowjetischer Politiker. Von 1930 bis 1941 Vorsitzender des Rates der Volkskommissare und des Rates für Arbeit

und Verteidigung, Mitglied des Politbüros des ZK der KPdSU(B), 1939 bis 1949 Außenminister. Molotows Ehefrau Shemtschushina (geb. Karpowskaja) wurde als Volkskommissarin für Fischwirtschaft abgesetzt und zu Lagerhaft verurteilt. 23 f., 51, 73, 81 f., 94, 96, 110, 112, 120, 122, 142, 158, 164, 169, 171, 174 f.

MOROSOW, Pawlik – sowjetischer Bauernsohn, der seinen Vater öffentlich als Kulak angriff. 166

MOSKWIN, M. – siehe TRILISSER, Meer Abramowitsch.

MÜHSAM, Zenzl Kreszentia (1884-1962) – Ehefrau von Erich Mühsam. Am 15. Juli 1934 verließ Z. Mühsam Berlin Richtung Prag. Wegen Herausgabe der Broschüre *Der Leidensweg Erich Mühsams* wurde ihr die deutsche Staatsbürgerschaft aberkannt. Im August 1935 Einreise in die UdSSR. In der Nacht vom 22. zum 23. April 1936 im Hotel „Nowaja Moskowskaja" verhaftet und in das Innere Gefängnis der Lubjanka gebracht. Am 9. Oktober 1936 aus der Haft entlassen. Am 17. November 1938 im ZK der IRH erneut verhaftet. Am 20. Juni 1939 liegt die von Kobulow verfaßte Anklageschrift vor. Am 11. September 1939 Verurteilung zu zehn Jahren Arbeitslager. Anfang Dezember 1939 im Butyrka-Gefängnis, dann bis November 1946 im Gulag. Seit 1947 Anträge auf Ausreise nach Deutschland. 1955 Ausreise in die DDR. 168 f.

MÜLLER, Reinhard (geb. 1944) – Historiker, Mitarbeiter des Hamburger Instituts für Sozialforschung. 160

MÜNZENBERG, Willi (1899-1940) – deutscher Kommunist, Mitbegründer der

Kommunistischen Jugendinternationale und der IRH. 129-132

MUSSOLINI, Benito (1883-1945) – Italienischer Politiker, Führer des italienischen Faschismus. Am 28. April 1945 hingerichtet. 65, 94

NACHIMOW, Pawel Stepanowitsch (1802-1855) – Russischer Admiral. 78

NAGY, Imre (1896-1958) – ungarischer Kommunist; 1926 Emigration in die UdSSR. Symbolfigur des ungarischen Volksaufstandes 1956. 1958 in einem Geheimprozeß in Budapest zum Tode verurteilt. 161 f.

NAPOLEON I. (1769-1821) – Kaiser der Franzosen, Feldherr. 80

NEHER, Carola (1900-1942) – deutsche Schauspielerin. 1933 Ausreise in die UdSSR. Am 25. Juli 1936 als „trotzkistische Agentin" verhaftet, am 17. März 1937 vom Militärkollegium des Obersten Gerichts der UdSSR verurteilt. Am 26. Juni 1942 im Lager an Typhus verstorben. 46, 167

NEILL, A. S. (1883-1973) - englischer Lehrer und Journalist, eröffnete 1920 eine Schule bei Dresden, 1924 gründete er die Schule bei Summerhill. 134

NEUMANN, E. – Mitarbeiter am Moskauer Institut für Weltwirtschaft. 162

NEWSKI, Aleksander – russischer Feldherr. 78, 179

OLBERG (geb. Siemann), Betty (geb. 1906) – Verheiratet mit Valentin Olberg, der als Zeuge im ersten Moskauer Schauprozeß auftrat. 1934 Emigration in die UdSSR. Am 13. Januar 1936 verhaftet, zu 10 Jahren Freiheitsentzug verurteilt. Auf Beschluß des Obersten Gerichts

der UdSSR am 8. Februar 1940 nach Deutschland ausgeliefert. 167

ORTENBERG (eigentlich Wadimow), David Iosifowitsch (geb. 1904) – 1943 Chefredakteur der Armeezeitung *Krasnaja Swesda (Roter Stern)*. 87

OSTEN, Maria (1909-1942) – Lebensgefährtin von Michail Kolzow; am 24. Juni 1941 verhaftet, am 6. Dezember 1941 wurde ihr die Anklageschrift ausgehändigt. Am 8. August 1942 wegen Spionage verurteilt, am 16. September 1942 erschossen. 123 f.

OSTROWSKI, Josef Markowitsch (1895-1937) – Chef der Wirtschaftsverwaltung des NKWD. Am 29. März 1937 verhaftet, am 21. Juni 1937 erschossen. 56

PANKRATJEW, Michail Iwanowitsch (1901-1974) – von Mai 1939 bis August 1940 Generalstaatsanwalt der UdSSR, von Oktober 1940 bis März 1942 Stellvertreter des Leiters der Verwaltung Militärtribunale im Volkskommissariat für Justiz der UdSSR. 145

PASTERNAK, Boris (1890-1960) – russisch-sowjetischer Dichter 7, 126

PAUKER, Anna (1893-1960) – Funktionärin der KP Rumäniens, von 1925 bis 1934 und 1941 bis 1943 Vertreterin der Partei beim EKKI. Von 1935 bis Mai 1941 in rumänischer Haft, dann in die UdSSR abgeschoben. 151

PAWLENKO, Pjotr Andrejewitsch (1899-1951) – Schriftsteller und Funktionär des Schriftstellerverbandes der UdSSR. 128

PAWLOW, D. G. (1897-1941) – Armeegeneral. Kommandeur der Westfront. Am 22. Juli 1941 auf Befehl Stalins erschossen. 176

reise aus Österreich in die UdSSR. 1947 Rückkkehr nach Wien. 118

RADÓ, Sándor (geb. 1899) – Geograph und Kartograph. Seit 1935 im Dienst der sowjetischen Auslandsspionage; wichtigster Mitarbeiter der „Roten Kapelle" in der Schweiz. 1945 in der Sowjetunion verhaftet. 1955 Rückkehr nach Ungarn. 48, 80

RÁKOSI, Máthyás (1892-1971) – 1934 zu lebenslanger Haft verurteilt, 1940 in die UdSSR abgeschoben, 1945 General-sekretär des ZK der KP Ungarns. 149-152, 161 f.

RASKOLNIKOW, Fjodor Fedorowitsch (1892-1939) – von 1930 bis 1938 im diplomatischen Dienst. 36

REDENS, Stanislaw Franzewitsch (1892-1940) – Ehemann von Anna Sergejewna Alliluewa (1896-1964). Anna Sergejewna war die Schwester von Stalins zwei-ter Frau Nadeshda Sergejewna Allilu-ewa (1901-1932). Leiter der Moskauer Gebietsverwaltung. Redens wurde am 21. November 1938 verhaftet und am 21. Januar 1940 zum Tode verurteilt und erschossen. Er wurde angeklagt, daß er „seit 1928 Agent des polnischen Geheimdienstes" gewesen sei und seit Mai 1937 einer antisowjetischen Spionage-, Schädlings- und Terror-organisation angehört habe, die im NKWD handelte und von Jeshow geleitet wurde. 12

REICH, Sinaida (1894-1939) – Schauspie-lerin, Ehefrau von W. M. Meyerhold. 98

REICH, Wilhelm (1897-1957) - Mediziner, Schüler Freuds; trat 1920 der Interna-tionalen Psychoanalytischen Vereini-gung bei, aus der er 1934 ausgeschlos-sen wurde. Emigrierte 1939 in die USA, wo er 1957, verfogt wegen seiner un-konventionellen Heilmethoden, in einem Gefängnis starb. 134

REISS, Ignaz (eigentlich Ignaz Poretzky) (1899-1937) – 1927 Reise in die UdSSR. Am 17. Juli 1937 schickte Poretzky einen Brief an das ZK der KPdSU(B), in dem er die von Stalin und dessen Gefolgsleuten verübten Verbrechen verurteilte. Am 5. September 1937 wur-de er in der Nähe von Lausanne umge-bracht. 125

REJSEN, Michail Osipowitsch (geb. 1895) – Von 1930 bis 1954 Solist am Bol-schoi-Theater. 42

RÉVAI, Józef (1898-1959) – Führungsmit-glied der KP Ungarns, von 1934 bis 1935 und 1939 bis 1943 Mitarbeiter des EKKI. 152, 158

RIBBENTROP, Joachim von (1893-1946) – 1938 bis 1945 Außenminister Nazi-deutschlands. 33, 73 f., 81

RJASANOW (eigentlich Goldendach), David Borissowitsch (1870-1938) – Von 1921 bis 1931 Direktor des Marx-Engels-Instituts. 31

ROMM, Michail Iljitsch (1901-1971) – sowjetischer Regisseur. 87

ROSCHAL, Grigori Lwowitsch (1898-1983) – sowjetischer Regisseur. 78

ROSENGOLZ, Arkadij Pawlowitsch (1889-1938) – von 1930 bis Juni 1937 Volks-kommissar für Außenhandel der UdSSR, seit 1937 Leiter der Staats-reserve. Am 7. Oktober 1937 verhaftet, im dritten Moskauer Schauprozeß 1938 zum Tode verurteilt. 133

ROSNER, Eddie (26. 5. 1910 - 8. 8. 1976) – seit 1926 professioneller Jazz- und Unterhaltungsmusiker. Ging 1933 aus Berlin nach Polen, im September 1939 in den von russischen Truppen besetzten Teil Polens. 1940 und 1941 Gastspiele mit seiner Band in Leningrad und Moskau, am 27. November 1946 verhaftet und zu zehn Jahren Arbeitslager verurteilt. Bis zu seiner Entlassung 1954 Leitung des Lagerorchesters. 1973 Ausreise aus der UdSSR. 114 f.

Rosso, Augusto (1885-1964) – italienischer Botschafter in Moskau. 73

Rudas, László (1885-1950) – Mitbegründer der KP Ungarns und der Komintern, von 1920 bis 1945 Politemigrant in der UdSSR und Dozent an der Schule des EKKI. 150, 156, 158

Rybakow, Anatoli (geb. 1911) – sowjetischer Schriftsteller. 46, 184

Rykow, Alexej Iwanowitsch (1881-1938) – seit 1904 in der bolschewistischen Parteiführung. Nachfolger Lenins im Vorsitz des RVK. Von 1931 bis zum 26.9.1936 Volkskommissar für Post und Nachrichtenwesen. Auf dem Februar/März-Plenum 1937 aus dem ZK und der KPdSU(B) ausgeschlossen. 1938 im dritten Moskauer Schauprozeß zum Tode verurteilt. 36

Rytschkow, Nikolai Michailowitsch (1897-1959) – Von 1918 bis 1920 in der Tscheka. Von 1921 bis 1922 stellvertretender Vorsitzender des Militärtribunals der 5. Armee, von 1922 bis 1930 Militärstaatsanwaltschaft, von 1931 bis 1937 Mitglied des Militärkollegiums. Am 20. August 1937 mit dem Leninorden ausgezeichnet. Seit Januar 1938 Volkskommissar für Justiz. 144 f.

Sachs, Bruno (?-1971) – österreichischer Ingenieur für Spritzgußtechnik. 1931 Einreise in die UdSSR nach einer Bewerbung am Wissenschaftlichen Institut für Automobil- und Traktorenindustrie. Am 24. August 1937 verhaftet, Ende 1937 zur Ausweisung verurteilt, seit April 1938 in Wien. Ausreise in die USA. 170 f.

Sajanow (eigentlich Machnin), Wissarion Michajlowitsch (1903-1959) – Schriftsteller und Kriegsberichterstatter. 89

Sartre, Jean Paul (1905-1980) – französischer Philosoph und Schriftsteller. 18

Schachurin, A. I. (1904-1975) – 1940-1946 Volkskommissar für Luftfahrtindustrie. 30

Schaposchnikow, Boris Michailowitsch (1882-1945) – 1937 Chef des Generalstabs der Roten Armee, von Mai 1942 bis Juni 1943 Stellvertreter Volkskommissar für Verteidigung der UdSSR. 176

Schigaljow, Iwan Iwanowitsch – jüngerer Bruder von Wassili. Oberstleutnant des NKWD; nach dem Armeedienst Aufseher im Inneren Gefängnis der Lubjanka, seit 1937 Mitarbeiter des NKWD zur besonderen Verwendung. 56

Schigaljow, Wassili Iwanowitsch – der ältere beider Brüder. 4-Klassen-Abschluß, danach Rote Armee; Aufseher im Inneren Gefängnis der Lubjanka, seit 1937 Mitarbeiter des NKWD zur besonderen Verwendung. 56

Schkwartzew, Alexander (geb. 1900) – 1939/1940 sowjetischer Botschafter in Berlin. 81

Schmidt, Paul (1899-1970) – Gesandter im Büro des Reichsaußenministers,

Chefdolmetscher im Auswärtigen Amt. 73, 141, 162

SCHOLOCHOW, Michail A. (1905-1984) – sowjetischer Schriftsteller *Neuland unterm Pflug* (1932); *Der stille Don* (1928/1940); *Meine Antwort auf einen amerikanischen Fragebogen* (dt. Moskau 1949). 122 f., 126

SCHTSCHERBAKOW, Alexander Sergejewitsch (1901-1945) – von 1936 bis 1938 Zweiter Sekretär des Leningrader Gebietskomitees der KPdSU(B), von 1938 bis 1945 Erster Sekretär des Moskauer Gebietskomitees und der Stadtleitung der KPdSU(B). 176

SCHTSCHERBAKOW, N. – sowjetischer Journalist. 89

SCHTSCHERBAKOWA, Irina (geb. 1949) – sowjetische Historikerin und Publizistin. 58, 60

SCHTSCHORS, Nikolai Aleksandrowitsch (1895-1919) – legendärer Divisionskommandeur im Bürgerkrieg. Nach der offiziellen Version am 30. August 1919 im Kampf gefallen. 76 f.

SCHTSCHUKIN, Boris Wassiljewitsch (1894-1939) – Schauspieler am Wachtangow-Theater. 103

SCHULENBURG, Friedrich Werner Graf v. der (1875-1944) – 1934 bis 1941 deutscher Botschafter in Moskau. Nach dem 20. Juli 1944 verhaftet, am 10. November 1944 in Berlin-Plötzensee hingerichtet. 33, 73, 82, 164

SCHUMATZKI, Boris Sacharowitsch (1886-1938) – Leiter der Hauptverwaltung Film „Sojuskino". Am 28. Juli 1938 als „japanischer und englischer Spion" zum Tode verurteilt. 77

SCHUMPETER, Josef (1883-1950) – Wirtschaftswissenschaftler, 1919 österreichischer Finanzminister, seit 1932 in den USA. 158

SCHWARZWALD, Hermann – Mitarbeiter im österreichischen Finanzministerium. 158

SEGHERS, Anna (eigentlich Netty Radványj) (1900-1983) – deutsche Schriftstellerin. 1933 Emigration nach Paris, von dort aus nach Mexiko. 1947 Rückkehr nach Deutschland. 149

SHDANOW, Andrej Alexandrowitsch (1896-1948) – von 1934 bis 1948 Sekretär des ZK der KPdSU(B), von Dezember 1934 bis Ende 1944 Erster Sekretär des Leningrader Gebiets- und Stadtparteikomitees der KPdSU(B). 85, 88, 133, 176

SHUKOW, Georgi Konstantinowitsch (1896-1974) – von Januar bis Juli 1941 Chef des Generalstabes der Roten Armee. 33

SHUKOWSKI, Semjon Borissowitsch (1896-1940) – 1931 Stellvertretender Leiter der Handelsvertretung der UdSSR in Deutschland. Vom 8. (nach anderen Angaben 10.) Januar 1938 bis zu seiner Verhaftung am 23. Oktober 1938 Stellvertretender Volkskommissar des Innern, erschossen am 24. Januar 1940. 36

SIMONOW, Ruben Nikolajewitsch (1899-1968) – Schauspieler am Wachtangow-Theater. 103

SINILOW, K. – Stadtkommandant von Moskau. 138

SINOWJEW, Grigorij Jewsejewitsch (1883-1936) – enger Mitarbeiter Lenins seit 1903; Gründungsmitglied der Komintern, 1919 bis 1926 Vorsitzender des EKKI. 1927 aus der KPdSU als „Fraktionist" ausgeschlossen. 1936 im ersten Moskauer Schauprozeß zum Tode verurteilt. 130

SIQUEIROS, David Alfaro (1896-1974) – mexikanischer Maler. 1937/1938 Offizier der republikanischen Armee in Spanien. Am ersten Mordanschlag auf L. Trotzki im Mai 1940 beteiligt. 31

SMILGA, Ivar Tennisowitsch (1892-1937) – von 1930 bis 1934 Mitglied des Präsidiums des Volkswirtschaftsrates, seit 1930 Stellvertretender Vorsitzender der Verwaltung für Mobilmachung des Volkswirtschaftsrates. In der Nacht vom 1. zum 2. Januar 1935 verhaftet und im 'Politisolator' von Werchneuralsk inhaftiert. Am 10. Januar 1937 erschossen. 49

SOLODAR, Z. – sowjetischer Journalist. 89

SOLSHENIZYN, Alexander Isajewitsch (geb. 1918) – sowjetisch-russischer Schriftsteller; 1945 bis 1953 im Gulag; 1974 Ausbürgerung aus der Sowjetunion; amerikanisches Exil. Lebt seit 1993 in Rußland. 98

SORGE, Richard (1895-1944) – deutscher Kommunist, Sinologe. Seit 1935 im Dienst der sowjetischen Auslandsspionage. Am 7. November 1944 in Japan hingerichtet. 48

STALIN (eigentlich Dshugaschwili), Josef Wissarionowitsch (1879-1953) – seit April 1922 Generalsekretär des ZK der KPR(B), KPdSU(B), KPdSU.

STEN, Jan Ernestowitsch (1899-1937) – Absolvent des IRP, seit 1924 Hochschullehrer, 1924 bis 1927 in der Agitprop-Abteilung der Komintern, 1928 bis 1930 Stellvertretender Direktor des Marx-Engels-Instituts. 1932 als Sympathisant der Gruppe um Rjutin verhaftet, aus der KPdSU(B) ausgeschlossen und

für zwei Jahre nach Akmolinsk verbannt. 1936 erneut verhaftet und 1937 auf Stalins Befehl im Lefortowo-Gefängnis erschossen. 31

STERN, Kurt – deutscher Spanienkämpfer. 167

SUCHANOW, (eigentlich Gimmer), Nikolai Nikolajewitsch (1882-1940) - Publizist, Agrarökonom; Verfasser der *Aufzeichnungen über unsere Revolutuion.* Seit 1903 Sozialrevolutionär, ab Mai 1917 Menschewik-Internationalist; Redakteur der Zeitung *Nowaja Shisn;* Mitglied des Petrograder Sowjets und des Büros des ZEK; nach 1917 Redakteur verschiedener Periodika und Wirtschaftswissenschaftler. Am 20. März 1935 Verbannung, am 19. September 1937 erneute Verhaftung am Verbannungsort als „deutscher Spion". Vor dem 10. September 1939 in Tobolsk zum Tode verurteilt, am 21. Juni 1940 Bestätigung des Todesurteils durch das Präsidium des Obersten Sowjets. 28, 47

SUDOPLATOW, Pawel Anatoljewitsch (1907-1996) – Generalleutnant des NKWD. Am 21. August 1953 in der Lubjanka verhaftet. 110

SUSLIN, A. G. – Richter. 62

SUWOROW, Alexander Wassiljewitsch (1729-1800) - Russischer Heerführer und Militärtheoretiker. 78 ff.

SWANIDSE, Alexander Semonowitsch (1884-1941) – von 1921-1922 Volkskommissar für Finanzen in Georgien, von 1935 bis 1937 Stellvertretender Vorsitzender der Leitung der Staatsbank. Im Dezember 1937 verhaftet und zum Tode verurteilt. Am 23. Januar 1941 wurde das Urteil in 15 Jahre Lager umgewandelt. Am 20. August 1941

Führer der Linken Opposition in der KPdSU. 1927 Parteiausschluß als Führer des „trotzkistisch-sinowjewistischen Blocks", 1929 Ausweisung aus der UdSSR. Im Auftrag des NKWD in Mexiko ermordet. 31, 36, 40, 46, 77, 109-116, 126, 158f., 172

TSCHAPAJEW, Wassili Iwanowitsch (1887-1919) – Bauernsohn, Kommandeur der 25. Schützendivision der Roten Armee im Bürgerkrieg. 76f.

TSCHIANG KAI TSCHEK (1887-1975) – Generalissimus, Chef der Zentralregierung in Nanking, im Krieg Japans gegen China von 1937 bis 1945 Zusammenarbeit mit der KP. 24

TSCHINGIS-KHAN (1155-1227) – Mongolischer Herrscher. 35

TSCHISTOW, Iwan – Lehrling. 60

TUCHATSCHEWSKI, Michail Nikolajewitsch (1893-1937) – Von 1936 bis 11.Mai 1937 Erster Stellvertreter des Volkskommissars für Verteidigung der UdSSR. Am 22.Mai 1937 verhaftet, auf dem Juniplenum 1937 aus dem ZK und der KPdSU(B) ausgeschlossen. Am 11.Juni 1937 verurteilt und am 12.Juni 1937 erschossen. 43-46, 77, 98

TUPIKOW – sowjetischer Militärattaché in Berlin. 48

TWARDOWSKI, Alexander Trifonowitsch (1910-1971) – Lyriker, Stalinpreisträger. Autor der Verserzählung *Wassili Tjorkin*. 89

UBOREWITSCH, Jeronim Petrowitsch (1896-1937) – Von Juni 1931 bis Mai 1937 Chef des Belorussischen, vom 20. bis zu seiner Verhaftung am 29.Mai 1937 Chef des Mittelasiatischen Militärbezirkes. Auf dem Juniplenum 1937

aus dem ZK und der KPdSU(B) ausgeschlossen. Am 11.Juni 1937 verurteilt und am 12.Juni 1937 erschossen. 77

ULBRICHT, Walter (1893-1973) – deutscher kommunistischer Emigrant in der UdSSR, 1928 bis 1943 Kandidat des EKKI. 75

ULRICH, Wassili Wassiljewitsch (1889-1951) - Vorsitzender des Militärkollegiums des Obersten Gerichts der UdSSR von 1926 bis 1948. 35-42, 62, 123, 125, 155

URBŠYS, Juozas (1896-1993) – 1940 Außenminister der bürgerlichen Regierung Litauens. 1940 bis 1956 im Gulag; dann in Litauen als Übersetzer lebend. 1988 *Memoiren*. 94

URITZKI, Mossej Solomonowitsch (1873-1918) – 1917 Vorsitzender der Petrograder Tscheka, am 28.August 1918 von A. Kannegiesser ermordet. 36

USCHAKOW, Fjodor Fjodorowitsch (1744-1817) – russischer Admiral. 78

VAILLAND, Roger (1907-1965) – französischer Schriftsteller. 181, 187

VARGA, Eugen (1879-1964) – Volkskommissar für Finanzen der Ungarischen Räterepublik, Übersiedlung in die UdSSR, Wirtschaftsexperte der Komintern. 152, 160, 162

VAS, Zoltán (1903-1980) – ungarischer Kommunist, seit 1919 in der KP. Nach 16 Jahren Zuchthaus 1940 von der Sowjetregierung freigetauscht. 1956 auf Seiten des ungararischen Volksaufstands; 1958 Parteiausschluß. 149

WAGNER, Richard (1813-1883) – deutscher Komponist, Schriftsteller, Kunsttheoretiker und Theaterleiter. 78

WYSCHINSKI, Andrej Januarjewitsch (1883-1954) – in der SDAPR seit 1902, seit 1920 Bolschewik; von 1928 bis 1931 Mit-glied des Kollegiums des Volkskommissariats für Unterrichtswesen der RSFSR. 1933 bis 1935 Stellvertretender Generalstaatsanwalt, 1935 bis 1939 Generalstaatsanwalt der UdSSR. 1939 bis 1944 Stellvertretender Vorsitzender des Rates der Volkskommissare, 1940 bis 1949 stellvertretender Außenminister, 1953 Außenminister. Nach Stalins Tod ständiger Vertreter der UdSSR bei der UNO. 19, 84, 145, 155, 171

ZEROMSKI, Stefan (1864-1925) – polnischer Schriftsteller. 21

ZWEIG, Arnold (1887-1968) – deutscher Schriftsteller. 109

ZWETAJEWA, Marina Iwanowna (1892-1941) – russische Dichterin und Schriftstellerin. 1939 Rückkehr in die Sowjetunion. Freitod am 31. August 1941. 125-28

Zu den Abbildungen

Die illustrierte politisch-satirische Zeitschrift *Krokodil* (Das Krokodil) erscheint seit 1922 monatlich dreimal im Verlag der *Prawda*. Die wöchentlich erscheinende Zeitschrift *Ogonjok* (Das Flämmchen) wurde 1923 in Moskau wiedergegründet. Sie knüpfte an eine populäre Tradition aus der zaristischen Zeit an. Abbildungen: Archiv Hedeler.

Abb. 7: W. S. Rogowin: Die Partei der Hingerichteten. Aus dem Russischen von H. Georgi und H. Schubärth, Essen 1999, S. 59.

Abb. 8: David King: Stalins Retuschen. Foto- und Kunstmanipulationen in der Sowjetunion, Hamburg 1997, S. 120/121 (Ausschnitt).

Abb. 13: Schöpfertum und Alltag im Gulag. Katalog der Sammlung des Museums der Gesellschaft „Memorial", Moskau 1998, 208 S. (Ausgabe in russischer und englischer Sprache); hier S. 151.

Abb. 24 u. 25: Berlin – Moskau 1900 – 1950. Hg. von Irina Antonowa und Jörn Merkert, München – New York 1995, S. 336 u. 337 (Privatsammlung Schmander).

Abb. 30: A. Ju. Gortschewa: Die Presse des Gulag 1918 – 1955, Moskau 1996, 152 S. (Russisch); hier S. 146.

Bereits erschienen

Karol Modzelewski

Wohin vom Kommunismus aus?

Polnische Erfahrungen

Im Gegensatz zur Mehrzahl der früheren polnischen Oppositionellen hält Karol Modzelewski an dem ursprünglichen Ziel sozialer Gerechtigkeit, das die 10 Millionen Solidarność-Mitglieder verkörperten, auch heute noch fest. So deutlich wie er hat bisher kein Oppositioneller die Konturen der sozialen Konflikte im nachrevolutionären Osteuropa herausgearbeitet.

Im Vorwort schreibt Modzelewski: „Ich entledige mich meiner Solidarność-Biographie nicht. Wenn ich jedoch das Finale betrachte, das bekanntlich ein Werk krönt, glaube ich Grund zu haben, mich zu schämen."

Herausgegeben und übersetzt von Hartmut Kühn
216 Seiten, Leinen, Fadenheftung, 38 DM
ISBN 3-86163-072-9

Bereits erschienen

Hartmut Kühn

Das Jahrzehnt der Solidarność

Die politische Geschichte Polens 1980-1990

Im Sommer 1980 wird vor allem der Norden Polens von einer Welle örtlich begrenzter Streiks überrollt – die Uhr tickte, und die Zeit lief gegen die kommunistische Führung in Warschau. Die aus dem Überbetrieblichen Streikkomitee an der Küste hervorgegangene Gewerkschaft Solidarność wird zum Zentrum einer landesweit organisierten Oppositionsbewegung. Ihre Aktionen bestimmen fortan maßgeblich Tiefe und Tempo der gesellschaftlichen Veränderungen in Polen. Nach der Verhängung des Kriegsrechts im Dezember 1981 arbeitet die Solidarność im Untergrund weiter und erzwingt die Einberufung eines Runden Tisches, der für den Juni 1989 freie Wahlen beschließt.

Der Band enthält eine Bibliographie, ein ausführliches kommentiertes Personenregister, ein Verzeichnis der Leitungsgremien der Solidarność, der Parteiführungen der PZPR/SdRP von 1980-1997 sowie aller wichtigen politischen Organisationen und Gruppierungen.

620 Seiten mit 101 Fotos, Leinen, Fadenheftung, 58 DM
ISBN 3-86163-087-7

BASISDRUCK

Erscheint im Frühjahr 2001

Andreas Hansen / Hubert van den Berg

Wir sind die Genossen Piraten

*Die Schiffsentführung des Franz Jung – ein Beitrag
zur Frühgeschichte des deutschen Kommunismus*

Ein Schiff im Nordmeer. Nebel. Rotleuchtende Flaggen. Revolutionäre Lieder. Der deutsche Fischdampfer „Senator Schröder" war am 21. April 1920 von Cuxhaven ausgelaufen. Mit an Bord: drei blinde Passagiere – Mitglieder der gerade gegründeten linksradikalen Kommunistischen Arbeiterpartei Deutschlands (KAPD). Ihr heimliches Ziel ist Russland und der Zweite Kongreß der Kommunistischen Internationale in Moskau, um hier die Mission des deutschen Kommunismus zu übernehmen. Auf hoher See gelingt es, den Kapitän gefangenzusetzen. Die Mannschaft schließt sich der Meuterei an, das Schiff ändert den Kurs auf Murmansk, den nördlichsten Hafen Sowjetrusslands.

Einer der Schiffsentführer ist der Schriftsteller Franz Jung. Auch für ihn wird dieses Piratenstück lebensgeschichtliche Folgen haben. Ein kurzes Gespräch mit Lenin, Strafverfolgung, Illegalität, Gefängnisaufenthalte, mehrere Bücher über Russland. Schließlich beteiligt sich Jung sogar am Wiederaufbau einer russischen Zündholzfabrik.

Anhand von Gerichtsakten, Presseberichten, persönlichen Erinnerungen der Beteiligten und politischen Verlautbarungen untersuchen die Autoren Vorgeschichte und Verlauf, Ziele und Folgen dieser spektakulären Aktion. Eine kulturhistorische Monographie über die frühen Pläne des deutschen Kommunismus und eine deutsche „Fahrt in die Revolution".

*Ca. 220 S., mit 30 Fotos und Dokumenten,
Leinen, Fadenheftung, ca. 38,- DM
ISBN 3-86163-107-5*

BASISDRUCK